北大开放教育文丛

透视澳大利亚教育

[澳] 耿华 /著

北京大学出版社

图书在版编目（CIP）数据

透视澳大利亚教育/(澳) 耿华著. —北京：北京大学出版社，2018.5
（北大开放教育文丛）
ISBN 978-7-301-29320-1

Ⅰ.①透… Ⅱ.①耿… Ⅲ.①教育事业—研究—澳大利亚 Ⅳ.①G561.1

中国版本图书馆CIP数据核字（2018）第036794号

书　名	透视澳大利亚教育 TOUSHI AODALIYA JIAOYU
著作责任者	［澳］耿华　著
责任编辑	周志刚　张亚如
标准书号	ISBN 978-7-301-29320-1
出版发行	北京大学出版社
地　址	北京市海淀区成府路205号　100871
网　址	http://www.pup.cn　新浪微博：@北京大学出版社
电子信箱	zyl@pup.pku.edu.cn
电　话	邮购部62752015　发行部62750672　编辑部62753056
印刷者	三河市北燕印装有限公司
经销者	新华书店
	787毫米×1092毫米　16开　16印张　228千字 2018年5月第1版　2018年5月第1次印刷
定　价	52.00元

未经许可，不得以任何方式复制或抄袭本书之部分或全部内容。
版权所有，侵权必究
举报电话：010-62752024　电子信箱：fd@pup.pku.edu.cn
图书如有印装质量问题，请与出版部联系，电话：010-62756370

目 录

前言   1

上 篇

一、澳大利亚的儿童早期教育   2
二、澳大利亚的中小学教育   52
三、澳大利亚的高等教育   125

下 篇

一、我在澳大利亚读课程班学位   158
二、我在澳大利亚攻读博士学位   169
三、我在澳大利亚大学找工作   181
四、我在澳大利亚教本科   193
五、我在澳大利亚大学做研究   207
六、我在澳大利亚大学担任系主任   215
七、我在澳大利亚当博导   224
八、我在澳大利亚大学评职称   233
九、展望澳大利亚教育的未来   241

附录   244

附录一　澳大利亚教育教学常用词组表   244
附录二　澳大利亚师范培养课程   247

前言

很多中国人对于澳大利亚的教育比较陌生。在和一些同胞的交谈中，我发现他们中间很多人把澳大利亚教育和美国的教育相混淆。不少对西方教育有兴趣的同胞都认为所有的西方教育都是一样的，而且澳大利亚和美国的教育都属于西方文化，因此它们的教育也应该一样。然而，事实并非如此。澳大利亚的教育虽然是从英联邦的教育中分化出来的，但经过上百年的历史变化，它也有了自己的特色。

我有幸和澳大利亚查尔斯·达尔文大学教育学院院长彼得·凯尔（Peter Kell）教授交流了美澳文化的差异。当我问其如何看待美澳高等教育的差异时，他对我说："规模的确是个关键，因为美国有5000多所高校，而澳大利亚仅有38所。"由此可以看出，美国和澳大利亚教育的第一个区别即在教育系统的规模上。

凯尔教授又进一步讲述了其他一些区别，比如学校的历史。"在第二次世界大战后，澳大利亚的大学逐渐得到高度的认可，查尔斯·达尔文大学也是其中之一。相比之下，大部分的美国大学已经开始庆祝建校150年了。"这个历史的区别就决定了美国和澳大利亚在教育者的培养、大学系统的运作等方面都存在着巨大的差异。

我在澳大利亚生活已经近15年。在这期间，我在澳大利亚接受研究生教育并且成为一名教育者。由于我的工作性质，我经常接触来自中国的学者、中小学校长。在谈话交流的过程中，我发现我被询问得最多的问题主要集中在澳大利亚教育和国内教育的差异、如何借鉴澳大利亚教育的优点以促进国内教育改革这类话题上。

有趣的是，很多澳大利亚的教育者、学者，甚至学生家长也经常向我咨询中国和澳大利亚教育的不同。2017年，我所在大学的学校领导培训中心专门组织一批来自教育部的教育专家和中小学校长到中国安徽省考察。考察的时间虽然短暂，这些专家和校长还是体会到教育体制的诸多不同之处，比如，在中国，从小学开始，学生们的各门课程就开始由各个不同的老师教授，而在澳大利亚，小学各个学科的授课基本上是由同一名老师来完成的。针对中国和澳大利亚在教育体制和方法上的不同，他们也向我提出了很多新的问题。

在回答问题的同时，我也在不断地思考如何让我们更好更深入地了解澳大利亚的教育，从而来比较中澳两国的教育和体制。于是，在本书中，我主要通过两大部分来透视澳大利亚的教育。

在上篇中，我逐一介绍澳大利亚儿童早期教育、中小学教育、职业教育与高等教育，并结合对澳大利亚当地的学者和访问学者的访谈，勾画出澳大利亚教育的整体轮廓。

在下篇里，我通过亲身经历来描述在澳大利亚上学、找工作、教学和做研究的过程。这些故事将为第一部分的整体性介绍补充丰富而生动的案例。

最后是两个附录，我对澳大利亚的教师培训课程进行了整理，以便读者查询。

上 篇

一、澳大利亚的儿童早期教育

（一）从体制透视澳大利亚儿童早期教育

相对于中小学学校教育，儿童早期教育在澳大利亚的教育文化里属于比较新颖的领域。在澳大利亚，儿童早期教育（early childhood education）一般是指孩子从出生到8岁前的教育。每个州或者领地对早期教育的年龄的限定都不同。比如，有些大学教育专业人士认为儿童早期教育是指从出生到上小学前的年龄范围，而另一些大学的同仁则认为儿童早期教育应指从出生到小学毕业这个年龄范围。不过，这些认识上的差异并不重要，因为大部分学者都认为，儿童早期教育所指的年龄段应为孩子从出生到8周岁。

在澳大利亚，儿童早期教育包括在托儿所（child care centre）、私人家庭儿童保育园（family day care）、幼儿园（preschool/kindergarten）、学前班（reception/transition）以及小学（primary school）3年级内所接受的教育。一名儿童早期教育的注册教师可以在以上任何地方任教。

托儿所

在国内，因为父母为双职工的家庭占很大比例，所以经常由孩子的爷爷奶奶、姥姥姥爷带孩子。当然，如果条件允许，也有不少爸爸妈妈在家里照看孩子。但是在澳大利亚，孩子出生以后，父母一方全职在家照看孩子的情况比在国内更常见。也就是说，在澳大利亚，一般都是家长自己带孩子。当然，也有一些孩子的爷爷奶奶、姥姥姥爷愿意帮下一代带孩子。这种情况尤其多见于意大利、希腊和亚裔的家庭中。因为在澳大利亚，一般来说，退休的年龄在65至70岁，对于有终身职位的人，工作单位不能因为年龄问题解雇他（她），否则就是对65岁以上人士的年龄形成了歧视。因此，很多爷爷奶奶、姥姥姥爷还在上班，就不能帮忙带孩子了。所以在澳大利亚，如果家长自己需要上班，一般都会委托托儿所来照看孩子。

澳大利亚的托儿所一般分公立和私立两种。公立的托儿所相对来说设施齐全，而且老师和保育员的知识也比较丰富。相比之下，在私立的托儿所，老师的流动性比较大，所以私立托儿所的条件要差一些。在澳大利亚，公立和私立托儿所的花费基本相同，因为国家只负担一定的费用（数额不多），所以托儿所的花费对孩子的父母来说是相当高的。在一些有两到三个小孩子的家庭，孩子上托儿所的费用比家长上班所得的工资都高，这也是很多澳大利亚父母决定自己在家带孩子的原因之一。这里值得一提的是，与私立托儿所相比，孩子的家长更喜欢送孩子去公立的托儿所。原因在于，虽然收费一样，但是老师的质量更好，不会如一些私立的托儿所，为了利润而在尿片或食物等项上偷工减料。这也是为什么澳大利亚的一个最大的私立托儿所ABC托儿所前两年连续宣布破产的原因。后来因为孩子家长对该托儿所有需求，国家又大力扶持ABC托儿所，这才使这个私立托儿所重新开业。

在澳大利亚，一个普通的托儿所的营业时间为一周五天（有些托儿所周末也营业）。一天分成两个时间段，其中，早上7点到下午1点为第一时间段（上午段），下午1点到晚上6点为第二时间段（下午段）。如果家长想让孩子从早上9点待到下午5点，就必须使用两个时间段。这个时间段要求家长不必准时送，但是必须准时接。澳大利亚的托儿所的延时收费是相当昂贵的，它按照该接的时间后的分钟数来追加费用。为什么这么严格呢？因为在澳大利亚，每个托儿所的营业执照里都说明了该托儿所可以接收的孩子的数量。这个数量会由专门的委员会根据场地的大小、老师的人数来决定。澳大利亚法律规定，每个托儿所必须严格遵守其规定的接收孩子的人数。如果上午段和下午段的孩子不一样，那么孩子在人数上的统一就很重要了。比如，一个托儿所只能看护20个孩子，那么上午段最多20个，下午段也最多20个孩子。如果上午段的家长没有准时来接孩子，就可能造成下午段的孩子过多，这就属于违反法律的行为。基于这一点，托儿所对家长准时接孩子的要求就非常严格。而为了避免多缴费，家长一般都会准时接孩子。

一般来说，澳大利亚的托儿所可以接收0～5周岁的孩子。有的托儿所更加严格些，只接收六个月以上的孩子。

每个托儿所都有一名所长、一名副所长、一个秘书或者前台、一位厨师、一位或者几位教师和若干位保育员。所长的职责主要为管理托儿所的工作人员、财政收支以及和家长交流等。副所长的职责和所长差不多，不过更侧重于和工作人员合作进行管理。每个托儿所里一般分成几个房间：婴儿班（1岁以下到2周岁）、小班（2~3周岁）、中班（3~4周岁）和大班（4~5周岁）。大班也叫幼儿园班，是学前班（5~6周岁）的前一年。每一个托儿所都配备有厨房。每个班都有一个房间负责人和其他的看护人员。房间负责人也可以是保育员之一，不过他们也有管理房间等其他的权力。

从2014年开始，澳大利亚有关教育部门要求每个托儿所的保育员必须有一半具有大专全职一年的文凭（diploma），其他的看管员必须要有三级以上文凭（certificate III，相当于全职读书半年的文凭）。无文凭的看护人员不能再被聘用。

在婴儿班里，每个保育员最多只能照看四个孩子。在小班（2~3周岁），保育员和孩子的比例是1∶5。每个保育员可以照看五个孩子。在维多利亚州，小班的保育员和孩子的比例是1∶4。中班（3~4周岁）的保育员和孩子的比例是1∶10，而大班的保育员和孩子的比例为1∶11。新南威尔士州也有自己的规定——中班和大班的保育员和孩子的比例是1∶10。

从2014年开始，澳大利亚要求每个托儿所必须有一名老师。也许读

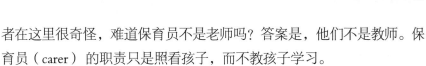

者在这里很奇怪，难道保育员不是老师吗？答案是，他们不是教师。保育员（carer）的职责只是照看孩子，而不教孩子学习。

那么，老师和保育员之间的差异在哪里呢？区别主要在于他们上岗前取得的文凭、培训时间的长短、对早期教育教学大纲的理解，以及对孩子作为受教育对象的了解和认识的不同。

一名儿童早期教育的老师是需要经过四年制的本科系统培训，经过教师注册委员会认可注册才可以上岗的。而保育员一般只需要一年以上的专科培训，即可成为保育员。从这里就可以看出，老师是主要上课者，而保育员只能对孩子进行最基本的照顾。

比如，托儿所的老师会根据孩子的年龄，带着孩子读书和玩耍；而保育员一般会让孩子在房间或者院子里自由玩耍，主要是保证孩子的健康和安全。

澳大利亚的儿童早期教育虽然已经有很多年的历史，但是直到近几年才开始逐渐受到重视。国家投入大量的资金来开发和研究这块领域以追上其他一些国家，比如新西兰。比如，在2008—2009年间，澳大利亚政府专门设置了教育机构来制定国家统一的儿童早期教育教学大纲。这个教学大纲包含了孩子从0周岁（出生起）到8周岁的成长发育以及需要教授的相关内容要求。澳大利亚也开始要求每个托儿所必须配置一名早期教育的老师。这也成为托儿所费用提高的原因之一：老师的工资比保育员高一些。

这就给很多规模小的托儿所带来了很大的成本问题。在这种情况下，澳大利亚相关部门规定：能接纳25名儿童以下的托儿所可以聘用一名兼职老师（其每周在园时间为每周营业时间的20%）；能接纳25名以上的托儿所必须聘用一名兼职老师（其每周在园时间为每周营业时间的60%）。我们前面提到，一般托儿所的营业时间是每天早上7点到下午6点（共10个小时），因此，为了达到这个聘用教师时长的比例，很多大型的托儿所就干脆聘用全职教师。

那么，托儿所的费用到底是多少呢？

托儿所的费用和政府补贴

有很多因素会影响托儿所的费用。这些因素主要包括：（1）使用的托儿所的形式；（2）每星期去托儿所的次数，即使用的时间段；（3）需要入托的孩子的总人数；以及（4）孩子的家长能否获得国家补贴，等等。

在澳大利亚，一般来说，托儿所无论是公立还是私立，每周工作时间都是五天。每天包括上午和下午两个时间段。托儿所的费用就是根据时间段来收取的。我前面也讲到过，很多家长如果全职上班，就会让孩子全托。当然有些家长会选择让孩子一周去托儿所两至三天，然后自己在家里带几天孩子。这样，托儿所就必须根据孩子上托儿所的时间段来收费。因此，每个孩子的入托收费也不同。

不少托儿所为了方便管理，要求进托儿所的孩子必须每周去两个时间段以上，以保证孩子和看护工作人员之间有长期而稳定的交流。

澳大利亚的托儿所一般为经审核机构审核通过的托儿所、注册的托儿所（比如私人儿童照看所），或者两个条件都具备的托儿所。

在2014年，一般托儿所的收费为每个时间段50～60澳元。如果每天送两个时间段，总收费就是每天100～120澳元。请注意：这里是按照时间段收费，而不是按照小时收费。比如，一个家长自己上班的时间是从上午9点到下午5点，那么意味着必须在9点以前送孩子到托儿所，然后5点以后接。虽然总时间差不多是8个小时，但是家长必须负担两个时间段的费用，也就是100～120澳元一天。全托的孩子（一周五天）的费用就是每周500～600澳元。

这里是指一个孩子的费用。如果家长有两个或两个以上的孩子要送托儿所，可想而知费用有多么昂贵了。这也就是为什么我们前面说到有些有几个孩子的家长就干脆辞职在家里做全职妈妈或者爸爸了。

在2013年，澳大利亚人的平均年收入大概是税前55000澳元，扣税后，一般人平均一周的收入大概在500～600澳元。很多家长根本付不起孩子全托的费用，这就要求澳大利亚政府对相关家长给予一定的补贴。

政府的补贴主要根据父母的工作学习情况和儿童入托的情况来

决定。

  首先,孩子的父母必须把孩子送到有政府注册执照的托儿所,才可以申请政府补贴。也就是说,孩子的父母不能随便找个人带孩子,或者送到无执照的托儿所去。若是这种情况,政府是不会提供补贴的。

  当然,有时也有例外。比如,孩子的父母因为一些情况不能成为孩子的监护人,而孩子的爷爷奶奶、姥姥姥爷可以看护孩子,并充当孩子的监护人。在这种情况下,孩子的监护人是可以获得政府补贴的。当然也有更坏的情况,即孩子没有更近的亲属,只能把孩子寄养在远房亲属或者养父母处。这种情况和前一种情况完全相同,即监护人可以获得政府补贴。请注意,如果孩子的监护人是孩子的爷爷奶奶、姥姥姥爷,或者孩子有特殊需求(这个特殊需求包括天才儿童或者残疾、智障儿童的情况),政府会给予更多的补贴。

  其次,孩子的监护人,比如父母,必须具有澳大利亚永居身份或者已经是澳大利亚公民。

  最后,入托的孩子必须已经按照要求按年龄进行了疫苗接种。没有按要求接种的孩子是不可以入托的。自2016年1月1日起,没有对孩子进行疫苗接种的家庭不能接受政府的补助。

  一般的情况下,澳大利亚政府对父母的入托补贴会在每年6—7月财政年度的时候进行调整。从2013年7月1号开始,学前儿童(小于6岁)入托(审核通过的托儿所),可以获得每小时3.99澳元,即每周最多199.50澳元的补贴(50小时入托时间)。如果入托的托儿所是注册托儿所,家长也可以获得0.666澳元/小时的补贴,即每周最多33.3澳元的补贴(50小时入托时间)。已达到入学年龄的儿童入托获得的补助是学龄前儿童的85%。

  这里补充一点,如果该入托的儿童一年内去托儿所少于42次,就会影响政府补贴的获得。

  值得一提的是,如果孩子的父母是拿到澳大利亚政府奖学金来澳大利亚读书的,他们的孩子入托同样享受政府的补贴。

  政府补贴可以通过以下两个渠道支付。

1）政府直接按照孩子入托的时间支付托儿所补贴，然后家长再把剩下该付给托儿所的费用补齐。这个方式只适用于已通过审核的托儿所。

2）家长先支付所有的入托费用，然后再凭收据在退税时向政府申请。政府通过审核后会一次性补贴家长该获得的入托补贴费用。

那么，自己在家照看孩子的父母有政府的补贴吗？答案是，当然有。这个补贴主要根据父母双方（如果是单亲家庭，可以只看一方）的收入高低来给予。根据2016—2017财政年度要求，家庭年总收入税前在44457澳元以下的家庭可以获得政府最大的补贴。如果有一个孩子的家庭其总税前收入超过154697澳元，政府将不给予任何补贴。有两个孩子的家庭，若想获得补贴，其收入上限是160308澳元。三个或三个以上孩子的家庭的收入上限是181024澳元。每多一个孩子，其获得补贴的收入上限将增加34237澳元。政府每年会对补贴上限进行审核并且进行调整，从而保证为需要的家庭提供最大的福利保障。

除了按照家庭收入给予需要的家庭补贴之外，政府也对双职工家庭（不受收入限制）的一些孩子看护的额外花费进行补贴。2017年，政府补贴家长额外看护所产生的花费的50%，或者给予每年每个孩子额外看护费用7500澳元以下的补贴。

私人家庭儿童保育园和保姆（nanny）

在澳大利亚，并不是每个家长都愿意送孩子去托儿所。我在前面说了，因为入托费用昂贵，很多家长干脆自己在家带孩子，做全职爸爸或者妈妈。虽然自己在家带孩子政府会给一定的补贴，但是补贴并不高。于是，有的父母就在家开个私人家庭儿童保育园。这样一来，他们在带自己的孩子的同时也可以带别人的孩子。如果孩子的家长自己是老师，他们的私人家庭儿童保育园就非常有优势。他们只要把自己的家庭地址在托儿所审核机构注册就可以营业了。普通家庭住宅的占地面积通常没有一般的托儿所大，难以给较大的孩子提供充足的活动空间，所以很多办私人家庭儿童保育园的工作人员喜欢看护年纪比较小的孩子。

在澳大利亚，私人家庭儿童保育园还是很受欢迎的。这主要是因为，一般保育园的孩子的人数比普通的托儿所少很多。本章前面说过，一个保育员最多只能看护4个2岁以下的孩子、5个2~3岁的孩子，或者能看护10个3~4岁的孩子、11个4~5岁的孩子。不过，一般来说，2岁以下孩子的家长选择私人家庭儿童保育园的比较多。

私人家庭儿童保育园是按照小时来收费的，而不是按照托儿所的两个时间段收费。也就是说，如果一个家长打算上午9点送孩子去私人家庭儿童保育园，然后在下午5点去接孩子，那么就按照8个小时来收，而不是10个小时（托儿所的时间段是每5个小时一个时间段）。

一般来说，私人家庭儿童保育园的收费是每小时11澳元到16澳元不等。当然，政府也会给予一定的补贴。

在澳大利亚，保姆也必须是有执照的看护工作人员，不然政府不会给予孩子家长补贴。私人家庭儿童保育园和保姆的不同在于，保姆是上门服务的。

有些家长认为孩子应该留在自己的家里，因为孩子很熟悉家里的环境。毕竟无论去私人家庭儿童保育园或者普通的公立或私立的托儿所，孩子都必须重新熟悉环境，所以很多家长也愿意雇佣上门工作的保姆。和中国的保姆一样，他们主要的职责是在孩子家里看护孩子，满足孩子的各种需求。保姆的价格更高，一般来说，他们的收费为每小时12到20澳元。在澳大利亚，找到一个稳定的保姆是相当困难的，因此一般的保姆公司主要提供短期服务，比如假期看护。

不论是托儿所还是私人家庭儿童保育园，孩子的吃用都是由托儿所和保育园承担的，因此家长不需要准备午饭和茶点。对于2岁以下的孩子，家长也不用准备任何尿布。这些都包含在费用内。

幼儿园

下面我来谈谈幼儿园。在中国，幼儿园指的是2岁半以上到6周岁以下的儿童学习机构。在澳大利亚，幼儿园的定义很不相同。和托儿所和私人家庭儿童保育园不同，幼儿园的孩子一般为3周岁到5周岁。在澳大利亚，去幼儿园不是强制的。也就是说，如果孩子的家长不送孩子去幼儿园，也是没有关系的。但是一旦家长去幼儿园报名了，而且幼儿园接收了孩子，那么孩子就必须按照规定去幼儿园。如果孩子生病或者有

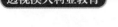

事，家长都需要提前向幼儿园请假。

和托儿所相同的是，幼儿园也分为公立和私立两种。但是和托儿所不同的是，公立幼儿园是属于国家义务教育范围的。也就是说，去公立幼儿园是免费的。而私立幼儿园会根据幼儿园所在的地理位置、员工、资源的要求收取不同的费用。

幼儿园无论是公立还是私立，一般来说有三种形式。

（1）独立的幼儿园

独立的幼儿园不挂靠在托儿所或者小学名下，而是独立的教育机构。独立的幼儿园只接收4~5周岁的儿童。一般来说，去独立的公立幼儿园的儿童每周需要上两至三天的幼儿园。因此，幼儿园会把孩子们编为两个班：星期一和星期二班，以及星期四和星期五班。星期三下午一般是老师集体开会的时间。于是，有的幼儿园就不要求儿童去上课，而有的则要求孩子去上半天课（上午）。和公立幼儿园不同，私立的幼儿园每周上五天课。

托儿所和幼儿园的不同主要在于幼儿园孩子的上课时间和小学相同，比如早上8点半到下午3点或3点半。如果家长想要在8点半之前送或者3点（或3点半）以后去接，那么他们的孩子必须送幼儿园的超时看护班（after hour care）。这个看护班是按照孩子看护的次数来决定的。一般早上的看护时间为7点开始到8点半结束。家长只需要把孩子送到这里即可离去。快要上课时，幼儿园会有负责人员把孩子领到各自的班去上课。同样的道理，那些不能在放学后及时来接孩子的家长也会安排孩子去超时看护班。放学后也有专门的工作人员把孩子领到看护班里去。下午的超时看护班一般从3点半到6点（或6点半）。这样的看护服务在小学里也很常见。

和公立的幼儿园一样，私立的幼儿园也有这个服务。公立幼儿园不收学费，有些公立幼儿园会要求孩子的家长每年交一点赞助费，一般一年不超过200澳元。这些赞助费会被幼儿园用来买书，或者添置一些教学用具，或者用来修缮孩子的户外活动设施，比如操场等。幼儿园会要求没有澳大利亚永居身份或者公民身份的孩子家长多交一定的费用，但

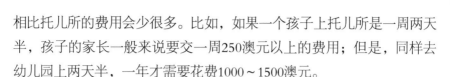

相比托儿所的费用会少很多。比如，如果一个孩子上托儿所是一周两天半，孩子的家长一般来说要交一周250澳元以上的费用；但是，同样去幼儿园上两天半，一年才需要花费1000~1500澳元。

独立的幼儿园规模一般都比较小，都是一栋或者两栋独立的房屋。这些幼儿园都由孩子在室内和室外的活动场所组成。教学人员的人数也较少，一般由一个园长、一到两名老师，以及几个生活老师等组成。独立的幼儿园能接纳的孩子人数也比较少，于是以下两种形式的幼儿园就产生了。

(2) 挂靠在托儿所下的幼儿园

这种形式的幼儿园在澳大利亚非常常见。这些托儿所有自己的早教老师，而且有专门的幼儿园，孩子的上课时间也是从8点半开始到下午3点或者3点半。

我前面在讲述托儿所的时候谈到，托儿所一般接纳3个月以上到5周岁的孩子。在托儿所中，4~5周岁的孩子会在单独的房间接受教育和看护。但是这个房间仍属于托儿所，而不是挂靠在托儿所下的幼儿园。也就是说，不是所有招收4~5周岁孩子的托儿所的房间都是幼儿园房间。

这听上去非常复杂。为什么同样接收4~5周岁的孩子，有的是挂靠在托儿所下的幼儿园，而有的只是托儿所下面的一个房间？

这其实还是和我刚开始讲述的内容是相对应的：因为幼儿园必须有一定名额的儿童早期教育教师，而有的托儿所没有专门的儿童早期教育老师，因此这些托儿所不具有幼儿园资质，不能成为挂靠在托儿所下的幼儿园。但是这种情况将在澳大利亚早期教育改革后发生变化。尤其是在2015年，澳大利亚出台对儿童早期教育老师的强制规定之后，很多只有4~5周岁房间的托儿所都会成为挂靠在托儿所下的幼儿园。

虽然说托儿所和幼儿园的差别在这种情况下并不是很大，但是幼儿园是有专门的早期教育老师的，所以相对来说，幼儿园的教育质量要高过托儿所。当然，有些4~5周岁孩子的家长为了省事，也干脆就让自己的孩子在托儿所待到5周岁，而不是送到幼儿园。

下面我们来详细看看这些挂靠在托儿所下的幼儿园。

首先，这些托儿所招收的孩子，其年龄一般从3个月到4周岁不等。但是这些孩子从4周岁开始要上该托儿所的幼儿园。这个幼儿园一般来说是政府支持的。也就是说，上这个幼儿园也是免费的。而且上幼儿园的时间也是从早上8点半到下午3点或者3点半。但是，如果家长想在这个时间段外接送孩子，就必须支付孩子的看护费用。这个费用可能是托儿所一个时间段的费用。托儿所中的幼儿园每周最多看孩子两天，所以如果孩子的家长仍然想每周全托的话，这个孩子就会按照政府的要求在该托儿所下的幼儿园呆2.5天/周，剩下来的2.5天仍需去该托儿所的4～5周岁的房间。

（3）挂靠在小学下的幼儿园

在澳大利亚，很多小学都有挂靠的幼儿园。有些家长为了让孩子顺利进入该小学，或者为了让孩子提前对小学的环境有所适应，会选择让孩子进入挂靠在小学下的幼儿园。

这些幼儿园的上课时间也是一周两天或者两天半。全天的上课时间为从早上8点半到下午3点半，半天的上课时间一般是从早上8点半到11点半。请注意，虽然小学的接送不像幼儿园那么严格，但是如果接送孩子的时间太晚也会被学校警告。当然了，如果家长碰到特别好的老师，接送的时间会相对宽松一些，半小时以内都不会有大问题。

为了避免晚接孩子这种情况，一些家长会送孩子去学校的超时看护班。

一般来说，挂靠在小学下的幼儿园会根据上课时间把孩子分成两个班：第一个班上星期一和星期二，而第二个班上星期四和星期五。有些幼儿园会要求两个班的孩子一起上星期三的上午半天。

对于全职上班的家长（即每周上五天班的家长），这个情况就比较麻烦。所以这些家长会让孩子去小学里的幼儿园上两天或者两天半，剩下来的时间则送至托儿所。

在澳大利亚，儿童早期教育还包括小学的学前班和小学1～3年级。但是这个概念比较模糊。为什么呢？因为这两个类别也是包括在小学教育里的。也就是说，如果一位师范生学习的是儿童早期教育，他/她毕业后是可以在小学里任教的，并且教授的是学前班以上到小学3年级。而一位师范小学专业的毕业生可以在小学里从学前班教到小学毕业。

到目前为止，我谈了很多澳大利亚早期教育中的实用性的内容。这些内容包括早期教育的类别以及这些类别的政府补贴等。在本节文字中，我们可以看出澳大利亚的儿童早期教育的设置多种多样。这个多样化的设置给家长们提供了各种选择。但是万变的设置不离其宗，澳大利亚对其儿童早期教育的内容和教育方法有着严格的统一要求。在下面的篇章中，我将详细介绍澳大利亚早期教育中老师都教授什么内容、各个年龄阶段的儿童都学习什么内容、儿童早期教育大纲以及澳大利亚儿童早期教育的特色。

（二）从大纲透视澳大利亚儿童早期教育

和国际上其他的许多国家一样，澳大利亚也开始逐渐重视儿童早期教育。从2009年7月开始，澳大利亚政府开始统一使用儿童早期教育大纲和家庭协助计划。这些文件颁发到澳大利亚每个托儿所、幼儿园以及私人家庭保育园。这些文件被翻译成二十多种语言，并且发布在澳大利亚政府教育部门的相关网站（www.deewr.gov.au）上。

儿童早期教育大纲是澳大利亚首次颁发的国家早期教育大纲，目的在于在国家范围内为社会提供高质量的早期教育。提高儿童早期教育的质量是澳大利亚在儿童早期教育范围内实行改革的一个主要方面。

在今后的几年内，澳大利亚政府和相关机构将会投入16亿澳元在儿童早期教育方面。实行和推崇儿童早期教育不仅给澳大利亚的孩子们提供了快乐自信地学习的机会，也强调了儿童早期教育在儿童生活中的重要性。

儿童早期教育大纲为澳大利亚儿童早期教育奠定了良好的基础。这份文件包含了儿童从出生到5周岁内学习的原则和目标。它全面强调了"在玩中学习"是儿童大脑发育的中心主题。这份文件也认可了儿童的语言学习和交流的重要性，强调了语文和数学学习的重要性。与此同时，它也认可了儿童的社交和情感发展的重要性。

这份文件给各级政府、家庭和儿童教育产业提供了合作的基础，并且特别强调了儿童教育产业中教师和教育者角色的重要作用。儿童早期教育大纲给所有致力于提高和发展儿童早期教育的人提供了一个良好的基础背景。

"归属""存在"和"形成"（Belonging, Being & Becoming）

2009年7月，澳大利亚政府颁布了《归属、存在和形成》这份文件，即澳大利亚儿童早期教育大纲。这份49页的文件包含以下重要内容。

（1）介绍

这是澳大利亚针对儿童早期教育者的大纲文件。这份文件的目标是帮助儿童（从出生到5周岁）学习，并且顺利完成进入小学学习的过渡。

澳大利亚政府专门草拟这份文件，目的是最大限度地挖掘儿童的潜能，并且为儿童将来成功学习提供多个机会。通过这个方式，儿童早期教育大纲可以帮助澳大利亚政府实现对儿童早期教育的理念，即"所有的孩子都会为自己、为国家创造更好的未来"。

这份文件包含了国际上对儿童早期教育在儿童学习和发育中的重要性的强调，也包含了对于儿童早期教育机构、儿童早期教育学者及澳大利亚政府和州政府的职责的要求。这个大纲针对儿童早期教育的质量和儿童看护提出了各种要求。它还特别强调了"在玩中学习"的理论，并且认可了儿童语言和交流以及社交和情感发育的重要性。这份文件也为儿童早期教育者设计了如何把家庭和儿童放在第一位来进行合作教育的大纲。在此大纲文件的影响下，儿童早期教育者可以保证通过合作教育实现儿童权益的最大化。

这份文件代替了各州和领地当时自己制定的相关文件。

（2）对儿童学习的展望

文件的第二部分"儿童学习的展望"详细解释了"归属""存在"和"形成"的概念以及它们用在儿童早期教育大纲里的目的。

文件的开头提到了儿童学习的目标：所有的儿童应通过学习来创

造成功的未来。本部分强调了儿童早期教育大纲以学生的"归属""存在"和"形成"为基础。每个孩子从出生开始就和家庭、社区、文化和地点紧密地联系在一起。儿童最早的发育和学习也是通过这些联系来进行的。这种联系首先发生在孩子的家庭里,所以说,家长是孩子第一位也是最有影响力的教育者。在儿童每天不断成长的过程中,他们会产生自己的兴趣,而后形成自己的个性、身份认同以及世界观。

什么是"归属"?

文章指出"归属"即人类的归属性:知道自己来自哪里,并归属于哪里。儿童首先属于一个家庭、邻里街坊、社区及文化群体。"归属"认可了儿童和其他人之间的互动性,而且也为身份定义建立了基础。在儿童早期教育里,贯穿一生的社会关系是归属性的一个非常关键的影响因素。"归属"也是"存在"和"形成"的核心。它决定了儿童的自我存在和将来变化的基础。

什么是"存在"?

"存在"是指儿童寻找和形成世界观的一个时期。"存在"认可了儿童生命的重要性:儿童了解目前的自我,建立并维持和其他人的关系;儿童了解生命的喜怒哀乐,并且能够面对每天的挑战。儿童的早期阶段不仅能为将来打好基础,同样也能为现在打好基础。

什么是"形成"?

儿童的个性、身份、知识、理解、技能以及与他人的关系都随着年龄的增长发生变化。它们也随着不同的事件和情况而发生改变。"形成"认可了儿童在早期学习和成长阶段中的这些迅速而巨大的变化。"形成"也强调了儿童融入社会学习的重要性。

基于对以上这三点的认识,这份文件也强调了对儿童从出生到5周岁期间以及成功进入小学学习的过渡阶段的学习成果的期望。基于这种期望,这份文件介绍了五个重要的早期儿童学习目标。

这5个目标分别是:1)使儿童具有很强的个性身份意识;2)使儿童能建立与世界的联系并且对世界做出贡献;3)使儿童拥有很强的幸福感;4)使儿童能自信地和其他人一起学习;5)使儿童具备有效交流

的能力。

这份文件也对早期儿童教学环境下教育者选择教学材料以及准备教学过程具有指导意义。同时这份文件也强调了儿童与本地社区文化的联系。

这个大纲为提高儿童的交流能力,为儿童自身、儿童所在的家庭、更广的社区文化以及儿童早期教育者和其他的相关机构提供了就儿童学习问题展开讨论的共同语言。

在大纲的这部分,一张展示"归属""存在"和"形成"的图(见图1)体现了教育大纲的核心,即原则、实践和学习成果的三角关系。这三个成分组成了儿童早期教育法和教学材料选择的基础。

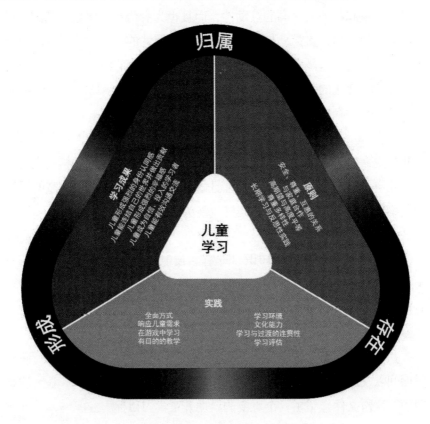

图1 儿童早期教育框架元素

教学材料应以帮助儿童的学习和发育为目标,通过互动、经历以及儿童的日常生活（包括有计划的和无计划的）来选择。这是因为儿童喜欢通过大量的实践来学习、发育和形成世界观。这些实践既包含了需要在课堂上学习的教学材料，更包括了大量的课外知识。

这也是为什么这份教学大纲材料支持这个循环的原因。当然了，这个循环包含了一个很重要的要求，即教育者对他们要教授的孩子的了解程度和对自己的专业知识的熟练程度。这个循环也提出了教育者需要和家长合作来指导儿童的学习。这个指导的过程又包括教育者应深刻地理解儿童的特性，选择合适的教学策略，设计教学环境，并且利用现有的环境来策划将来的教学。

这份大纲文件特别强调儿童在玩中学的过程。在这份文件中，儿童的学习被描述成动态的、复杂的、动作性的、社交的、情感上的、个体的、精神上的、创造性的、认知性的，以及在语言发展性的各方面互相交织的过程。

在这个过程中，玩耍可以：

1）培养儿童的性格和独特性；
2）培养儿童的好奇心和创造性；
3）帮助儿童在现有的知识基础上学习新的知识；
4）帮助儿童发展关系和形成概念；
5）提升儿童的幸福感。

儿童通过在玩耍中学习来形成他们自己的理解并帮助别人学习（见图2）。他们认识到自己的自主学习的能力，也认识到自己在别的儿童学习中的重要作用。这样，儿童就不是被动学习的对象。他们可以自己控制学习的时间、程度和节奏。儿童本身成为主动学习的主体。在玩耍中学习也要求教育者尊重和接受儿童学习的特性和能力，并在尊重和接受的基础上通过和儿童"合作"来协助其学习。

这就更加强调了教育者和家庭对于儿童成功进行在玩中学的重要作用。教育者和家长紧密合作才能保证儿童学习的成功。我们都知道，儿童早期学习的能力会影响他们的一生。幸福感、乐观的性格和积极进取的精神都可以帮助儿童形成对学习的正确积极的态度。

图2 学习是通过边玩边学进行的。学习时，学生们分成小组。每个小组围坐成小圈。老师会轮流去每个小组检查指导。

(3) 早期儿童教学法

教学法这个专业名词指的是儿童早期教育者选择教学材料进行教学的方式。这个教学法特别包括了教育者和其他所有和教学相关的人物的合作以及方式。比如，当教育者和家长建立了良好的关系后，他们就可以合作，共同为儿童的学习创造一个良好的环境。这样，儿童在学习中可以不断开阔自己的眼界，并且形成正确的世界观。

教育者的专业知识和判断力成了协助儿童学习的关键。为了形成正确的判断力，教育者需要不断地完成以下内容的交织互动：

1）专业的知识和技能；

2）对于儿童、家庭和社会的理解；

3）了解自我对于影响儿童学习的价值观；

4）自身的教学形式和已有的教学经验。

教育者也通过自己所学的知识、创造力和想象力来帮助自己提高教学环境创造方面的实践能力。

大纲的教学法也指出：不同的早期儿童的教学理论会形成不同的儿

童学习和发育的教学方法。

儿童早期教育者应考虑以下几个方面：

1）描述和理解儿童学习和发育的不同阶段的有关发育方面的理论；

2）强调家庭和文化群体在儿童学习中的重要性以及针对儿童的学习和发育的社会文化环境的理论；

3）专门针对儿童行为培养的社会行为理论；

4）儿童早期教育者讨论质疑有关教学材料以及其对教学影响的重要理论；

5）儿童早期教育中有关社会分层和社会公平的理论。

这些理论对于传统的儿童早期教育提出了很多的质疑和挑战，但是也鼓励了教育者去1）开辟新的教学道路；2）讨论和分辨各种理论；3）认识到理论可以指导教学，但也限制他们的思路；4）意识到教育者本身对儿童学习经验积累的影响；以及5）找到公平和平等的工作路向。

（4）原则

儿童早期教育大纲中规定了儿童早期教育的五个原则。这五个原则反映了当代教育理论以及对儿童学习和教学法的研究成果。这五个原则也强调了帮助所有的儿童按照教学目标进行学习的教学过程。

现在我们来详细看看这五个原则：

1）安全、尊重和互惠关系；

2）合作关系；

3）高期望和平等；

4）尊重多样性；

5）不断地学习和反思实践。

家长的价值观体现着文化差异，对孩子的影响各不相同；而儿童的安全感主要来自于对看护工作者的信任和依赖，这种信任和依赖能保证他们的基本需求和感情需求在互动中得到满足。

因此，第一个原则就要求教育者理解儿童的心理，并运用这些来帮助儿童建立起强烈的幸福感。在儿童学习的过程中，教育者应与他们进行正确积极的互动。研究表明，虽然婴儿非常脆弱，但他们也具备很强的能力。婴儿和家长的信任关系可以帮助婴儿进行学习并获得安全感。通过建立这种安全感的网络，儿童逐渐建立起自信心，并且感觉到被尊重。这样，儿童会更加努力地去识别别人的情感需求，并且尊重别人，和别人进行积极的互动。

任何一位教育者都应首先考虑到如何与儿童建立良好的关系。这样既可帮助儿童学会和他人正确交往互动的技能，也可以帮助儿童学习承担责任、珍惜友情，并形成团队合作精神。

第二个原则是合作关系原则。这个原则强调了教育者和孩子家庭合作的重要性。教育者必须认识到家长是儿童的第一位以及最有影响力的老师。教育者只有和家长互相尊重、紧密合作，才能让儿童很好地学习，从而使学习变得有意义。

这就要求合作关系必须建立在双方互相理解、互相认可（对方的知识和态度）的基础上。在真诚的合作关系下，家长和儿童早期教育者会重视彼此的角色，从而彼此信任，在相互尊重的基础上自由地交流，分享每个孩子的内心，并且做出一致的决定。

合作关系不仅指教育者和家长之间的合作，也包括教育者与其他领域的人员之间的合作，只有这样才能满足和保证儿童每天的其他需要。这些其他的需要可能发生在家庭内，也可能发生在儿童早期教育环境或者其他的特殊环境下。

第三个原则"高期望和平等"要求每个儿童早期教育者坚信所有的儿童不论他们生活的环境有多么的不同，都可以获得成功。而且只有当他们（儿童）的父母和教育者对他们的学习保持高期望时，他们才可以进行很好的学习。教育者应该认识到影响儿童成功接受教育的障碍，也应扫除儿童接受教育的一切不平等因素。通过和儿童、家长、社区、其他人员的合作，教育者应找到一条可以确保所有的儿童接受公平教育的道路。

儿童在不同的环境和文化中成长。儿童不仅出生于不同的文化环境中，接受所在文化环境的教育，也在成长中接触不同家庭和社区内部的价值观和世界观。第四个原则"尊重多样性"要求教育者在教学中尊重不同的文化环境。教育者应尊重家庭的历史、语言、传统以及对家庭生活的选择。教育者也应尊重每个儿童不同的家庭背景和儿童各自的能力。

教育者应认可这种多样性是组成家庭与社会的重要因素，多样性同样也在儿童的理解学习中起到了最合理的作用。在澳大利亚，原住民文化的推广也强调了尊重多样性的重要性。

只有当儿童早期教育者尊重家庭与社会间的多样性，他们才能促进儿童学习的积极性并且培养他们在计算机环境中学习的能力。教育者应维护儿童的文化、性格特点、能力和强项，并针对儿童和家长生活的多样性做出肯定的回应。在遇到因为多样性而产生不同的理解和遭遇理解困难时，教育者应积极学习和研究它们的相同点和不同点，从而学习共同生活的方法和步骤。

最后一个原则是"不断学习和反思实践"。教育者应不断地寻找增强他们的专业知识的道路。对于儿童来说，教育者是学习的伙伴。教育者与家庭与社会一起尊重每个社会成员（包括原住民成员）的丰富的知识。这就要求教育者在教学过程中不断地反思、学习。这种反思包括经常从各个方面研究各种不同的情况。

教育者应该经常反思一些问题。这些问题包括：

1）我对每个儿童的了解有多少？

2）在我的教学中，我使用的是什么教学理论？我对这些理论的理解是什么？这些理论能帮助我更好地教学吗？

3）如果我使用这种教学方法，优势是什么？劣势又是什么？

4）在我的工作中，最大的挑战是什么？我最想解决什么问题？

5）在我的教学中，什么样的方法我虽然找不到相应的理论，但却在教学中能很好地使用？

6）还有什么样的教学理论可以帮助我更好地理解教学并影响我的

教学成果？

教育者只有在这种提问和回答的不断循环中，不断地审视自己的教学环境和理论方法，才能对教材的选择、公平平等的推广和儿童幸福感的提升发挥积极的作用。

（三）从五大学习目标透视澳大利亚儿童早期教育

澳大利亚儿童早期教育的五大学习目标覆盖了澳大利亚儿童从出生到5周岁内应该完成的发育和学习的具体内容。

这五大目标分别是：

1）儿童具有很强的个性意识；

2）儿童与周围的世界不停地发生互动，并对周围世界做出自己的贡献；

3）儿童拥有很强的幸福感；

4）儿童非常自信并且积极参与学习；

5）儿童成为有效的交流者。

这五大学习目标覆盖的范围非常广泛。这些目标也同样承认了儿童个体的不同：每个孩子的认知、学习的能力和时间步骤都是不同的。儿童能在学习的过程中不断地积累经验以为以后的知识学习做准备。

儿童的学习和学习目标的关系可以受以下几个方面的影响：

1）每个孩子目前的能力和学习兴趣；

2）教育者的施教和早教的环境；

3）与每个孩子的家庭和社区的沟通；

4）在跨目标的学习中各种方法的结合。

儿童的学习是一个不间断的过程。每个儿童都会通过不同但有意义的方式来达到学习的目标。学习的过程并不是可以预见的，因此学习的过程也不是直线进行的。因此，每个儿童早期教育者必须多方面考虑这些因素，从而为每个儿童制订不同的教学方案。

下面我们将通过举例子来说明这五个教学目标以及教育者可以使用的教学方式。

第一个目标：儿童具有很强的个性意识。

我们前面讲到的"归属""存在"和"行为"都是儿童个性的组成部分。儿童通过不断地研究自身，并在与家庭、社会的交流互动中发展自己的个性。这种交流包括和各种不同的人、不同的事以及在不同的地点进行交流。个性并不是天然形成的，而是通过不断的经验累积出来的。当儿童和其他的人或者事之间有了健康正当的交流，他们就会认识到自身的重要性。这样，他们就会产生一种"归属感"。"我是谁？""我属于哪里？""我对谁有影响力？"明白这些问题是儿童个性形成的首要条件。

在儿童早期教育的环境中，只有当儿童被接受，对看护工作者产生依赖并且信任的感情时，他们才会产生归属感。孩子在发展自己的个性意识的过程中，以及在玩的过程中也在不断探索个性的不同领域，包括身体上、社交上、情感上、精神上和认知上的领域，只有当孩子拥有安全感后才会去探索并且学习新知识。

"存在"的概念引导教育者致力于在目前的教学环境中让儿童享受童年的快乐。"存在"也包括了儿童继承自己的文化和传统。儿童对周围世界"形成"的概念让他们意识到通过探索从而积累经验来形成变化中的个性意识。儿童自身会不断地发展自己的个性。与此同时，教育者、家庭和社区则起到了辅助的作用。这个辅助作用在儿童的"形成"变化中的作用最为明显。

儿童早期教育大纲在这第一大目标下设有四个小目标，分别是：

1）儿童有安全感，并有得到支持的感觉；

2）儿童能发展不断进步以及抵抗困难的特性；

3）儿童增进自己的知识，并发展自信心和独立个性；

4）儿童学习和他人进行有爱心的、互相尊重的互动。

下面我们来分别看看这四个小目标。

第一个小目标是儿童有安全感，并有得到支持的感觉。这是什么意思呢？我们举几个例子来说明。如果儿童有安全感，他们一般会有以下的行为。比如，他们会特别喜欢他们的老师或者看管工作者。他们会喜欢按照时间表进行每天的作息安排。他们会有归属感，并且会和别人进行有效的交流。他们会尊重自己的老师和其他的儿童。他们也会大方地在别人面前表达自己的观点。他们会按照自己的想法去接受或拒绝别人的提议。他们在和别的孩子一起玩的时候有很强的自信心。他们会非常喜欢玩耍，并且会在玩耍中，特别是在玩角色变换的游戏中，探索不同的个性。

那么反过来说，如果一个孩子没有安全感，又会有什么样的表现呢？首先，他们不会喜欢自己的老师或者看管工作者。他们要么非常遵守看管工作者制定的规矩，要么不停地违反这些规则。他们不会尊重自己的老师和其他的孩子。有的孩子会变得特别胆小，不敢表达自己的想法，在参与集体活动或者玩耍的时候也不会很积极。有的孩子则会在集体活动中侵犯别的孩子的利益。严重的时候，孩子不敢告诉老师或者看管工作人员自己需要去上厕所。

这些都是儿童个性的表现。但儿童的个性不是天生的，是在成长过程中慢慢培养的。这就要求儿童早期教育者要培养儿童的安全感，必须抓住孩子的一些行为表现来了解他们。如果儿童主动地和教育者进行交流互动，教育者就必须及时做出正确的回应。教育者必须和孩子建立一种友好的关系。如果孩子处在过渡时期，教育者应该给孩子正确的指导来帮助他们认识新的环境。比如，当孩子处在从托儿所进入幼儿园的过渡过程中，教育者可以在过渡前先告诉儿童这个过渡时期到底意味着什么，并且在过渡的过程中给予孩子很多的支持和保护。当儿童表现出紧张害怕、不知所措的情绪时，教育者应该及时发现并给予保护。教育者也应该花时间和每个儿童进行交流会话。

第二个小目标是儿童能发展不断进步以及克服困难的特性。这一目标表现为儿童对他人的需要和利益的认可。比如，一些大的孩子会知道年纪小一点的孩子的需求，并帮助他们。孩子们喜欢接收新的知识和挑战。孩子们会喜欢和别人合作，从而共同进步。孩子们会认识到他们的决定会带来的后果，并且应对和处理计划外的情况。孩子们会认识到自己以及他人的需求。孩子们在进入新的环境时会表现出自信。孩子

们会主动和他人进行合作交流。孩子们会不怕失败，不断尝试，朝着目标前进。

在澳大利亚，儿童早期教育中一个常见的研究讨论话题是如何帮助孩子顺利地度过进入小学的过渡期。我们在前面曾指出儿童所接受的看管方式和场地都有所不同，比如，一些孩子去托儿所，一些孩子去私人家庭儿童保育园，一些孩子在家里由父母或者其他的人（比如保姆）照看。然而，尽管有这些不同的看管方式，孩子们最后都要进入小学上学。（澳大利亚是允许家庭学校的存在的，这点我们将在下一章中讲述。）一些没有接触过其他孩子或者很少接触其他孩子的孩子就会有不适应集体活动的表现。教育者就必须认识到这一点，给予每个孩子不同的支持和尊重，从而让他们成功地完成这段时期的过渡。

要帮助儿童发展自主性和独立的个性，教育者应该给孩子们提供各种资源和选择，并且给孩子们提供一些能成功地完成学习的方法。比如，某早教老师本周的教学目标是让孩子们学会字母w以及w的发音。因为w字母的读音和它在单词里的读音不同，所以为了让孩子们能够成功地学习，这位老师可以给孩子们准备很多以w开头的简单的词，然后让孩子们自己去练习。当孩子们出现问题的时候，老师会进行纠正。早教者应该充分相信孩子的自学能力。

当孩子们在交流中出现意见分歧时，早教老师应该帮助解决。比如，两个孩子都喜欢玩同一个玩具，而后为了谁先玩产生了争吵。早教老师应该积极鼓励孩子们一起玩，在合作中学习。如果出现不能合作玩耍的情况，早教者应该按照先拿到者先玩的原则来引导孩子们。在观察和帮助孩子们在玩耍中学习的同时，教育者也要提供各种机会让孩子们独立地完成学习。孩子们在学习的过程中不可避免地会遇到很多困难。在这时，教育者应该表现出积极的态度，因为这种态度可以直接影响到孩子们的学习态度，并且支持和鼓励孩子们去克服困难、成功进行学习。

我们来看第三个小目标：儿童增进自己的知识，并发展自信心和独立个性。孩子们经常做的角色变换游戏是说明这个目标的最佳例子。

比如，女孩子会玩过家家的游戏，而男孩子会玩海盗船的游戏。甚至更小的孩子会把妈妈的高跟鞋拿出来穿。这些都是角色扮演的游戏。孩子们在玩这些游戏时，会增进他们对这些新角色，以及参与游戏的其他孩子、家长和教育者的理解，从而发展自己的自信心。

那么，教育者应该做些什么来帮助孩子们实现这个小目标呢？教育者应该积极鼓励孩子们学习知识。这样能使孩子们有非常强烈的归属感和自豪感。因为在角色扮演中，孩子们能了解其他角色的想法和心理，从而更加尊重并理解这个角色。教育者可以给孩子们提供一些表演的道具，教授一些特别的文化背景或者语言要求。这样，孩子们就会充分地理解各个角色之间的不同，并理解相同点和不同点的含义。比如说，很多孩子，特别是男孩子喜欢玩海盗的游戏，教育者可以给孩子们提供一些海盗的衣服和一些道具，教授孩子们海盗的生活背景和语言，这样孩子们可以生动地在玩中进行学习，扩大自己的知识面。

最后一个小目标是儿童学习和其他的人进行有爱心的、互相尊重的互动。儿童在2岁到2岁半之间会慢慢形成合作意识。2岁以下的孩子一般是各玩各的。虽然在同一个房间里，但是他们之间没有任何的互动。两个孩子玩的东西可能都不一样。而2岁以上的孩子就喜欢找个伙伴一起玩游戏。在共同参与的群组游戏中，孩子们可以看到并理解自己或者其他孩子的长处和短处，也会对一些处于弱势的孩子产生同情心。而教育者在帮助孩子达到这个小目标时，应该区别对待：对两岁以下的孩子多采用一对一的交流方式，而对2岁以上的孩子则多采用群组活动的交流方式。家长也应该身体力行，给孩子们做榜样。

第二个目标：儿童与周围的世界不停地发生互动，并对周围的世界做出自己的贡献。

同样，澳大利亚儿童早期教育大纲在这个大目标下也设有四个小目标：

1）儿童发展团队意识，并且理解作为团队和社会的一员的权利和义务；

2）儿童学会尊重多样化；

3）儿童产生公平意识；以及

4）儿童产生社会意识并尊重环境。

  下面我们分别来看这些小目标。第一个小目标是儿童发展团队意识，并且理解作为团队和社会一员的权利和义务。这是什么意思呢？我们来举一个例子。孩子们进行团队或群体活动时通常会承担不同的角色。这些角色赋予孩子们不同的责任和义务。比如，大孩子会自动承担起照顾小一点孩子的任务。因为孩子们是通过不断地探索来认识社会，从而增加自己的知识，所以他们会在认识的过程中理解不同的社会角色。这种认知也经常在他们玩的角色扮演的游戏中体现出来。在这里我们要强调一点，当孩子们形成这种团队意识的时候，他们也会在认识不同社会角色的基础上慢慢形成公平的意识。

  那么，教育者在帮助儿童发展并达到这些小目标时应该做些什么呢？教育者应该帮助孩子们建立公平的合作环境，并且让孩子们去学习理解不同的人在社会群体中担任的角色。教育者应该激发孩子们的参与意识和合作意识，并且训练孩子们进行合作的技能。其中很重要的一点是，教育者应该帮助孩子们参与团队讨论，并且分享做出决定的过程。

  第二个小目标是儿童学会尊重多样化。儿童在实现这个小目标时，会学会理解他人。他们会逐渐了解来自不同文化和传统背景的人，注意他们的特点，听取他们的意见，尊重他们的观点，并且积极地去理解不同的人之间的相同点和不同点。在这个过程中，教育者应该提供大量的正向信息帮助孩子们理解多样化。举个例子，我有一次去一个托儿所参观学习。这个托儿所里有来自17种不同文化背景的孩子。教育者通过和孩子家长的交流，搜集了17种不同语言表达"早上好"的方式。在这个学习的过程中，教育者就通过教授17种不同的语言来让孩子感受不同的文化，理解每个语言的不同点（发音的不同）以及相同点（这17种语言在这里都表示"早上好"的意思）。在教授这17种有关"早上好"的语言时，教育者还可以结合不同的道具，比如，让孩子穿上不同的传统服装来介绍不同的文化。教育者也可以通过角色扮演的游戏来让孩子们体验不同的文化，从而尊重多样化。

第三个小目标是儿童产生公平意识。儿童会逐渐理解人与人交往中的联系。这种人际交往包括身体上及思想上的交往。儿童的公平意识应该体现在孩子们可以看出交往中可能出现的歧视和不公平现象，并通过自己的努力消除这些现象。儿童的公平意识也体现在他们能够批判地看待什么是公平的行为，什么是不公平的行为。教育者应该倾听孩子们对这些话题的讨论，并且帮助孩子们分析什么是公平的行为，什么是不公平的行为。在这个过程中，他们应该让孩子们注意并讨论任何和公平有关的事情。

第二个大目标中的最后一个小目标是儿童产生社会意识并尊重环境。儿童在实现这个目标的过程中能通过玩耍的方式探索新想法，对自然和人工环境有进一步的理解和欣赏。儿童也应该理解什么环境适合生活，什么环境不适合生活，并理解人类对环境造成的正面和负面的影响。在这个过程中，教育者应该带儿童参观天然的和人工的环境，理解什么是大自然的环境，并且理解人类和大自然的紧密关系，从而尊重大自然。教育者也可以通过日常的小事来不断地培养儿童的环保意识。比如，有些学校可以组织儿童回收废品，从而培养儿童的资源再利用意识。

第三个目标：儿童拥有很强的幸福感。

幸福感是儿童"归属""存在"和"形成"的核心。没有幸福感，儿童就很难产生归属感，建立对别人的信任，从而形成自信心，积累积极生活的经验。

幸福包括健康的身体、快乐满足的感觉，以及在社会生活中成功地和别人互动交际。强烈的幸福感可以带给儿童自信心，并最大限度地激发儿童的潜能。幸福感也可以锻炼儿童的抗压能力，使他们积极地面对和接受挑战，克服困难，从而达到成功。

儿童的身体发育和他们出生时的身体状况息息相关。儿童通过接触和感觉周围的环境，不断地积累经验。儿童的幸福感受到这些经验的影响。这就要求教育者（包括家长）给儿童提供温馨的，充满信任感的氛围，制造安全健康的环境来保证儿童的身心发育。通过认同每个儿童的

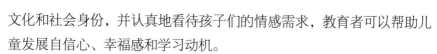

文化和社会身份，并认真地看待孩子们的情感需求，教育者可以帮助儿童发展自信心、幸福感和学习动机。

儿童形成抵抗压力和克服困难的能力对于他们以后发展自我调节、自我帮助的健康心理有非常重要的作用。虽然儿童小时候大多要依靠教育者来满足基本的需求，但是他们慢慢形成的克服困难的能力可以帮助他们慢慢养成独立的性格。

拥有健康的生活习惯也可以帮助儿童发展幸福感。这些生活习惯包括健康的饮食、良好的卫生习惯、锻炼身体和健康的社交关系。健康的身体可以帮助孩子们培养专注力、合作习惯和学习习惯。当孩子们越来越独立，他们就会越来越多地承担起与自己的健康、卫生，以及自己和他人的安全相关的责任。这就强调了规律的生活方式的重要性。健康的饮食对于健康的生活至关重要。教育者应该教授孩子们去认识什么是健康的食物并且做出正确的选择。孩子们慢慢发育的各种身体协调性（包括他们的运动的协调性和精细活动的协调性），为他们独立性的形成奠定了重要的基础。

澳大利亚儿童早期教育大纲在这个大目标下制定了两个小目标，分别是：

1）儿童在身体和情感上产生强烈的幸福感，以及

2）儿童对于自己的健康和幸福感承担越来越多的责任。

我们首先来看第一个小目标：儿童在身体和情感上产生强烈的幸福感。孩子们应该表现出信任和自信心，在他们感受到压力、困惑和生气的时候会向他人求助，分享自己的喜怒哀乐。孩子们会不断接受各种挑战、发现新事物，并增进合作意识。幸福的孩子会享受成功的喜悦，并认可自己的努力。孩子们应该学会接受挑战和变化，并努力改变自己困惑、生气的状态。在这个过程中，孩子们越来越能理解他人的情感和需求。比如，孩子们在学习语言的时候，他们会经历困难、困惑，但是在教育者所创造的安全环境下，他们可以培养自己的语言能力，感受成功的喜悦，并且愿意努力去学习新的单词。

为了实现这个目标，教育者应该表现出真诚、理解的态度，并尊重

儿童的选择和决定。教育者也应该和儿童合作，帮助他们成功，并且和家长一起分享他们成功的喜悦。教育者应该让儿童在成功中感受到自豪感，并帮助儿童发展归属感。教育者应在每天的教育过程中挑战并支持儿童致力于完成学习中的任务和在玩耍中学习。教育者应该在儿童学习的过程中激发他们的思考能力，并对他们抱有较高的期望。教育者应鼓励儿童自己做主，并珍惜儿童自我做主的过程。比如，教育者和儿童交流成功的心得，并且帮助儿童控制自己的情绪、理解自己的内心感受。教育者也应该充分肯定儿童的努力和成长。

这个大目标下还有一个小目标，即儿童对于自己的健康和幸福承担越来越多的责任。这就要求儿童能认识到自己身体的基本需求。这些基本需求包括口渴、饥饿、疲劳、舒适感以及各种身体活动。儿童应该感到快乐、安全，并且愿意和他人合作。儿童也能做各种协调性运动和精细运动。儿童可以进行一些比较复杂的运动，比如舞蹈和表演，以提高协调性，进而更好地探索和认识身边的世界。儿童应该有空间感，并且自如地行动和探索。儿童会使用一些工具来帮助完成这些行动和探索。儿童应具备"什么是健康生活"，以及"什么是健康的食物"的知识。孩子们应不断地增强自己的独立性，并且对自己和他人的个人卫生和安全有更高的认识。孩子们也应该积极参与群体活动，并在这个过程中保护自己和他人的安全，增强幸福感。

为了帮助儿童实现这个目标，教育者应该巧妙地设计一些活动，比如，让儿童参与舞台表演或者一些其他的游戏。在设计的过程中，教育者应该运用自己对家庭和社会的知识，提供各种不同的道具和资源让孩子们使用。教育者应该让孩子们学习个人卫生的知识，并且与儿童讨论健康和安全的知识，教授儿童健康生活和营养饮食的知识。教育者应该不断地强调这些知识，并为儿童提供安全健康的活动场所。

第四个目标：儿童非常自信并且积极参与学习。

儿童在拥有了安全感和幸福感后，通常会表现出积极的生活态度和很强的自信心。这些都对儿童以后的探索玩耍，以及积极参与学习具有至关重要的作用。儿童在自信积极地参与学习的同时，可以和他人以及社会发生联系，从而拥有新的知识和经验。

儿童可以通过探索、合作以及解决问题的方法积极地参与学习。在这个过程中，儿童会表现出好奇心、解决问题的毅力，以及各种创造性。有效率的儿童还会在这个过程中产生知识迁移，把自己学习的知识运用到新的环境中。

儿童在这个探索合作过程中也能养成独立的性格，并对自己的行为负责。儿童会通过亲身体验的方式了解自身和周围的世界。每个儿童都会通过自己特有的学习方式来理解、看待和体验社会，这种学习的方式会陪伴儿童的一生。在这个学习方式的形成中，教育者具有深远的影响。

在第四大目标之下，早期儿童教学大纲也设定了四个小目标。

这四个小目标分别是：

1）儿童养成各种良好的个性。这些个性包括有很强的好奇心和学习精神、群体合作精神、创造力，遵守承诺，热情执着，想象力丰富和自我反省。

2）儿童发展一系列能力。这些能力包括解决问题、调查实践和概括研究的能力。

3）儿童可以把他们学习的知识从一个环境迁移到新的环境中去。

4）儿童通过和他人交流，在不同的地点使用技术从天然和人工的材料中获取自己的资源。

下面我们也来分别分析这四个小目标。第一个小目标是儿童养成各种良好的个性。这些个性包括有很强的好奇心和学习精神、群体合作的精神、创造力，遵守承诺，热情执着，想象力丰富和自我反省。儿童在实现这个目标的时候，应该对周围的环境表现出好奇心和兴趣，以及对一起学习的其他儿童表现出好奇心和热忱。儿童还应该利用玩耍去调查、想象和探讨不同的观点。儿童也应该用热情、有活力和认真的态度去追寻自己的兴趣爱好，应该在群体合作活动中表现出自己的想法，积累通过实践而获得的各种丰富而有意义的经验，不断地克服不同的困难，并且在经验的积累中享受成功的喜悦。

在帮助儿童实现这个小目标时，教育者应该认识并重视儿童在学习中的参与，为儿童提供一个灵活开放的学习环境。教育者应对儿童在学习中的表现给予鼓励，或者提供帮助性的意见。教育者应该鼓励儿童参与个体以及群体的学习活动。教育者也应该认真听取儿童在学习中的心得，并帮助儿童去学习新的知识。教育者应该帮助儿童发展好奇心和想象力，不断实践自己的想法，并且接受各种挑战。教育者还需要探索儿童在文化背景和社会个性上的差异，从而促使儿童认识自我，并建立和他人的联系。

第二个小目标是儿童发展一系列能力，这些能力包括解决问题、调查实践和概括研究的能力。儿童要实现这个小目标就必须发展自己的群体合作意识，发展联系他人的能力。儿童可以建立起经验和理论的链接，并且使用在玩中学习的方法去解决问题及得出结论。儿童还应该在新的环境中尝试各种有效的策略来学习新的知识。为了帮助儿童实现这个小目标，教育者应该重视儿童在新环境里所采用的学习策略，帮助儿童用不同的思考方式来解决问题。教育者也应该帮助儿童找到学习中解决问题的模式，并且给儿童思考、反省自己的学习时间，来发现已有经验和新的经验的相同和不同之处。在儿童思考的过程中，教育者也应该鼓励儿童讨论自己的观点，并且理解儿童的思考能力与他们的语言和文化背景无关。

第三个小目标为儿童可以把他们学习的知识从一个环境迁移到新的环境中加以运用。儿童要有什么表现才能完成达到这个目标的要求呢？首先，孩子们应该结合多种情况来思考解决问题的策略，并培养把这些策略运用到新情况下的能力。其次，孩子们还应该锻炼组织、记录以及表述各种数学概念的能力。比如，学习数10到20。在英语里10到20的说法都很不相同，这就要求孩子们去寻找这些数字的相同点和不同点，不断地记忆，记住并理解这些数字的概念。再次，孩子们应该能够预测和概括他们日常生活中的数量关系来认识周围环境，并使用不同的模式来运用数学的语言和符号。最后，孩子们也会使用实验和排除错误的方法来认识对象以及进行各种实践。比如，孩子们在学习中碰到一道选择题：1+1=？。孩子们可以选择下面3个答案，分别是1、2和3。使用排除错误的方法对于早教儿童的早期学习就至关重要了。孩子可能会选择1，被告诉1不是正确答案后，孩子可能会选择3。而后又被告诉3也不是正确答案。这样，孩子们就只剩下一个答案——2，而这也是正确答案。早期教育者应该鼓励孩子们使用这种排除法来学习，让孩子们体会学习并积累经验，而不应该用灌输的方法来告诉孩子1+1=2。排除学习法能够锻炼孩子们解决问题的能力，并且帮助孩子们去真正理解数学的语言和符号的含义。在实现这个小目标的过程中，孩子们也会使用彼此讨论甚至是争论的方法来理解各种数学概念，并且使用举一反三的方法来理解并体验学习、积累经验。

我刚才已经提到，教育者应该帮助孩子锻炼解决问题的能力，而不应该采取灌输的教学方法。如果我们分析得更细一些，教育者还应该给不同的孩子设计不同的教育方法。比如，教育者可以把问题分成容易、加强和挑战等几种不同的难度，并鼓励孩子们去体验和探索。这个过程就要求教育者为孩子们提供各种不同的教学材料，激发并激励孩子们进行调查研究，并分享他们学习成功的喜悦。教育者也可以参与孩子们的玩耍游戏，为孩子们提供一定的学习模式，鼓励孩子们分享自己的想法，帮助孩子们举一反三，从而培养孩子们分析概括的能力。

最后一个小目标是儿童通过和他人交流，在不同的地点使用技术从天然和人工的材料中获取自己的资源。儿童可以模仿他人的做法，通过举一反三的方法来培养通过概括学习中的经验来解决新问题的能力。儿童也会不断尝试新的方法和策略并用于学习。孩子们应该使用他们自身的感知能力来探索自然的和人工的环境。孩子们还应学会使用不同的工具，并了解这些工具的功能，从而培养发明的能力。孩子们也应该学会运用现代科技技术来调查和解决问题。比如，很多孩子会问为什么天是蓝色的，为什么会下雨、打雷和闪电。这个时候，教育者可以提供现代科学技术，比如搜索引擎，来帮助孩子理解思考。这个过程就要求教育者要了解什么样的科学技术适用于什么年龄段的儿童，并根据孩子们的年龄、学习能力的背景来使用不同的资源进行教学。

儿童早期教育大纲说明了早教的五大目标。现在让我们来看看最后一个大目标：儿童成为有效的交流者。

交流对于儿童的"归属""存在"以及"形成"有着至关重要的作用。从出生开始，儿童就通过手势、声音、语言和其他的交流工具和其他人进行交流。儿童也是社会的一分子，他们也需要交流自己的想法和观点，提出问题，并和同伴一起找出答案。儿童常用的交流方式主要包括音乐、舞蹈、绘画以及表演。

比如，孩子们经常玩的角色扮演游戏就是通过表演的方式和他人进行交流。心理学家发现，3岁以下的孩子主要通过绘画的方式和其他人交流。因为3岁以下的孩子的语言能力还没有完全发育成熟，表达的时候常会出现理解误差，于是绘画就成为孩子表达想法的一种有效方式。小的孩子画自己所想，大的孩子画自己所看。所以有些人（尤其是成年人）会发现理解小孩子的绘画比较困难。这在毕加索的绘画中表现得非常清楚。有的人说毕加索的绘画其实就是使用了儿童绘画的思维（画自己所想，而非所看），所以他的绘画比较抽象。其实，较小的孩子的绘画也是这样。有一次我们做一个研究项目，让3岁左右的孩子画画来表达他们对"猫"这个动物的理解。有趣的是，没有一个孩子画的画非常像"猫"。很多时候我们发现他们的绘画非常难辨认。有些孩子画的甚至像"鱼"，但是当我们问她这是什么的时候，她表现出非常奇怪的神情，很奇怪我们为什么看不出她画的是猫。后来我们对她进行调查，她告诉我们她画的是一只跑来跑去的猫。这就说明了她画的是自己想象中的正在奔跑的猫，而不是我们成年人通常认为的静止不动的猫。这样，画中的猫就完全没有了该有的脸、眼睛、鼻子、胡须等等，而是一些"乱糟糟"的线条。认识和学习儿童心理学对于理解儿童的心理非常重要。

儿童会使用他们自己的语言来强调自己的身份特性和他们的认知发展。只有当儿童的语言和交流的方式被重视的时候，他才会有归属感。儿童会在使用自己的语言的基础上不断地发展语言能力。语文和算术能力对于他进行成功的学习至关重要。

语文能力使儿童可以自信而灵活自如地使用各种语言形式。语文能力可以和其他的交流方式，比如音乐、行为、舞蹈、讲故事、可视艺术和表演，一起帮助孩子进行交流。现代文学的传播媒介可以是纸张，也可以是电子形式的。孩子们可以通过电子产品来探索世界，并在使用这些电子产品的过程中发展灵活自信地使用这些电子技术的能力。

算术能力是儿童在日常生活中必须有效运用的能力。儿童经常会在解决问题的时候使用算术能力，所以说算术能力是儿童进行有意义的互动中必须具备的主要能力。这种算术能力包括他们的空间感，以及对图案、数字、测量等的感知能力。算术能力是儿童探索世界的一个非常重要的能力。

具备良好的语文和数学能力对于儿童进行成功的学习具有非常重要的作用。而这些能力正是在早期儿童学习中形成的。

澳大利亚儿童早期教育大纲规定了第五个大目标下的五个小目标，分别是：

1）儿童可以出于各种目的，通过语言和非语言的形式和别人交流；

2）儿童可以读出文字，并且理解文字的意义；

3）儿童可以通过媒体来表达自己的观点；

4）儿童开始理解符号和图案的意思，以及

5）用信息交流技术来探索信息、表达思想。

下面我们来分析每一个小目标。

第一个小目标是儿童可以出于各种目的，通过语言和非语言的形式和别人交流。孩子们应该很喜欢通过语言和非语言的形式和他人交流，他们在进行交流的时候应该具备了很强的目的性和自信心。这种最简单常见的交流表现在他们会用自己看到的、听到的、尝到的以及摸到的事物来表达自己的想法和观点。比如，孩子们在很小的时候就可以通过非语言的方式（哭或者笑）来表示他们身体是否舒服。特别是语言能力还没有完全发育的孩子会经常使用这种方式。孩子饿的时候会哭，困了会哭，感受到危险时也会哭。这就要求教育者（包括家长）能正确认识到这些哭背后的含义。儿童的语言发育共分成两大块：第一块是接受性语言能力，第二块是表达性语言能力。接受性语言能力主要表现在儿童能够听懂对方的意思，表达性语言能力主要表现在儿童能说出令对方听懂的语言。一般来说，接受性语言能力的发育早于表达性语言能力。

4周岁以下的儿童没有说谎的能力，他们会认为，自己所想所听的事情别人早已明白知晓，所以不会通过语言来表达自己的观点。比如，孩子饿的时候会哭，困的时候也会哭。在这种情况下，教育者必须自己做出判断是帮助孩子入睡还是给孩子提供食物，因为孩子是不会告诉你的——他们会认为你早就应该知道。所以，说谎是儿童发育中的一个重要阶段。我们并不是鼓励孩子说谎，而是这一阶段意味着他们开始意识到别人并不能够知道他们大脑里想的事情。这个过程一般在儿童4周岁左右完成。这就又对教育者提出了新的挑战：去理解孩子为什么要说谎，如何去看待以及对待已经会说谎的孩子，并且使这种互动变得有趣，而让孩子不排斥和他人的交流。

我们继续分析如何让儿童来达到这个小目标。儿童可以通过舞蹈和表演的方式来表达自己的想法，和他人进行互动交流。我们前面所说的角色扮演的游戏就可以帮助儿童实现这个小目标。

儿童进行交流的目的很多。有的儿童是为了表达自己的想法，有的儿童则是为了表明自己的独立性，而有的儿童则是为了对其他人的观点和行为提出挑战。在这个交流的过程中，儿童可以理解文化差异，可以使用自己的语文知识来交流思想。同时，在正确的引导下，儿童也可以更好地尊重他人的想法，理解不同点；这样，他们就可以不断地扩大自己的眼界，增加自己的知识量。

为了帮助儿童实现这个小目标，教育者应该鼓励他们进行交流，从而使他们喜欢互动。教育者应该倾听儿童的语言，为儿童进行语言和非语言交流做出积极正确的榜样，并帮助他们扩大词汇量，帮助他们增加知识量。

第二个小目标是儿童可以读出文字，并且理解文字的意义。儿童在完成这个小目标时应该学会倾听，并且对声音和故事的节奏做出反

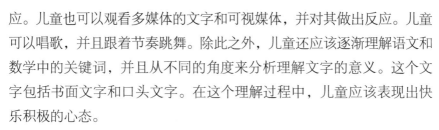

应。儿童也可以观看多媒体的文字和可视媒体，并对其做出反应。儿童可以唱歌，并且跟着节奏跳舞。除此之外，儿童还应该逐渐理解语文和数学中的关键词，并且从不同的角度来分析理解文字的意义。这个文字包括书面文字和口头文字。在这个理解过程中，儿童应该表现出快乐积极的心态。

教育者应该给儿童书籍和其他的阅读材料，并为他们提供一个良好的阅读环境。教育者应该鼓励儿童进行阅读和文字拼写。在阅读的时候，教育者应该帮助儿童读出文字的发音，并且纠正他们的错误读音。教育者应该鼓励儿童把对文字的学习带到日常生活中去。比如，让儿童用新学的词语进行造句，这是一个让他们灵活运用学习的词汇的方法。教育者还应该教授儿童艺术，让他们接触一些伟大的艺术家。最后，教育者也应该给儿童提供学习熟悉和不熟悉的文化艺术的机会。

第三个小目标是儿童可以通过媒体来表达自己的观点。在儿童完成这个目标的时候，他们应利用语言和角色扮演的游戏来想象，并且编出游戏的台词。看儿童玩过家家的游戏是一件非常有意思的事情：几个儿童想象自己成为别人，比如自己的父母，并借助自己平时所看所听的事自编自演。儿童可以分享他们的故事，或者演绎他们所看到的事情。儿童也可以运用绘画、雕塑、舞蹈、音乐、运动以及讲故事的形式来表达观点，并产生意义。此外，儿童也开始使用图片、信件等文字来传递信息。

为了帮助儿童实现这个小目标，教育者应在认识了解儿童的文化家庭背景的基础上给他们创造很多不同的资源和机会，让他们通过多媒体和文字的形式来表达自己的想法。教育者还应该及时准确地回答儿童在阅读或者表演中碰到的问题。教育者还应该为儿童提供一切有利的机会鼓励孩子们去实践，并验证自己的想法。在儿童表演的时候，教育者可以参与表演，并在他们出现错误的时候进行纠正。教育者也要重视儿童画的画，或者用来表达的一切符号，因为这些都是他们用来传递信息的工具。

第四个小目标是儿童开始理解符号和图案的意思。儿童应该开始理解和运用符号，并且把符号和实际的意思结合在一起。理解符号的意思对于儿童的认知发展有重要的意义。儿童可以理解书面文字、口头文字和图画符号的不同。儿童可以通过绘画和画出符号来表达自己的想法。比如说，他们可以理解公共厕所上的符号（男性的图形和女性的图形），并通过这些符号来判断哪个厕所是男厕所，哪个是女厕所。

教育者应该帮助儿童认识这些符号，并且帮助儿童建立对符号的理解。教育者也应该让儿童讨论，并且对形象符号举一反三。教育者也可以鼓励儿童创造自己的符号，并根据文化的不同来教育他们，从而让他们具有文化意识。比如说，儿童在绘画的时候虽然画的人基本上都差不多，不过他们画女人的时候都会画耳环，而画男人则没有耳环。这其实就是他们自己创造了一个符号：有耳环的就是女人，没有耳环的就是男人。

第五大目标的最后一个小目标是儿童可以运用信息交流技术探索信息、表达思想和交流想法。儿童应该能在每天的生活中使用信息技术，并且在玩角色扮演的游戏中使用虚拟技术。儿童可以利用信息技术来接触不同的信息，来理解世界。这些信息技术包括设计技术、绘画技术、编辑技术、创造技术等等。儿童在使用信息技术时应该是快乐积极的。比如，iPad给儿童提供很多游戏，可以帮助他们学习绘画、设计，进行编辑等等。教育者应该给儿童提供一系列的不同的信息技术资源。教育者还应该在儿童玩角色扮演游戏的时候给他们提供有关的信息技术。在这个过程中，教育者也应该教授儿童使用信息技术的能力，并且鼓励他们通过合作来进行玩耍学习。

早期儿童教与学

我们在上面已经讲过，儿童早期教育大纲鼓励儿童在玩耍中学习。因此，儿童早期教育者的教学方法也主要是通过让儿童在玩耍中学习，来帮助儿童提高学习的能力、建立人生观和世界观，增强其幸福感。这就要求儿童早期教育者使用各种不同的教学方法，认真备课，理解儿童自身和家庭的文化，从而创造出正确的个体和社会的学习环境，帮助孩子不断地学习，达到学习的各种目标。

在这里我们详细说说在玩耍中学习。玩耍为儿童提供了发掘新事物、进行创造、不断提高想象力的机会。当儿童和同伴一起学习的同时，他们会形成小型的团体，检验自己的想法是否正确，挑战其他儿童的想法，并且形成自己的新知识。玩耍支持儿童的提问，并且鼓励他们用批判的角度去思考问题。玩耍也扩展了儿童的思考方法，并促进他们的学习和认知。每个儿童都喜欢玩，正是这种爱玩的特性突出了他们的"存在"。

儿童早期教育者应在儿童的玩耍过程中扮演不同的角色，并且使用各种不同的方法来帮助儿童的学习。他们还可以在与儿童的对话中帮助儿童进行更深层次的思考。这种教学方法是以儿童自身为主体的，教育者的作用主要在于辅助儿童的学习。教育者应创造帮助儿童去探索、去创造性地解决问题的环境。为此，教育者应首先建立起与儿童彼此信任的关系，然后可以在和儿童一起玩的同时抓住教学的时机，帮助儿童在和其他儿童互动的过程中学习认知。在儿童边玩耍边学习时，教育者应关注所有的孩子，维护玩耍的公平性，从而建立起一个健康的玩耍和学习的环境。

这种学习环境可以分成室内环境和室外环境两种。两种教学环境都应该针对不同的儿童的学习情况、兴趣爱好、家长的参与情况等，来提供安全、包容的教学氛围。

室外环境教学是澳大利亚教学中的一个特色。室外环境可以给儿童提供室内不能提供的玩耍氛围。在室外玩耍可以让儿童和大自然接触，亲身体验树木、花草、沙粒、石头子和水等。室外学习可以帮助儿童融入大自然，并且发展环保意识。大自然的环境还可以帮助提高儿童的探险精神，并培养独立抽象思考的能力。儿童也会逐渐学着保护环境和资源并产生保护环境的使命感。在室外教学中，教育者可以推动儿童和家长对环境和资源的理解，并且让儿童通过和环境资源的接触，理解它们的意义，进而对本地环境和社区做出贡献。

我们强调了澳大利亚早教的教学方法是让儿童在玩耍中学习，那么，如何考察儿童的学习成果？如何检验儿童的学习情况呢？

对于儿童早期教育者来说，要检验儿童的学习情况，首先必须要理解儿童，了解每个儿童的特长、能力和兴趣。在了解儿童的基础上，教育者就可以根据儿童在玩耍中形成的观点和想法来选择使用的教材，也可以根据儿童玩耍的情况来进行教导、检验，甚至于加强儿童的学习。

了解儿童玩耍的习性也可以帮助教育者抓住有利的时机进行教育

在儿童的发育过程中，算术是一门很重要的学科。而算术学习，不仅包括数字的学习，也包括图形的学习。这些图形包括圆形、正方形、长方形、半圆形、菱形、心形以及星形等等。

儿童早期教育者A和B这个星期需要给4周岁儿童讲授形状。A使用的是普通的老式教学法，而B使用的是在玩耍中教育的方法。

在老式的教学法中，A要求孩子们坐成一排，老师站在讲台前，拿出准备好的教具（几个画有图形的图片），一个一个展示给孩子们看。学生进行练习后，A会以考试的形式来检测孩子的学习成果。A通过这种灌输式的教育方法来教学，孩子能学到知识吗？答案是能的。A的这种传统教育的方式也符合教育心理学的认知教育法，让孩子在自己已经知道的基础上来增加新的知识。可是孩子们在学习的过程中感觉到快乐或者学习的主动权了吗？答案是没有。因为孩子在教学中只发生了认知的增加，却没有从中提升自主学习的能力。记性好的孩子就占了优势，记性差一点的孩子对这种方法的接受就相对差不少。

我们来看看B是怎么教学的。B会让每两到三个孩子一组围成圈坐好，然后把准备好的材料发给每组的孩子们。这个材料就是剪好的不同形状的图形。B首先会让孩子们摸摸看看每个图形，然后根据每组孩子的进展问问孩子们各个图形在形状上有何不同，并且追问孩子们这些形状应该叫什么。在这个过程中，有些已经接触过形状认知的孩子就会教别的孩子。孩子在互相比较的过程中可以更好地认识图形，从而举一反三。比如，半圆形就是圆形的一半，正方形和长方形的四个边的长度是不一样的。通过这种方法，孩子会提升自己的认知能力。比如，他会主动去比较梯形和菱形的不同。在这样的学习方法中，孩子自己是学习的主体，他们可以研究探索不同形状，从而产生认知上的变化。而且在这个过程中，孩子有更多的自主权，既可以从老师那里，也可以从其他的孩子那里学习。

B在这里使用了规划教学法（intentional teaching）。规划教学要求教育者自觉地使用互动、对话的形式促进儿童进行高层次的学习。教育者应根据不同的情况改变教学策略。对于儿童来说，在玩耍中学习，他们进行的认知是"分享式"的：分享自己已经具有的知识，分享自己的看法，研究别人的想法，和别人（包括老师和其他孩子）进行对话，从而形成自己的新知识。

那么，儿童早期教育者如何在认知儿童的发育、发展，理解儿童的互动需求的基础上来检验儿童学习的结果呢？

什么是检验？我们经常谈到的考试就是检验的一种方式。在早期儿童教学大纲里，对学习的检验被定义为：取得并分析儿童学习到的知识、能做的事情和理解的事物的证据。大纲进一步指出，检验孩子的学习成果是教育者计划、准备教学材料，并评估儿童的学习结果的重要步骤。

和我们平时说的考试的形式不同的是，检验儿童在玩耍中的学习成果可以帮助教育者了解其和家长、儿童以及其他人员互相合作的状况。

这些合作主要体现在：

1）可以根据儿童目前和将来的学习制订教案；

2）可以就儿童学习的过程，和家长以及其他有关人员进行交流；

3）可以判断儿童是否朝着学习的目标努力；

4）可以针对一些有特别需要的儿童，比如天才儿童或者残障儿童，进行特殊的安排来帮助其更好地学习；

5）可以评估教学环境，提供更多的机会来帮助儿童学习和体验；

6）可以帮助教育者更好地运用和改进其教学方法。

教育者应使用不同的方法来解释他们在辅助儿童在"玩中学"的过程中所收集的信息。这些丰富而有意义的信息应能反映儿童的强项，以及他们的动手和理解能力。目前最流行的检验方法也包括检查儿童学习所使用的策略，以及儿童在学习过程中和教育者的互动情况。这些检验方法如果使用得当，将会成为儿童学习中和家长、教育者以及其他人员沟通互动的强有力的方式。

在儿童的学习过程中，教育者应该不断地检验儿童的学习结果。这种不断检验的过程不应该只看儿童学习的最终结果，也应该看到每一位儿童在学习过程中的大大小小的进步。

不同的儿童会表现出不同的学习方式、学习过程和学习结果，而去检验每个儿童的学习结果就要求教育者能意识到每个儿童的文化背景以及实力，并给予儿童展示的机会。教育者应该注意检验方式的多样化，并且在检验的过程中充分利用和家长以及其他人员的合作优势来帮助儿童更好地在早教的环境中学习。

不可否认，儿童早期教育者对儿童的学习结果做出的检验，同时也是对自己的教学方法、教学理论和实践的检验。

这种检验包括：

1）检验他们给儿童提供的环境是否合适；

2）检验他们对儿童的文化背景的了解程度；

3）检验对每个儿童的家庭背景、经历和家长的希望的了解程度；

4）检验教育者检验的方式是否适用于所有的儿童；

5）检验教育者所适用的教学方法实践是否对儿童的幸福感和成功学习有促进作用；

6）检验教育者的检验方法是否有挑战性；以及

7）能否帮助教育者使用更多、更有效的检验方式。

我们继续刚才所举的例子来说明这一问题。教育者B所使用的儿童在玩耍中学习的方式和教育者A所选择的教学方式不同。教育者A选择了传统的检验方式——考试，让儿童在一定的时间内回答出不同形状的名称。而教育者B则以游戏的方式来检验儿童的学习成果。这个游戏是电脑垫板游戏。儿童在玩耍中快乐地接受了检验。教育者可以根据每个儿童的不同来选择游戏的难度。

在玩耍中学习是澳大利亚儿童早期教育中最主要的教学方法。

(四)从教学特色透视澳大利亚儿童早期教育

虽然相对于邻国新西兰,澳大利亚的儿童早期教育目前还是一个新兴的产业,但是这个产业,也有着自己的特色。

特色一:多语言、多文化

多语言、多文化是澳大利亚儿童早期教育的一个重要特点。多文化并不仅仅指受教育的儿童的多文化背景,也包括了儿童早期教育者的多文化背景。虽然澳大利亚移民政策不断修改,澳大利亚国家对儿童早期教育者的市场需求仍然非常强烈。尤其近两年对儿童早期教育者的要求不断提高,国家和市场对优秀的儿童早期教育者的需求也就更加强烈。儿童早期教育者和学校的中小学教师们一样受到社会的极大尊重,有很好的社会地位;因此很多国际移民,包括亚洲、欧洲、非洲的移民,在澳大利亚开始崭新的生活的同时,都倾向选择进修儿童早期教育,从而成为一名儿童早期教育者。因此,这个多文化的特色也体现在澳大利亚的儿童早期教育者的身份背景的多元化上面。

力·迪斯尼(Leigh Disney,见图3)是澳大利亚一所大学教授儿童早期教育的讲师,他有十余年在澳大利亚的几所托儿所担任儿童早期教育教师的经验。目前,他致力于研究儿童教育者的多文化背景以及如何利用这些多文化特色来对他们进行培训。我在他的专业报告里看到了一个案例,这个案例描述了一所澳大利亚托儿所的多文化特色的场景。

力:"我在托儿所工作的几年里,和各种各样的非传统的澳大利亚家庭打过交道。这些家庭来自亚洲、欧洲、非洲、美洲等等,或者有穆斯林文化背景。我不仅对这些来自不同国家和背景的孩子一视同仁,而且和我的一些有非澳大利亚传统背景的同事合作,让这些家庭的孩子们理解他们自己的身份背景,并且把他们的文化背景和他们每天的生活融合起来。举个例子来说,我曾经有一个来自中国的同事。她每次的午饭都和孩子们一起吃。她带的午饭总是带有亚洲特色。孩子们会围着她问一些关于她的午餐的问题,比如她吃的是什么，或者怎么吃（比如如何使用筷子）。这位同事总是非常耐心地回答孩子们的问题。于是她的午饭菜单很快就变成了孩子们学习的教材。"

图3　儿童早期教育教师力·迪斯尼

在拥有多文化背景的儿童早期教育者教育下的孩子们更能融入不同的文化。在澳大利亚，很多托儿所的孩子也都来自不同的宗教、收入不同的家庭以及不同的种族。因此，在澳大利亚，儿童早期教育者都特别重视维护孩子自身的文化背景，鼓励孩子们的个性发展。

　　我："在你在托儿所当老师的时候，你碰到过来自不同国家或者不同种族的孩子吗？"

　　力："经常的事。"

　　我："你是怎么看待孩子的不同文化背景并进行教学的呢？"

　　力："在我任教的时候，面对来自不同国家或者种族的孩子，我特别注重和孩子家长之间的联系。一般我会单独和家长见面，然后针对孩子的情况对家长提出很多问题。这些问题经过家长和教师们的讨论，可以让老师们更多地了解孩子，而且也可以让老师们和家长形成一个团队,一起来对孩子进行教导。当然了,除了和家长合作,老师们也可以咨询中介,寻求他们的帮助。"

我:"可以请您详细介绍一下这里的中介是什么吗?"

力:"几年前,我曾经教授过一个来自韩国的小男孩Younjoon。他是一个非常可爱的孩子,我非常喜欢他。但是他当时完全不会英语,而我又不会说韩语,因此在交流上存在很多障碍。为了更好地了解这个孩子以及他的文化背景,我特别请教了韩国语言协会。这个协会相当于一个中介,我向他们请教了些日常用语,比如如何用韩语来表达'早上好''吃饭''休息''玩'以及'坐下来'等等。在这个中介的帮助下,我们当天就成功完成了前几天完成不了的事。所以,作为多文化的国家,澳大利亚的教育和教师也需要对此做出相应的教育回应。"

特色二:以儿童为教育中心

澳大利亚的早期教育文化讲求人性化和个性化,因此,每个孩子都是教育的中心。我在和力交谈的过程中,也就如何进行个性化教学请教了他。

图4 教孩子正确使用工具

> 我："您能讲讲您的教学是怎样以儿童为中心的吗？"
>
> 力拿出了一张照片（见图4），递给我："在举例子之前，我想给你看看这张照片。"
>
> 他对我描述："这节课是我们在教授孩子使用工具，当时专门请了一名当地在工具商店工作的人员到班级里教孩子们如何正确地使用工具。"

在澳大利亚的托儿所或者幼儿园，这样的上课方式非常普遍。这种以孩子为中心，而不是以教师为中心的上课方式可以让孩子更深刻地理解学习的内容。比如在上个例子里，孩子们从专业人员那里学到了使用工具的正确方法并加以练习，而不是只照课本学习理论。力强调，在儿童早期教育中，儿童的动手能力学习可以帮助他们锻炼动手动脑的能力，从而全面发展智力、语言和社交能力。

> 我："您能讲讲什么是教育个性化吗？"
>
> 力："我来举个例子吧。在托儿所里，我是3岁到4岁孩子的老师。担任这个年龄段的孩子的老师，我们不仅仅要培养孩子的认知和学习的能力，更要培养他们健康的生活习惯和良好的品性。我的班上有一个孩子叫拉尔夫（Ralph）。我发现这个孩子在吃午饭的时候，不会安心坐下来吃饭，相反，在别的孩子吃饭的时候，他要么在旁边捣乱，要么去玩玩具而不来吃饭。针对这个孩子的问题，作为早期儿童教师的我要做出指导。我没有硬性要求他一定要坐下来吃饭，但是我在吃饭前会给拉尔夫几个选择。当然了，这个选择并不是要不要坐下来吃饭，而是主要围绕选择一种坐下来好好吃饭的方法。比如上次我给了他三个选择：一、坐在红色的小凳子上吃饭；二、坐在黄色的小凳子上吃饭；三、坐在蓝色的小凳子上吃饭。这样我就把他的注意力转移到坐在哪个颜色的小凳子上，而不是坐不坐下来吃饭上了。"
>
> 力继续说："当然，解决这样的问题也需要和家长紧密配合。

> 我和拉尔夫的父母谈了谈，得知拉尔夫的家庭不在饭桌上吃饭，而是喜欢全家坐在电视前面吃饭，因此拉尔夫认为吃饭的时候不需要坐下来。得知这样的情况后，我和他的父母谈了一下，然后专门针对这个学生的情况，制订了一系列的家庭学校的教育计划，这样就保证了拉尔夫无论在学校还是在家都要遵守相同的规定。"

像拉尔夫这类的孩子在儿童早期教育里非常常见。每个孩子都有自己的家庭背景，生活习惯也往往很不相同，因此要根据每个孩子的要求来处理问题。儿童早期教育教师不仅仅要帮助孩子发展智力，而且也要培养孩子很多生活上的能力，比如训练使用痰盂、帮助孩子们练习集中精神（达到30分钟以上）。因此，以学生自己为中心来教学，对儿童早期教育的教师的要求非常高，也往往会给教师们带来很多的压力和不便。

> 我："那你们的压力这么大，如何减压呢？"
> 力："我发现最好的方式是团队合作——和同事们交谈，和团队紧密合作。"

特色三：在玩耍中学习

目前，在玩耍中学习是很多国家（包括澳大利亚）在儿童早期教育中所提出的一个重要的要求。如何培养孩子们玩的技能，以及如何给孩子们设置一个安全的玩耍环境都是儿童早期教育者研究和讨论的重要话题。

> 我："您是如何看待在玩耍中学习的？"
> 力给了我另一张照片（见图5），然后问我："你看这些孩子们在干什么？"
> 我回答："看上去在学习做吃的东西。"
> 他继续说："他们在学习做比萨饼，注意看他们玩得多开心。"
> 力："在玩耍中学习，即让孩子们自己选择并决定学习的内容

图5　学习做比萨饼

和方法。我觉得对早期儿童教师来说,最难的一点在于如何创造一个既安全又非常有启发性的教育环境。"他继续补充道:"我不赞成完全自由玩耍(Free Play),在我看来,在玩耍中学习需要早期儿童教师投入更多的心血来帮助构建一个在玩耍中强化学习的过程和结果的环境。"

我:"您觉得在建造和利用这个环境时要注意些什么呢?"

力:"主要要注意引导的'度'。如何掌握这个'度'很重要。比如,孩子们在玩耍中会不可避免地发生争吵。有的时候是因为争夺一个玩具,有的时候是因为对玩耍的同伴不满,等等。和其他的孩子一起玩对于每个孩子来说是一个重要的学习过程,因为在这个过程中,他们可以互相合作、互相制约、互相帮助。当然了,在这个过程中,他们也会懂得如何妥协、何时该放弃、何时该争取。对老师来说,教育孩子们在玩耍中学习,不仅仅是对他们的智力的培养,也是开展团队活动和培养朋友关系的一个重要手段。不能掌握这个'度'的老师会经常干预甚至过度干预孩子们的玩耍过程,而掌握了这个'度'的老师则知道什么时候该干预,什么时候不用干预。"

我："能举个例子吗？"

力："比如我刚刚说过孩子们在玩耍的过程中会不可避免地发生争吵。这是非常正常的现象。一般掌握好'度'的教师在看到孩子们出现争吵时并不会马上去干预，而是给孩子们一定的时间自己去处理问题。"

我点了点头。

力继续说："非常有趣的是，在绝大多数的情况下，孩子们都可以自己解决好和伙伴之间的矛盾。当然了，如果出现了不能解决的矛盾，老师应该对孩子们的玩耍活动进行积极干预。"

我："您觉得孩子们在玩中可以学习到知识吗？"

力："当然了。玩耍是孩子们生活中的最重要的一个部分。他们在和小伙伴一起玩的时候可以学习合作技能，在自己玩的时候可以完全根据自己的喜好来决定自己的学习内容。因为是在玩耍中学习，所以孩子们的学习积极性都非常高。"

特色四：电子技术的使用

目前，电子技术的使用在澳大利亚儿童早期教育中是一个非常具有争议性的话题。很多家长和儿童早期教育者都反对在儿童早期教育中过早地使用电子技术。有些托儿所和幼儿园甚至打出了"无屏幕（no screen）学习"的口号来吸引家长的关注。

由于当前电子技术的飞速发展，很多新兴的电子技术不断涌现，很多教育者都没有跟上合理使用这些电子技术的脚步。他们对这些电子技术不熟悉，并且产生了很多误解。这些误解影响了社会舆论。但是，作为儿童早期教育者，在教学中正确使用电子技术是一个必备的技能。

我："听说您对iPad在儿童早期教育中的作用非常感兴趣。您能谈谈吗？"

力："是这样的。儿童在6岁前的玩耍学习主要是通过手脑的

图6 在户外玩耍

合作来完成的,因此锻炼孩子们的协作能力非常重要。通常情况下,作为儿童早期教育的老师,我们都喜欢带着孩子到户外去玩耍。"

他继续说:"你看,在上面这张照片(即图6,编辑注)里,这些孩子们多有创意,他们把下雨后的一个小水坑当成练习钓鱼的地方。户外的玩耍也包括做各种运动。比如这张照片(即图7,编辑注)里的孩子就在玩蹦床,我在旁边帮助他练习。所以,对于孩子们来说,户外的玩耍学习非常重要。但是,儿童的学习和玩耍时间的一大半还是花在室内的。在室内学

图7 玩蹦床

习和玩耍的时候，很多孩子也可以进行各种各样的玩耍，比如练习绘画和手工。

"老实说，我从来没有想到过我会在儿童早期教育的教学中使用电子技术。原来的我非常不赞成让小孩子们使用电脑等技术，因为那个时候的电脑笨重，也并不是针对孩子们设计的，而且孩子们的发育水平也没有达到可以正确使用技术的水平。比如，孩子们不会使用鼠标，更不明白键盘的作用。"他停顿了一下，继续说："但是现在随着电子技术的发展，我深刻地感受到一些新兴的技术是非常合适孩子们使用的，比如iPad就非常适合孩子们使用。孩子们可以不受鼠标和键盘的限制，他们可以使用手指和手掌（包括双手）来操作iPad。这种操作方式对于他们的手脑综合训练非常有好处。我遵从TPACK模式（http://tpack.org）对孩子们进行教学——把科学技术、教学内容和教学方法仔细结合。"

在采访的最后，力强调说："在使用iPad教学的过程中，我们发现在玩耍中学习不仅可以提高孩子们的学习效果，而且可以让孩子们自己选择内容，进行完全的自主学习。"

本节通过和一名儿童早期教育者的对话，结合大量的实例给读者们介绍了目前澳大利亚儿童早期教育的四个方面。这四个方面并不能代表澳大利亚儿童早期教育的全部特色，但是对话中涉及的大量关于澳大利亚正在或者将要进行的改革的信息，可以供读者们参考。

到此为止，我们谈论了澳大利亚早期教育的内容、形式以及费用和国家补贴。除此之外，我们还详细分析了澳大利亚儿童早期教育大纲、澳大利亚儿童早期教育环境下儿童的学习方式和教育者应掌握的知识和教学方法。下一章我们会详细介绍澳大利亚的中小学教育。

二、澳大利亚的中小学教育

(一)从体制透视澳大利亚中小学教育

澳大利亚是英联邦国家之一,包括六个州(新南威尔士州、维多利亚州、昆士兰州、南澳大利亚州、西澳大利亚州和塔斯马尼亚州)和两个领地(首都堪培拉和北领地)。目前有大约三百五十万名孩子在学校上学。

澳大利亚政府(COAG)在2013年的10月的报告中确定了目前澳大利亚学校教育的三大目标:一、争取在2015年前实现90%以上的孩子能进入学校学习;二、缩小原住民儿童在听、说、读、写方面和其他孩子间的差距;三、争取在2020年前,原住民儿童高三(12年级)的就学率是现在的两倍或者达到其他孩子的就学率。

在澳大利亚,学校每年有四个学期。虽然每个州和领地根据自己的需求的不同安排不同的时间,但每个学期基本上都有9~10周。每周周一到周五上课。一般来说,第一个学期从1月底开始到4月,第二个学期从5月到7月,第三个学期是7月底到9月,最后一个学期从9月底10月初到12月中旬。每个学期中间都会有一周到两周的休息时间,称为期中休息(term break)。

澳大利亚政府要求每个5周岁以上的孩子进入小学进行学习。小学一般有过渡年级、1年级、2年级、3年级、4年级、5年级以及6年级。有些州的小学也包括7年级。

在澳大利亚，小学教育是指从过渡年级到7年级。什么是过渡年级（transition或reception）？5周岁到6周岁的孩子在正式上1年级前要进入过渡年级学习一年。和国内的要求不同，澳大利亚的孩子在5周岁就要进入学校学习了。虽然过渡年级在命名上和其他的年级有些不同，但是一般来说只要进入过渡年级就正式算是小学生了。过渡年级的孩子和其他的小学生一样，要按照澳大利亚的教学大纲进行学习。学习的课程包括语文、算术、音乐、艺术、体育等等。这些课程我们将在讲解澳大利亚小学教学大纲时进行详细介绍。当孩子们完成了过渡年级的学习，就可以上1年级了，然后逐步进入高年级进行学习。

澳大利亚的每个社区都会有一个小学，这些小学的规模会按照本社区的人口规模来确定。这就决定了有些小学的规模比较大，而有些小学的规模则比较小。一些大的小学每个年级会分成几个不同的班级，而小规模的小学则没有几个班级，甚至会出现年级合并的现象。比如过渡年级的学生会和1年级学生在一个教室里学习。

下面我们将详细介绍澳大利亚小学的上课时间、课堂教室的设置和规模、学校的基本资源，公立和私立学校的区别以及斯泰纳教育。

(1) 学校的上课时间

在澳大利亚，小学的上课时间是从早上8点半或者9点到下午3点或者3点半。这段时间要求孩子基本都必须待在学校。但是，在午饭的时间，有些学校会允许学生外出购买午饭。

学校一般要求家长在8点20到8点30左右把孩子送到学校，高年级的孩子经过家长的允许，也可以自己去学校。因为澳大利亚小学生的就学和中国很像，即分成学区去上学，所以学生住的地方一般都离学校不远。当然，如果一个家庭里有几个年龄不同的孩子在相同的学校上课，年纪大的孩子也可以带年纪小的孩子去学校上学。

下午3点到3点半，家长就可以接孩子回家了。如果家长不能在这个时间来接或者要早于8点半之前上班，那么学生就要送到学校里的课外看管班去。需要注意的是，这里的课外看管班里虽然也有老师，但是在这段时间内是不上课的，孩子们就是待在一起玩。有时候老师会给孩子们一些资料或者教材，方便孩子们学习。而且这个教室里一般都有计算机等科学技术工具，孩子们也可以自由地使用这些工具来玩耍和学习。因为所有上课外看管班的孩子不分年级都会集中在一个教室里，所以一般来说，学校会安排几个老师对学生进行管理（让大孩子玩大孩子的，小孩子玩小孩子的，避免出现以大欺小的情况）。

在澳大利亚的小学里，每个班级都会有一名老师。按照澳大利亚政府规定，每个老师可以带的学生不超过22名。这名老师将负责该班学生的学习和生活。根据每个学校的不同要求，每个老师也会给学生安排不同的学习时间。

我举个例子来谈谈澳大利亚的小学生在学校里都学什么、玩什么。

早上8点半，小学老师莫和妮（Mohony）已经在教室里工作了半个多小时了。在这半个小时内，她会安排一下今天的课程，按照今天上课的内容布置好学生的课桌椅。8点20到8点半左右，学生已经逐渐来到。

8点半，学校里会准时响起上课铃。这个时候莫和妮老师会带领孩子们进入教室，安排学生分别坐好，然后开始上课。

澳大利亚的小学一般要求老师在上午的时间段教授语文。从8点半到10点，莫和妮老师会让孩子学习语文。这些学习会包括读书、写字等等。关于上课的详细内容，我们会在后面的课程介绍中讲述。

上午10点到10点20是课间休息，这个时候孩子们可以走出教室，到操场或者室外玩耍。

10点20到11点45，学生陆续回到教室学习。莫和妮老师会让学生站成一排，把室外的玩具和教材收好，然后带领学生进入教室，进行学习。莫和妮老师会在课间休息的时候重新安排教室和教材，方便这段时间的学习。学生每周要上一节体育和音乐专业课，这些专业课一般被安排在这个时间段。在一般的公立学校，一般会有一个专业的体育老师和音乐老师，所以，一节体育课和音乐课的时间为45分钟。上课前，莫和妮老师会带着学生去专门的教室上课。在没有专业课的日子里，莫和妮老师会教授数学。至于学习的内容，我们会在以后详细介绍。

从11点45到下午1点是午饭时间。学生会拿出自己带的午饭（家长会提前准备好午饭）在教室里吃饭。莫和妮老师可以去教师办公室里吃饭，也可以选择在教室里和孩子们一起吃。午饭后，孩子们可以利用这段时间玩耍或进行室外活动。

下午1点到2点30继续是上课时间。这段时间莫和妮老师会教授孩子们科学、艺术等课程。2点30到放学前一般是自由活动时间，孩子们可以在教室里玩耍、阅读等等。

3点半之前，学生们的家长陆续来学校接孩子了。大约3点45分左右，莫和妮老师会送要去课外看管班的学生去看管教室。

这就是澳大利亚小学普通的一天生活和学习时间的安排。

中学教育和小学教育类似的地方也很多。比如中学的上课时间段，上午也分为两个时间段，中间有一个15~30分钟的课间休息，然后同样有45分钟到1小时的午饭时间。最后，下午有一个上课时间段。所以中学生每天的学习可以安排为：

・上午8：30—10：00上专业课
・上午10：00—10：30课间休息
・上午10：30—12：00上专业课
・中午12：00—13：00午间休息
・下午13：00—15：00上专业课
・下午15：00放学

来举个例子。瓦伦丁（Valentine）是一名10年级的学生。她目前在一所普通的公立中学上学。今天是星期一，她的课程安排是上午数学和科学，下午英语。瓦伦丁会在早上8点半坐校车，或者由父母送到学校。到了学校后，她去自己的专柜前查看今天上课需要的工具。紧接着，她在8：30前到教10年级的数学老师的课堂去报到。10点开始是课间休息。这个时候瓦伦丁可以到操场里玩，或者和她的朋友们说笑聊天等等，准备下面的专业课。10：30她再去教科学的老师的实验室里去上课。午间12：00—13：00是午饭时间，瓦伦丁可以选择去学校的食堂购买午饭，或者和自己的同学和朋友一起把带到学校的午饭拿出来一起吃。有些学校里设有微波炉供学生热饭。但是，根据澳大利亚绝大多数人的饮食习惯，很多学生和家长通常都是准备三明治作午饭。午饭后，瓦伦丁接着去英语老师的教室上课。下午3点左右自己坐校车或者等家长来接自己回家。

从这里可以看出，澳大利亚的中学生每天需要学习三个学科的课程。

澳大利亚的中学，10年级以下（包括10年级）的课程一般都是必修课。学生从高中11年级开始可以选择分科。这里的分科主要是指专攻课程。如果学生打算以后进入大学进一步深造，这些学生就可以根据自己对未来的规划进行分科学习。比如学生A打算高中毕业后当一名统计师，那么他就会在高中11、12年级选择主修数学二级，为以后的学习打好基础。

(2) 课堂教室的设置和规模

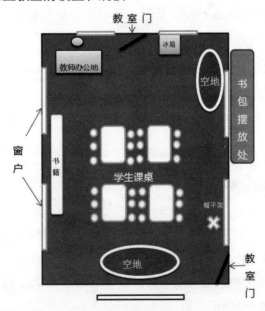

图8 课堂教室的设置

下面我来介绍一下学校课堂教室的设置和规模。在澳大利亚，一般一个普通公立学校的课堂教室大约有50～100平方米。一般来说，教室会有两个门：前门和后门。教室的另一面都是大窗户，保证教室有很好的采光。教室的墙上一般来说也会有一个很大的白板。澳大利亚的小学都使用白板和彩笔，而不使用黑板和粉笔（见图8）。

课堂教室的设置完全由上课的老师决定。我们在前一部分介绍过每一个小学教室只有一名上课的老师，而且这名老师要教授语文（英语）、数学（算术）、科学以及绘画文艺等课程。音乐老师和体育老师的课程一般不在教室里进行——他们会有自己的音乐教室和操场。

每个老师对教室的布置都不一样，千差万别。但是一般来说，他们会把教室分成几大块场地：第一，上课使用的场地；第二，学生自我反思的场地；第三，读书的场地；第四，对违规学生进行管理的场地；第五，老师的办公场地；第六，计算机科学技术使用的场地。

上课使用的场地占整个教室的绝大部分。教师一般会按照自己喜好的教学方式以及教学内容来安排课桌椅。小学的课桌椅都按照小学生的身高制定，所以低年级教室的桌椅都比较小，而高年级的桌椅会相对高一些，大一些。教师也会根据上课的要求来安排桌椅，不过一般来说桌椅会按照学生的小组来摆放。前面也介绍过，按照澳大利亚政府的规定，每个教师教的学生不能超过22名。也就是说，这名教师在一个教室里最多只能教授22名学生。和儿童早期教育环境（详情请看第二章）不同，在小学里，一个教室里一般只有一名教师。那么普通教室的安排一般是把学生分成几个小组，每个小组有4～5名学生。

每位教师的教学理念（teaching philosophy）都会不同。在澳大利亚，教育部门也提倡每个教师有自己的教学理念。所以，如果你有兴趣去问问教师们的教学理念，你会发现每名教师的理念都是不同的。这些理念也会随着时间的推移、教师经验的增加、教师以后接受的培训等等而不断地变化。为什么教学理念会不同呢？我们不妨举个例子。比如有两名教师，同样的年龄，同样的性别，在同一所大学里接受同样的培训，但是她们俩分别来自大城市和小城市，这两名教师就会因为这个细节而产生教学理念的差异。比如，来自大城市的教师会强调课堂的规模、使用不同的教学材料、教学科学技术；而来自小城市的教师会强调课堂的亲善性，关注每个孩子不同的学习目的和需求，强调家长和老师的合作关系。我这里只是举个例子，需要注意的是，性别、年龄、接受的培训等因素都会造成教师教学理念的不同。

图9 小学老师那贝拉·那丁

> 小学老师那贝拉·那丁（Nabela Nadeem，见图9）："我爱我的教书工作，因为我可以和每个孩子建立良好的关系。当我的学生在学术等方面不断进步和取得成功时，我为他们高兴，为他们喝彩。"

教学理念会影响他们对教学场地的安排。比如，有的教师认为，学生应该在互相合作中不断学习和进步。带着这个教学理念，这名教师会把教室的桌椅按照合作的形式来分组（图10）。再比如，有的教师强调计算机技术的在教学中的重要性，那么他（她）就会把教室桌椅安排得更靠近计算机的场地。

每名教师上课时使用的教学方法也不相同。在澳大利亚，教师可以根据自己的教学理念来选择不同的教学方法。比如有的教师会使用询问法（inquiries）。询问法是当前澳大利亚小学教师常用的一种教学方法。主要是让学生在学习中自己发现问题，询问老师，然后解决问题。

这种方式特别适合多年级混合教学，以配合满足每个孩子不同的学习方法和学习进度。同时，老师也可以根据每个学生询问的问题对每个学生进行解答，这样既能满足一般学生的学习要求，又能对一些特殊学生的学习要求给予一定的重视。

图10　教室的桌椅排放按照合作的形式分组

　　因为每名教师的教学方法不同，教师也会按照个人喜好来布置教室。比如有的老师强调学生勤动脑、勤动手，因而会自己制作一些教学用具挂在墙上或天花板上。在澳大利亚，很多教学用具和装饰是由教师亲手制作的，所以每个教师的教室千差万别（如图11、图12、图13）。

　　什么是学生自我反思的场地呢？学生需要接受别人（比如老师或者其他的学生）给予的知识，但是如何理解这些知识，把它们转化成自己的知识就需要学生自己去思考、反省。这是知识学习、认知转化的一个关键过程。于是在澳大利亚的教室里，老师会根据需要安排一个场地用于学生思考、反省。有一次，我看到一名老师把冰箱的包装箱改装成了学生自我思考、反省的场地。这名老师把箱子剪开，安个门或者挂个布帘，学生可以爬进去独自思考和反省。当我们问这名老师这个箱子的使用情况时，老师说这个箱子在学生中非常受欢迎。不论是大孩子，还

图11 教室的每周数学角

是小孩子，都需要一个不受他人干扰的独立空间，这样才能帮助他们思考。

读书的场地也是教室里的重要场地。很多教室都有书架，虽然学校里一般都有自己的图书馆，但这个场地能给孩子们提供一个保存书籍的地方，方便学生们随时阅读。

什么是课堂行为管理的场地呢？因为中国和澳大利亚的教学文化不同，中澳课堂行为管理也相应不同。在澳大利亚，教师绝对不能体罚学生，也不能训斥学生，不能和学生在身体上有任何接触。这个在教师行为准则中有详细说明。于是很多教师就在教室里特别安排了这个重要的空间。我们来举个例子看老师如何使用这个空间。彭妮老师（Penny）教授1年级的学生，为了进行课堂行为管理，她专门制作了三个圈，分别涂成红色、黄色和绿色。她又把每个学生的照片做成小型版并且剪下来粘在一个夹子上。这样，每个学生都有一个带有自己照片的小夹子。彭妮老师把这三个圈挂在白板旁边的墙上，从上到下分别挂着红色、黄色和绿色的圈，好似红绿灯一样。当学生表现良好，遵守课堂纪律的时候，带有学生照片的小夹子就夹在绿色的圈上。当学生出现违反纪律的行为时，老师会首先进行口头警告，然后把他的小夹子放在黄色的圈上。如果继续违反纪律，他的小夹子就会夹到红色的小圈上。别看这个方法简单，却非常有效。

图12　班级学生的生日备忘录

在国内，老师都会在一个公用的办公室里上班。这个办公室一般设有教师的办公桌和一些设施。和中国不同，在澳大利亚，虽然学校里也有教师室（staff room），但是这个房间一般被教师们用作喝咖啡、交流谈话的场所，老师的办公室在班级教室里。在班级教室的一角通常会有一个办公桌以及一些教学用具，这就是教师办公的场地（如图14）。教师会把这个场地用于备课、制作教学材料或者课件、批改作业，以及和家长交流。

在班级教室里，一般还有一个重要的场所——计算机科学技术场所。一般来说，每个班级里都会设置一台互动白板（interactive white board）。这个互动白板有点类似于普通白板，但是和计算机相连，而且白板里设有很多计算机教学程序，可供教师和学生使用。这个白板和普通白板的最大区别在于这个白板具有互动性，也就是说，这个白板的版面是用可触摸的屏幕做成的。学生们可以用它来写字、绘图、研究。这个白板里的很多程序有教学用途。比如白板里设有语文、数学、科

图13 教室窗户上的装饰

学、艺术等等程序，因为和计算机相连，还可以从网络上下载很多相关的教学工具。所以，很多教师愿意围绕这个互动白板设置一块计算机科学技术场所。在澳大利亚，学校教室一般都配有计算机。在2009—2010年间，澳大利亚教育部对整个国家的小学启动了一个"每个孩子都有一台手提电脑"（every child has a laptop）的计划。在那段时间内，每所小学的每一位学生都获得了一台小型的手提电脑。虽然说这台电脑的功能不及一般的手提电脑，却给每个孩子提供了一个可以使用计算机技术的工具。目前，除了手提电脑外，一些小学也获得了外界的资助，用来购买平板电脑（比如iPad）。一些中学也开始允许学生们使用各种通信技术，比如可以在学校里使用手机等。这些都说明澳大利亚学校非常重视计算机技术在教学中的使用，以及为什么很多教室里都会专门设置一块计算机教学场地。

（3）学校的基本资源

在澳大利亚，不论学校的规模是大还是小，每所学校都会包括以下几个重要的资源：图书馆、教师室、操场、学生活动室、校长办公室等。

图书馆一般是整个学校的资源存储的重要场地。图书馆的规模可大可小，大的可以由几间房间组成，而小的一般只是一个图书室。在学校图书馆，学生们可以借阅各类不同的书籍来扩大自己的知识面。一般图书馆里也会存有不同的资料以方便老师借阅。学校的财政部门每年都会拨款给图书馆用来购置新书或者教学材料。

我们在前面已经简单地提到了教师室。因为每个老师的办公场所在自己的教室，所以一般来说，教师室的作用是给教师们提供一个交流的场地。在课间休息的时候，很多教师会到教师室给自己冲杯咖啡，和其他的老师聊聊天，或者讨论一些教学的经验。这个场所对于教师自身的发展非常重要，因为它可以帮助教师了解别的教师的情况，分析讨论一些教学方法和课件，而且也可以帮助教师找到自己的合作伙伴。

图14　教师的办公桌

每所学校都会有一个以上的操场。操场是学生们进行体育活动和课间活动的重要场所。操场也可以用于每周集体的集合。操场一般来说都比较大，可以供各个年级的学生使用。有些操场还设置了一些活动器械，比如滑梯、单杠、双杠等等。有些学校也设有学生的室内活动场所。一般来说，学生的室内活动场所主要用于学生的室内活动或者雨天的体育课。

最后一个重要的资源场地是校长办公室。在澳大利亚，每所学校都会有校长和执行校长。学校重大规定的制定，和董事会的交流等等都由校长来完成。但一般的行政权都在执行校长的手中，执行校长要管理老师以及学生们。比如，教师们碰到的一些教学情况和学生们的一些行为都必须向执行校长汇报。

（4）公立和私立学校

澳大利亚的学校分为公立和私立。什么是公立学校？公立学校一般是在社区人口多少的基础上由政府和社区合资建设的学校。公立学校的上级管理者是每个州或者领地的教育委员会（department of education，或者department of education and children services，等等）。学校的校长和老师也都是由教育委员会分配的。因为公立学校是由社区投资，所以一般公立学校只接收本社区的孩子。其他社区的孩子没有特殊原因不能进入这个社区的学校就读。所以，一些环境好的社区的公立小学质量不错，也很受居民的欢迎；而相对来说，一些环境不太好的社区的公立小学就不那么受欢迎了。因为公立小学是义务教育，所以公立小学是全部免费的，学生和学生的家长不需要付任何费用。学校的学杂费等项，政府会补贴给学校。

相对于公立学校，私立学校因为不是由社区和政府资助的，所以一般来说会收取一定的费用用于学校的建设、师资的引进和教学资源的建设。私立学校一般又分成几种：基督教私立学校、天主教私立学校和无宗教信仰的私立学校。基督教和天主教的私立学校又根据不同的教派分成不同的私立学校。和公立学校一样，这些私立学校都会按照教学大纲的要求教授学生语文、数学、科学、文艺和体育等等。除此之外，它们还会教授神学。很多有宗教信仰的家长都喜欢按照自己的宗教信仰把孩子送入这类私立学校。我们刚刚提到还有一种私立学校是无宗教信仰的，也就是说这类学校不教授神学。这类学校也颇受没有宗教信仰的家庭的欢迎。

公立和私立学校的差别在哪里？首先当然是在收费方面，公立学校是免费的，而私立学校是收费的。各个私立学校的收费也不一致，从每年3000澳元到20000澳元不等。公立学校和私立学校的另一个差别在于学校的师资。因为私立学校发给教师的工资相对高于公立学校，而且也有其他的分红，所以一般来说私立学校的老师比公立学校的老师的质量好一些。但是在公立系统里教书超过4年以后可以获得终身合同，这对一些老师的吸引力也是很大的，所以公立学校里也不乏非常优秀的老师。公立和私立学校的另一个差别在于学校生源。我们刚刚说了，公立学校的学生都来自本社区所在地，而私立学校就不同了，只要家长愿意，私立学校可以接收来自不同社区的学生。由于愿意把孩子送进私立学校的家长相对来说都更加重视教育，所以私立学校的学生也都潜移默化地重视学习。一般来说，私立学校的校风都相对更好。

如何就学于公立学校呢？一般学生在到入学年龄的前半年，家长需要到社区的学校登记申请。然后学校会对申请进行审核，审核通过之后学生就可以入学了。需要注意的是，有些比较好的公立学校也是相当受欢迎的，因为学校声誉不错又是免费的，所以去登记申请的家长也很多。但是学校的规模决定了它能接收的学生的数量，所以一旦超过这个数量，学校就会拒绝学生的入学。所以为了保证自己的孩子能够被好的公立学校接收，很多家长会提前几个月甚至几年去学校登记申请。

看完了公立学校的申请，那么私立学校又应该如何申请就学呢？一般来说私立学校的名额也非常紧张，所以学生的家长也会提前去学校申请：递交申请表，交申请费。在收到学生家长的申请信后，私立学校会写信给家长安排一次会面（interview）。在这个会面中，学校和家长双方可以互相了解。然后，根据这个会面的结果，私立学校会决定是否接收该学生。

（5）政府对中小学学生和家长的补贴

孩子上学对于一些家庭来说是一项非常大的开销。即使就读于公立学校，学生及其家庭也会将不少花销用于教育。学生的书本费、文具费等项都是一笔开销。如果进入私立学校就读，教育费用就更加昂贵了：学费、学杂费以及各种额外开销。于是，澳大利亚给所有有孩子的家庭提供一定的经济补贴。

这类补贴有以下几种形式。

第一，政府给学校的补贴。这项补贴可以通过学生的家长签字然后直接转进学校的账户。这项补贴可以帮助学校增加教学资源和建设教学设施。虽然说家长一般都直接签字，但是也有一部分家长在签字前会详细询问学校这笔钱的使用方向，其实也是间接地监督学校对这笔款的使用。

第二，政府通过财政年度退税（tax return）对家长已经支付的教育费用给予一定的补贴。在这里要说明的是，这里的家长并不只是小学和中学学生的家长，而是包括所有有21周岁以下仍在读书的孩子的家长。这个21周岁的孩子可能已经读完中学了，正在就读大学。所以广义地来说，这个补贴对象包括所有供给孩子读小学、中学和大学的家长们。不同年龄阶段学生的补贴方式有所不同。比如2010—2011财政年度，对于中学生家长的补贴是不超过794澳元。如果孩子们已经独立了（超过18周岁，吃住已经和家长分开），但是仍是在读学生（包括大学生），他们可以直接向政府申请补贴，而他们的家长无权向政府要求补贴。补贴的申请可以包括以下项目的花费：电脑（包括手提电脑）、打印机、专供残障儿童使用的计算机配件、和教学有关的软件、教科书以及相关学习材料和学习文具。

这些补贴是针对所有的学生的，就读公立和私立的学生没有区别。也就是说，就读私立学校的学生和家长要自己支付很多补贴范围之外的费用，尤其是私立学校会安排出国交流访问等等，这些都需要家长自己承担费用。

一般来说，中学生比小学生的花费更多一些。这主要和孩子的成长及相关的需求增加有关。澳大利亚政府充分认识到这一点，所以对有中学生的家长提供一定的经济补贴。这个补贴会按照家长的收入高低来计算。和政府对小学生家长的补贴一样，政府除了直接补贴给学校之外，也会在财政年度退税的时候给家长提供一定的经济教育补贴。除此之外，澳大利亚政府也对一些因为各种原因需要在外（不在家）求学的学生提供特别的补贴，比如往返家的费用等等。

(6) 斯泰纳教育 (Steiner education)

在澳大利亚，一般的学校都会按照澳大利亚教学大纲的要求对学生教授不同科目，但有一种学校具有自己的教育大纲和教育方式，即斯泰纳教育。

在澳大利亚，家庭教育（family for home education）是允许的，学生可以在自己家里接受教育，不必去学校上学。一般来说，采取这种方式的学生的家长本身就是老师，或者学生的家长不认可学校的教学方式，所以不送孩子去学校。当然了，不少原住民孩子的家庭或者家族不送孩子去普通的学校就读。有关澳大利亚的原住民教育，我们会在后面的章节专门讲述。

除了家庭教育以外，还有一种教育方式叫做斯泰纳教育。这是一种非常特殊的教育方式。斯泰纳教育的核心是以学生为中心，把学生作为学习的完全主体。我们首先来看看斯泰纳学校的介绍，然后根据它们的教学大纲简单介绍它们的教学方式。

斯泰纳教育源起于鲁道夫·斯泰纳（Rudolf Steiner）的教学理论。鲁道夫·斯泰纳生于19世纪中期，是一名思想家。他对教育界最大的影响即创造了斯泰纳教学方法和教学理论。斯泰纳认为孩子们在成长中应该尽量地接触大自然，和大自然融为一体。在这样的成长环境中，孩子们可以培养他们自己的情操。只要达到一定的精神境界，孩子学习其他的事物就相对容易多了。斯泰纳反对过早地让孩子们接触新的人造环境。在斯泰纳学校，学生们一般要到3—4年级才被允许使用铅笔。在此之前，学生们都只能使用天然用具。因为使用普通的铅笔让学生们过早地接触了人工制造的物品和用具，所以斯泰纳学校一般都非常注重学生与自然环境的接触。

斯泰纳学校在澳大利亚也非常流行。很多家长都愿意送孩子去斯泰纳学校学习。斯泰纳教育对于一些具有艺术细胞的孩子们特别有好处，因为他们更强调绘画、音乐等在孩子们学习中的重要性。

不可否认，另一些家长和教育者并不赞成斯泰纳教育。这类教育者认为学生的学习应该和环境相关。这个环境除了大自然，也应该包括人工环境。这类教育者认为学生应该通过教师引导的方式来进行学习。所以虽然斯泰纳教育是非常流行的教育方式，但在澳大利亚，绝大多数学生还是选择普通学校的教育方式，即通过教师授课来完成教育。

虽然体制和资源为文化的创造提供了硬性的条件，但是教育的文化还是需要通过人与人（老师和学生们）的互动才能形成。

（二）从教学大纲透视澳大利亚中小学教育

1. 介绍

从2013年起，澳大利亚教育部统一使用澳大利亚教学大纲（Australian Curriculum）。在此之前，每个州和领地都有自己的教学大纲。澳大利亚国家教学大纲的制定是依据全国学生统一的教育需求。澳大利亚教学大纲由ACARA（Australian Curriculum, Assessment and Reporting Authority）制定。这个机构除了制定澳大利亚国家教学大纲，也监督检测该大纲的施行情况、学生的学习进度，统一收集教学数据并用于研究如何帮助学生更好地学习和支持学校更好地安排教学等等。ACARA委员会于2009年5月成立，有关ACARA委员会的内容详情请见https://www.acara.edu.au/。

澳大利亚教学大纲包括学生从学前班到12年级（小学到高中）必须学习的内容和必须掌握的知识。这个国家教学大纲是在《墨尔本对年轻一代澳大利亚人教育宣言书》（Melbourne Declaration on Education Goals for Young Australians）（简称《墨尔本宣言》）和《澳大利亚教学大纲的形成》（Shape of the Australian Curriculum）这两本关键文件的基础上编写的。

澳大利亚教学大纲包括以下的学科内容：艺术（学前班—10年级）、英语（学前班—10年级）、英语（11—12年级）、健康和体育（学前班—10年级）、公民（3—10年级）、经济与商业（5—10年级）、地理（学前班—12年级）、历史（学前班—10年级）、历史（11—12年级）、语言（学前班—10年级）、数学（学前班—10年级）、数学（11—12年级）、科学（学前班—10年级）、科学（11—

12年级）、科学技术（学前班—10年级）、工作研究（9—10年级）、国家贸易（11—12年级）。

目前在这些学科中，除了英语（学前班—10年级）、数学（学前班—10年级）、科学（学前班—10年级）和历史（学前班—10年级）已经完成编写并且应用于各州和领地的学校教学中，其他类别的教学大纲仍在编写当中。

教学大纲主要分成两大部分：学前班到10年级和高中（11—12年级）。澳大利亚所有的学校都必须按照澳大利亚教学大纲进行教学。每个州和领地应根据澳大利亚国家教学大纲的要求制定自己的实行计划，并且给在职的教师提供各种支持以更好地进行教学。

虽然每个州和领地对澳大利亚教学大纲的执行有着至关重要的作用，但是ACARA机构会负责提供一切有关澳大利亚教学大纲的材料，并且支持一切和澳大利亚教学大纲实施有关的活动。从2011年起，ACARA机构和学校及有关机构发布了《施行调查计划总结》（*Summary of Implementation Survey Plan*）。这个总结报告指明了澳大利亚教学大纲在各州和领地系统执行的计划。各州和领地的负责机构的详细如下。

堪培拉（ACT）
教育和培训局（Education and Training Directorate）

新南威尔士（NSW）
新南威尔士研究董事会办公室（Office of the Board of Studies NSW）
新南威尔士州教育和社区部门（NSW Department of Education and Communities）

北领地（NT）
北领地教育和儿童服务部（NT Department of Education and Children's Services）

昆士兰（QLD）

昆士兰研究局（Queensland Studies Authority）

教育、培训和就业部门（Department of Education,Training and Employment）

昆士兰天主教育委员会（Queensland Catholic Education Commission）

昆士兰独立学校（Independent Schools Queensland）

南澳大利亚（SA）

教育和儿童发展部（Department of Education and Child Development）

南澳大利亚独立学校协会（Association of Independent Schools of South Australia）

塔斯马尼亚（TAS）

塔斯马尼亚学历管理委员会（Tasmanian Qualifications Authority）

塔斯马尼亚教育部（Department of Education Tasmania）

维多利亚（VIC）

维多利亚课程及评审局（Victorian Curriculum and Assessment Authority）

维多利亚州独立学校（Independent Schools of Victoria）

西澳大利亚（WA）

学校课程和标准局（School Curriculum and Standards Authority）

西澳大利亚教育部（Department of Education WA）

2. 学科内容

前面我们已经提到了澳大利亚教学大纲的学科内容，下面我们来详细讲述这些学科内容。

澳大利亚教学大纲的学科内容包括：

（1）学前班—10年级：艺术、英语、健康与体育、语言、数学、科学和科学技术、社会科学、工作研究（9—10年级）、公民、经济与商业、地理和历史。

（2）高中（11—12年级）：英语、数学、科学、历史和国家贸易。

以下将简单介绍一下每个学科的内容。

(1) 艺术 （Arts）

学习艺术能够陶冶情操，激发想象力，鼓励学生发掘创造力的潜能。在澳大利亚教学大纲中，艺术被划分为5个教学领域，分别是舞蹈、戏剧、媒体艺术、音乐及视觉艺术。艺术是一门传统学科，学习艺术可促进孩子的发展，帮助他们从本地、国家以及世界的角度去理解不同的文化。图15即澳大利亚一所高中张贴的艺术宣传画。学生可通过传统的以及非传统的对艺术知识的理解来认知世界。

图15 澳大利亚一所高中张贴的关于关爱动物的宣传画

(2) 英语 （English）

在澳大利亚教学大纲中，英语课程分为学前班—10年级和高中（11—12年级）两个部分。学前班—10年级的英语课程在2010年12月发布，并经过了一系列的重新审核和国际考核。这部分的英语课程主要通过三个相关链来支持学生对于标准英语的理解和使用。

在澳大利亚，英语学习是所有年轻人学习和发育的核心。良好的英语能力可以培养出有自信心的交流者、有想象力的思考者以及视野广阔的公民。只有通过英语的学习，学生才能学会分析、理解，与他人和与周围世界进行交流。英语的学习既可以帮助年轻人发展自我，培养以后的工作技能，也可以帮助他们成为有思想、有道德的社会成员，它还可以帮助学生理解、形成各种不同的观点，并且将来对社会负起重要的责任。这些背景直接决定了英语在澳大利亚教学大纲中的重要地位。

虽然澳大利亚是多语言多文化国家，在社会中的各层次、各方面生活和交流的需求都决定了掌握英语的重要性。而且，英语的学习显然也满足了和国际接轨的需要。

在当代，澳大利亚原住民文化生动地展现了当代原住民的知识、传统和经历，对澳大利亚做出了巨大的贡献。英语教学大纲尊重并珍惜这些原住民文化的贡献。

高中英语特别强调了对学生的分析、创造以及批判性思维能力的培养。它帮助学生通过语言理解当代社会，也通过这种形式去看待过去和其他的文化。这种学习和理解可以帮助学生完善自己的人生观和世界观，并且在社会中找到自己的位置。

通过广博、精细的阅读、理解和倾听，学生们可以发展他们自己欣赏这些文字的能力，从而养成创造性学习的能力。高中英语教学大纲帮助学生们学习各种语言文字，并且通过欣赏的方式来进行终身的学习。

这些英语学习技能也包括使用新媒体的技能，即在学习和生活中理解和使用新媒体信息和资源，从而促进英语的学习。英语的学习也可以帮助学生在正式和非正式的场合进行讨论、辩论甚至争论。

(3) 健康和体育（Health and Physical Education）

健康和体育大纲让学生进行亲身体验，从而学习有关健康的体育锻炼的现代知识。通过学习健康和体育知识，学生们将掌握运动的技能，并能够自信地完成各种体育活动。

在健康和体育学习中，学生们可以发展各种相关的能力来帮助他们克服困难，建立起强烈的自我意识，养成进行体育活动的习惯，并对自己的健康负责。

健康和体育教学大纲将主要运用于学前班—10年级的教学。它包括以下两个部分：个人与社会健康，运动和体格活动。这两部分将给学生们提供各种与健康和运动相关的知识和技能。这两个部分也给教师们提供了准备教案和进行教学的基础。

健康和体育教学大纲也应给学校一定的自由空间，以帮助不同的学校老师结合当地的具体情况准备教案和进行教学。

（4）人文和社会科学（Humanities and Social Sciences）

人文和社会科学教学大纲共有四门课程，分别是公民（Civics and Citizen）、经济与商业（Economics and Business）、地理（Geography F—12）（学前班—10年级）和历史（History）。

公民课程主要在3—10年级教授。学生在这门学科中将学习公民的概念和知识，理解公民的权利和义务，维护政治秩序（包括参与和代表）和社会秩序（包括社会价值观、个人身份以及社会参与）。公民教育可以给学生提供成为国际环境下的活跃而有知识的公民的机会。这门课程也会给学校和老师提供机会来教授各种社会知识和个人知识，这将成为令人非常激动的挑战。公民课程要求学生学习和教学大纲相关的课外知识并进行实践，比如参与社会活动、去议会参观及了解澳大利亚投票制度等等。

经济和商业教学大纲将包含各种相关知识、技能、态度以及信条。这些都可以帮助学生进行经济和商业活动。这些活动既包括日常生活中的，也包括国内甚至国际的经济和商业活动。掌握这些知识可以帮助学生们积极地参与这些活动，并且在每天的生活中做出各种相关决策。这可以帮助学生们理解世界，清楚自己在社会中的角色，并且为自己做出的决定承担经济和商业上的责任。经济和商业教育将教授学生经济体系中的挑战和影响成功的因素，并且让学生学习一些基本的名词，比如收入、成本、利润和投资回报率。

地理学科教学大纲已经在2013年5月发布，目前已经投入教学使用。高中11—12年级部分的地理教学大纲仍在修改编辑中。地理课程是对环境和空间的知识的教学。这些环境和空间的知识包括关于地球的表面，从本地区、整个国家到全世界的知识。它引导学生们了解地球及其状态、地球的生态环境（包括人类生活环境及人类活动对地球产生的影响）。学习地理知识也可以帮助学生回答有关环境和空间的多样性和普遍性的问题，比如为什么每个地方都不一样，世界是如何联系在一起的，为什么世界空间都在不断地变化等等问题。学习地理知识也可以让学生通过各个不同的角度，从本地区到全世界，从当前追溯到几千年前，来回答各种问题。学习地理知识也可以帮助学生探索影响和管理环境、经济和社会资源的方法。

人文和社会科学的最后一门重要的课程是历史。历史课程的教学大纲早在2011年就已经通过审核，并且已经投入到教学中。澳大利亚历史课程主要分为两个部分：古代历史和现代历史。历史学科是对过去时期的学习，是对过去的事件、人物、思潮等等的知识的学习和理解。学习历史可以帮助学生们加深对人类生存意义的思考，还可以培养学生们回顾、理解和解释过去事件的能力。历史学习可以让学生们通过别人的眼睛来看待世界，从而能更深刻地体会环境的变化，并且对其更加珍惜。来自不同文化背景的学生也可以通过学习历史来了解家庭和社会，学会带着批判的眼光来看待过去，并通过比较来分析各种事件发生的偶然性和必然性。历史教学应该使用询问教学方法，以方便学生学习和实践。

(5) 语言（Languages）

语言课程可以让学生们在掌握英语语言的基础上学习另一门语言。语言课程教学大纲让澳大利亚所有学校的学生都能有机会学习语言。一些具有特殊文化和语言背景的学生可以学习多种语言。由于澳大利亚原住民语言在社会和教育中具有重要地位，语言课程也包括澳大利亚原住民语言。

在语言课程中，中文（汉语）和意大利语教学大纲初稿在2013年4月已经完成，而阿拉伯语、法语、德语、印度尼西亚语、日语、韩语、现代希腊语、西班牙语、越南语以及澳大利亚原住民语的教学大纲初稿则于2013年7月底完成。目前汉语和意大利语教学大纲已经经过了修订。

在语言课程教学大纲的编写中，相关学者特别强调了学生的文化背景和学习语言的时间。合格的语言教师应该使用各种电子技术来辅助课堂教学。语言学习可以让学校更好地管理来自不同文化背景的学生。语言课程的学习也为学生们进入高中11—12年级选科时打好基础。ACARA委员会同意，在学前班到10年级这个阶段，除了汉语和澳大利亚原住民语之外，老师们可以根据不同学生的不同文化背景和不同要求进行语言教学。

比如，2014年年初编写完成的澳大利亚学前班—10年级语言教学大纲包括：

（a）澳大利亚原住民语言大纲

（b）阿拉伯语和越南语（可以针对有相关语言背景的学生进行教学）

（c）法语、德语、印度尼西亚语、意大利语、日语、韩语、现代希腊语和西班牙语（可以作为第二语言进行教学）

（d）汉语（可以针对有相关语言背景的学生，作为第二语言或者作为第一语言进行教学）

图16　澳大利亚查尔斯·达尔文孔子学院中文教师马晓娜与学生们在一起

> 中文教师马晓娜（见图16）说："2015年2月4日，我来到达尔文Larrakeyah小学给3年级的孩子们教汉语。虽然在国内的大学已经教授了十几年的对外汉语，但走上小学讲台之前我心中还是很忐忑，因为我对澳大利亚小学教育的自由程度之高、孩子的不守纪律早有耳闻。但一节课下来，我完全改变了之前的想法。孩子们非常配合，严格按照老师的各项指令参与活动。最让我感动的是孩子们非常有礼貌，'谢谢'从不离口，下课时他们跑过来拥抱我说感谢的那一刻，真觉得心都要化了……"

(6) 数学（mathematics）

澳大利亚数学课程教授学生有关数与代数、测量与几何以及统计概率的知识和技能。学习数学课程可以帮助学生提升他们在生活中、工作中的数学能力，也可为他们今后进一步学习数学专业以及编写应用程序打下良好的基础。

澳大利亚数学教学大纲的编写是建立在两个文件基础上的：《澳大利亚国家数学回顾报告（2008）》（*the Australian National Numeracy Review Report 2008*）和《美国国家数学顾问委员会的年度报告（2008）》（*the National Mathematics Advisory Panel 2008*）。这两份文件通过调查报告的形式总结了目前数学课程的状况，也详细描述了数学课程学习的目标。特别值得一提的是，《澳大利亚国家数学回顾报告》包括了目前在澳大利亚中小学做的调查和研究的成果。

虽然数学课程的教学根据年级的不同而不同，但是总体来说，数学课程的教学分成以下四个年龄组：

（a）学前班—2年级：特别针对5—8岁的学生；

（b）3—6年级：特别针对8—12岁的学生；

（c）7—10年级：特别针对12—15岁的学生；

（d）11—12年级：特别针对15—18岁的学生。

因为在澳大利亚，州和州的教育制度有所不同，有些州把7年级归属在小学范围，因此7年级教学大纲的编写有特别要求。

(7) 科学（Science）

澳大利亚的科学课程也包括两个部分：学前班—10年级以及高中11—12年级。其中学前班—10年级中科学不分科，而高中11—12年级的科学课程分为生物、化学、地球和环境科学以及物理。

学前班—10年级的科学课程的教学大纲在2011年2月就已经发布并且运用于教学中，而高中11—12年级的科学课程的教学大纲在2012年12月也完成了，现在也运用在教学中。

科学课程可以给学生们提供理解重要科学概念和过程的机会，也可以帮助学生们理解科学专业名词和科学专业知识，并且对社会和文化生活做出贡献。当学生们具有了科学知识，他们就能够通过交流合作来解决生活中碰到的相关科学问题。而且，学习科学知识也可以激发一些学生在分科后进一步学习科学的兴趣。

图17　科学高级讲师格雷格·史密斯

科学高级讲师格雷格·史密斯（Greg Smith，见图17）说："我特别喜欢探索周围的环境，这也是我热爱科学学科的原因。我是一位科学教师，在澳大利亚学校里教授生物、化学、物理和海洋知识。现在我也把我对科学和科学教育的热情传授给大学里的师范生。我非常喜欢和小学以及中学的老师们一起工作，提升他们的科学知识和科学教育的技能。我觉得我的工作是世界上最棒的工作。"

(8) 技术（Technology）

技术丰富了人类的生活，对个人、社会产生了巨大的影响。我们依靠科学技术来进行食品、通信、建筑、能源和水源的开发和管理。技术课程可以加强澳大利亚的技术开发能力，并且为国家科学研究技术做出创造性的贡献。

学习技术课程可以帮助学生学习设计和计算机电子技术。它可以帮助学生学习生活中传统的、现代的以及新兴的技术科学。通过学习技术，学生们可以拓展自己的知识，从而可以进一步对自己以及他人将来的生活做出贡献。

(9) 国家贸易（National Trade Cadetship）

在2010年澳大利亚大选的时候，政府宣布将会在以后制定的澳大利亚教学大纲中加入国家贸易课程。所有的州和领地的政府也都同意和国家政府合作发展国家贸易课程。国家贸易课程是在两个文件的基础上制定完成的，即2008年编写的《墨尔本宣言》以及2009年澳大利亚政府协会编写的《国家教育协议》（*National Education Agreement*）。

2011年7月，澳大利亚教育、早期儿童发展和青年问题协会（Ministerial Council for Education, Early Childhood Development and Youth Affairs，简称MCEECDYA）受澳大利亚课程考核局邀请编写国家贸易课程9—10年级的教学大纲。学习国家贸易课程9—10年级的可以帮助学生深入了解高中毕业后专科学习的课程。学生也可以学习和工作环境相关的知识，为工作做准备。国家贸易课程9—10年级的一个主要内容即参观和了解各种不同的工作环境。

2012年12月，MCEECDYA受澳大利亚课程考核局邀请编写了国家贸易课程11—12年级的教学大纲。这个阶段的教学大纲将建立在9—10年级学习内容的基础上，让学生们在接触所有专业的同时着重学习其中一门专业。

澳大利亚课程考核局将和各种有关部门（包括政府、企业、学术团体等等）来为高中毕业生毕业后做出工作还是继续深造的选择开辟一条很好的道路。

（a）国家贸易课程9—10年级

国家贸易学科9—10年级的教学大纲也被称为工作学习9—10年级（Work Studies Years 9—10）。工作学习9—10年级的教学应该让学生多方面接触社会中的各种不同的专业，并且了解中学毕业后工作需要掌握的技能。这门选修课可以在9—10年级中的任何一年完成，也可以分两年完成。

工作是所有公民都应具有的一项权利。参与工作可以培养自尊心、独立性，并让人懂得生存的意义。工作对于个人每天的生活以及社会的稳定性来说有着重大的意义。

随着经济和世界接轨，澳大利亚也感受到来自世界的竞争和压力。世界上的竞争压力也给各工作单位、雇主的需求和人们将来的就业机会带来了很大的影响。在这个大环境的要求下，澳大利亚需要不同于过去的工作群体。他们需要具备各种思考的能力，来完成计算机技术不能完成的各种工作，并且灵活而富有创造性，来面对21世纪的社会、环境和经济方面的挑战。

同样也因为未来的不可知性，越来越多的年轻人开始从事各种不同的工作。他们的一生可能会从事很多种类的工作，甚至有些工作可能现在还并不存在。这就要求年轻人积极学习新知识和新技能来应对这些变化。

（b）国家贸易课程11—12年级

建立在学习9—10年级的课程的基础上，国家贸易课程11—12年级将给学生提供一个理论联系实际的机会，并且发展学生独立思考、处理问题的能力。

3. **跨课程重点**（Cross-curriculum Priorities）

建立在《墨尔本宣言》基础上，澳大利亚教学大纲旨在提供符合教育目标、现代化并且引人入胜的课程来满足学生的需要。《墨尔本宣言》文件里强调了澳大利亚的每个公民以及作为国家整体利益需要解决的三个关键领域。这三个领域成为澳大利亚教学大纲的重点，也帮助教学大纲发展各个不同学科里的教学内容。这些重点也有助于学生们学习澳大利亚原住民的传统和文化，了解澳大利亚和亚洲之间持续性的文化互动和经济交流。认识跨课程重点可以鼓励学生们学习不同课程之间的互动，并且通过学生之间、学生和教师之间以及学生和广大社会之间的互动对话来更好地学习。因此，跨课程重点可以给学生提供更深入学习的机会。学生会根据各自不同的学习领域来学习和掌握更丰富的知识。

下面我们来看看这三个关键领域。澳大利亚教学大纲的跨课程重点包括（a）原住民和托雷斯海峡岛民的历史和文化重点；（b）亚洲及其与澳大利亚互动的重点；和（c）可持续发展重点。

（1）原住民和托雷斯海峡岛民的历史和文化重点

学习原住民和托雷斯海峡岛民的历史和文化可以让所有的澳大利亚新一代认识并且理解原住民和托雷斯海峡岛民的历史和文化，了解他们的传统文化，以及从世界的角度来看待历史和文化。通过学习这方面的知识，学生们可以积极参与并持续发扬世界上最古老的文化。

根据《国家和地区》《人民和文化》这两个文件的三个重要概念，原住民和托雷斯海峡岛民的历史和文化重点的概念渐渐形成。这些概念包括许多不同组织的想法，为将来扩充知识、提升理解能力和其他技能提供了一个理论框架。第一个关键概念突出了原住民和托雷斯海峡岛民的历史和文化与国家和地区的联系，强调了人民身体和精神上与国家和地区的特殊联系。第二个关键概念通过探讨原住民的多样性和通过学习原住民的历史来研究托雷斯海峡岛民的文化史和生活史，从而给学生们提供更深入了解原住民文化的机会。第三个关键概念阐述了原住民和托雷斯海峡岛民社会的多样性。

ACARA组织邀请了教授原住民或托雷斯海峡岛民历史和文化的老师，及其他与之有紧密关系的老师参与编写这门跨课程重点，并在编写过程中详细咨询了与原住民和托雷斯海峡岛民历史和文化相关的教育工作者、原住民教育咨询机构的代表和社区成员。

(2) 亚洲及其与澳大利亚互动的重点

该重点保证学生学习并认识亚洲各国的多样性。学生将通过学习亚洲各国的文化来理解亚洲的文化、信仰和环境，加强对亚洲、澳大利亚和世界其他地区人民之间的联系的认识。学习亚洲文化能提升学生与亚洲人民交流的技能，有助于学生将来从事与亚洲各国交流贸易相关的工作，因而很多学校都会开展中澳文化互动活动（如图18）。

这个重点也包括了三个重要的概念，分别是：亚洲及其多样性、亚洲人民的贡献和成就，以及亚洲与澳大利亚之间的互动参与。每个概念都包含了很多相关组织的想法，并为开发相关的知识和技能提供了理论框架。

第一个概念突出了亚洲国家的文化和传统及其多样性，以及不同的环境对人们生活的影响。第二个概念探讨了亚洲人民的成就和对世界历史的贡献。这个概念也承认了亚洲地区对世界审美和创作的影响。第三个概念探讨了澳大利亚和亚洲之间的联系的性质，鼓励学生积极参与澳大利亚和亚洲的互动活动。

图18　澳大利亚孔子学院中澳文化互动活动

（3）可持续发展重点

可持续发展重点给学生们提供了解和发展地球未来的机会。学习可持续发展的知识可以让学生了解生命和当代人的需求，理解为后代造福的行为。

可持续发展重点的课程也围绕三个关键概念：系统、世界观和将来。第一个概念探讨地球的生存环境、经济和生态环境模式的相互依赖性和互动性。第二个概念讨论生态系统、价值观的重要性以及人类和社会的多样性。第三个概念强调学生要具备各种建设能力，创造可持续发展的未来。

4. 基本技能（General Capabilities）

基本技能是澳大利亚教学课程大纲的一个关键方面。它包括学生应学习和掌握的知识、技能、行为能力以及跨课程重点。这些技能可以使学生将来能够在21世纪环境下成功地学习、工作和生活。掌握这些基本能力可以帮助学生成功地学习，并且成为自信和有创造力的人。

澳大利亚的课程大纲包括以下七种基本技能：读写能力、算术能力、信息和通信技术能力、批判性和创造性思维能力、个人和社会能力、对道德的理解能力以及对跨文化的理解能力。

ACARA组织建立了澳大利亚课程大纲网站，来帮助学校的老师使用统一的教学材料来帮助学生发展和掌握各种基本能力。该材料分成三个部分：介绍基本能力的性质和范围，分析巩固连续性学习成果的因素，分析在可预测范围内学生发展各种知识、技能、行为将经历的特定阶段。

5. 学生的多样性（Student Diversity）

在澳大利亚，所有的学生都有权利学习有挑战性的知识内容。而这些学习应该是在了解每个学生的不同需求的基础上，根据学生的需求慎重制定的。澳大利亚课程大纲认识到所有学生的需求。这些需求来自知识学习、情感、生理、社会和美学学习的各个方面。

小学教师那丁曾给我讲过一件有趣的事："我记得我第一天当学前班/小学1年级的老师。我非常兴奋，但也很紧张。我把我自己介绍给家长和来报道的孩子们。我看见一位母亲带着孩子朝我走了过来,我自信满满地说道,'她(小女孩)可以把她的午餐放进冰箱里,帽子放在她自己的柜子里。'我看见孩子的妈妈用很尴尬的目光看着我,然后对我耳语,'他是个男孩,只是有着长头发和一个男女通用的名字。'我惊呆了,我竟然把一个男孩叫做'她'。自从那天开始,我每次开学前一定认真检查孩子们的背景来确定他(她)们的姓名和性别。"

2008年的《墨尔本宣言》为澳大利亚课程大纲提供了一个政策框架,也提出了两个目标:澳大利亚教育促进公平、追求卓越;所有的澳大利亚年轻人成为成功的人,并且成为自信、有创造力的人和有良好道德的公民。

澳大利亚课程大纲在编写和使用中强调了以下几点:

(1)每个学生都有学习的权利。了解每个学生的不同需求是非常重要的。

(2)每个学生都有掌握知识和技能的权利。这些知识和技能可以为学生将来成功地进行下一步学习提供一个良好的基础。

(3)教师们应该对每一个学生都寄予厚望,并根据每个学生目前的学习水平和不同的学习进展来教学。

(4)教师们应该认识到每个学生的学习需求和学习兴趣都不同。在这个认识的基础上,学校和教师们应该做出相应的课程计划来满足不同学生的需求和兴趣。

(5)澳大利亚课程大纲,包括各门课程的编写、基本能力和跨课程重点的三维设计,都使得教学具有灵活性,以满足学生的多元需求和个性化学习。

学生的多样性包括有残疾的学生、天才学生以及母语非英语的学生。

(1)有残疾的学生

《反对歧视残疾人法案(1992)》(*The Disability Discrimination 1992*)和《残疾人教育标准(2005)》(*The Disability Standards for Education 2005*)两份文件要求教育系统为有残疾的学生提供和其他学

生一样公平的学习澳大利亚课程的权利。

ACARA组织承认，只要对教育方式进行必要的调整，许多残疾学生能够达到与其他同龄学生一样的学习水平。为了确保澳大利亚课程大纲包括所有残疾学生，基础学习能力的连续性已经被延伸到读写能力和算术能力。这些被延伸的基本能力伴随着个人能力和社会能力的发展，能够为教师们提供一个按照每个学生的需求而调整教育方式的方法，为每个学生提供一个和年龄及学习水平相当的公平受教育的机会。

（2）天才学生

学生的多样性也包括具有特殊才能的学生。这类学生也应该根据他们的学习水平而接受更具有挑战性的课程教学。教师们可以灵活使用澳大利亚课程大纲来满足天才学生的个性化需求。比如，教师们可以课下为天才学生提供对某些知识进行更深更广的学习的机会，这也涉及澳大利亚基本能力，特别是批判性和创造性的思维能力。如果有必要，教师可以教授天才学生高于其年龄该具备的知识和技能的课程。

（3）母语非英语的学生

为了帮助所有的学生，实现所有的学生都可以学习的目标，ACARA组织编写了《英语作为一门外语：教师资源参考》（*English as an Additional Language or Direct: Teacher Resource*）这份文件。这份资源参考文件专门为跨课程教学的老师提供了支持，因为他们教授的很多学生的母语都不是英语。这份资源参考文件特别针对学前班—10年级的学生，而且特别强调了英语、数学、科学、历史以及工作学习这些课程在学前班—10年级的母语非英语的学生中的教学。

（三）从国家统考透视澳大利亚中小学教育

澳大利亚教育制度也包括考试。在学校里，有些老师喜欢用考试的方式来检测学生的学习成果。在本书的这个部分，我们来看看澳大利亚国家考试项目（the National Assessment Program – Literacy and Numeracy，简称NAPLAN）。这个国家级的考试主要测试学生们的读写和数学能力。NAPLAN考试每年在澳大利亚的各个学校举行，澳大利亚每个学校的3年级、5年级、7年级和9年级的学生都必须接受这个考试的检测。从2008年开始，NAPLAN考试项目已经慢慢成为每个学校每天教学内容的一部分。

NAPLAN考试主要检测澳大利亚每一名学生学习和生活的必要能力，包括学生的读、写、语言规范和数学能力。NAPLAN考试在每年5月的第二个星期进行。

NAPLAN考试主要包含了四大项目，分别是

（1）阅读（Reading）；

（2）写作（Writing）；

（3）语言规范（包括拼写、语法和标点符号）（Language Convention - spelling, grammar and punctuation）；

（4）数学（Numeracy）。

NAPLAN考试的阅读、写作以及数学能力主要是通过学校的课程教学大纲的教学内容来实现。www.nap.edu.au/naplan网站提供了考试的例子。

下面我们来看看每个考试项目的内容。

(1) 阅读

在英语学习领域，每个学生都被要求具备语言和交流能力，而且这些技能可以广泛应用在其他的学习领域中。

NAPLAN考试阅读项目根据MCEECDYA组织在2005年编写的《英语学习宣言》来考察学生的识字能力。这些测试侧重于书面英语的阅读。知识和语境中语言常规的理解也是阅读的重要部分，并且根据阅读中的问题编写。在测试中，考试的老师会给学生一些不同文风的文章，而学生要阅读这些文章并且能够回答有关的问题。

阅读能力及其提升主要表现在对复杂文字的分析能力上。每个不同年级的学生的阅读能力都不同，低年级的文字短小、简单；高年级的文字长而且难度大。每个年级学生一般的阅读和理解能力都标明在每学年的《阅读最低标准》表格中。

什么是最低标准呢？

学生的阅读能力随着他们的年级增高而增强，因此NAPLAN测试的阅读理解对学生阅读能力的测试难度也有所增加。下面我们来看看3年级、5年级、7年级以及9年级的阅读考试的文字。

3年级

3年级的阅读文章往往相对简单。对于学生不熟悉的单词也有详细的解释说明。常见的3年级考试文章主要为学生所熟悉的日常用语。

3年级阅读能力的最低标准为：学生可以从简短的文字（比如说小故事和带有图片的简短的报告）中理解文字的含义。学生可以依据直接陈述的信息或者相互联系的图文来理解含义。

比如，在阅读并诠释文字内容的时候，学生们可以找到直接表达的词组，从句子和段落中找到联系，解释作者的想法（包括一些相对复杂的句子），排列事件的顺序以及指出作者隐含的意思。

再比如，在阅读简短文字的时候，学生们可以找到直接表达的词组，从句子中找出隐含的意思，在文字中找到一些详细信息，通过语境判断某些单词在句子中的意思，找出句子和句子间的联系，指出文章的意图，以及辨认表格和信件。

5年级

5年级的学生应该能够阅读传记以及广告等一系列文字，句子的结构可以发生改变。在这些文字中可以出现一些不熟悉的单词，特别是和主题相关的文字。5年级学生应该可以通过其他文字或者插图来理解这些不熟悉的单词。

5年级的最低标准包括广泛阅读简单的文章，学生们可以理解图表在文字中的含义和作用。

学生们在阅读一篇简短的自述时，可以找到直接阐述的信息，联系和分析文字，理解文字和图表的关系，理解自然行为和性格上的动机，辨别因果关系。

学生们在阅读一篇说明文时，可以找到直接阐述的信息，理解因果

关系，明白一些图表或者关键词在文章中的作用，理解词组在文字中的作用，掌握段落的中心大意。

学生们在阅读人物传记时，可以找出文字之间的联系，明白文字的大意，从作者的阐述中找到事件的前因后果，并且解释惯用语或抽象词语的含义。

学生们在阅读广告时，可以找到直接阐述的信息并且确定一个段落或文本的中心思想。

7年级

7年级的阅读材料更广泛，包括议论文和诗歌。在这些文本中，专业词汇、复杂的词语以及多样的句型结构都会频繁地出现。同样，复杂的标点符号也非常普遍，比喻的使用也很常见。

7年级阅读的最低要求包括概括段落大意，以及从句子及句子间的联系理解文字的含义。

在这个年级，学生们不仅应能理解单词的含义，而且也能理解记叙文中叙述者和文中人物的想法，并且理解议论文作者的意图。

当学生们阅读记叙文时，应能推断叙述者或者文中人物的动机或意图；从文章的字里行间判断人物个性；通过分析对话来描述人物性格；联系重要的线索文字来分析人物的意图或者动机以及人物活动的重要性；分析一些事件对主要人物性格形成的作用。

在学生们阅读诗歌时，应能辨别作者的意图。

在学生们阅读说明文时，应能总结文本段落以及全文的主要思想；将各个句子和段落联系起来以理解它们的含义；辨别作者的意见；根据语言规范来找出细节。

当学生们阅读议论文时，应能找出并解释直接陈述的信息，包括具体的词和短语的含义；概括主要段落的含义；分析一些文字的目的；解释作者的观点；找出论据；辨别和解释文字中的语言规范，比如图表、网上帖子的顺序以及标点符号的使用；找出不同作者的观点的相同部分。

9年级

9年级的阅读材料包括描述类、解释说明类、论证和叙述类文字。阅读文字中会包含一些学生不熟悉的词汇、特定的词组以及包含详细信息的句子。在9年级的阅读材料中，比喻的使用非常普遍。

9年级学生阅读能力的最低标准为概括一些复杂的文字的段落大意，并且可以从句子及句子间的联系理解文字的含义。比如，学生们可以分析议论文中的论点，并且从描述性的文字、形象化的语言和叙述性的对话中判断一个人物的想法和感觉。

9年级学生在阅读复杂的叙述文时，应能找到直接陈述的细节；通过不同段落和整篇文字来理解人物的动机和想法；推断中心思想；解释和评价人物的行为和态度；解读对话来描述人物；解释人物的行为的原因；依据作者的想法来解释比喻的意思；解释短句的作用和效果。

在学生们阅读诗歌时，可以概括出诗歌的主要大意。

在学生们阅读复杂的自传时，可以找到文字中直接写出的词语。

当学生们阅读复杂的说明文时，可以找出文字中直接写出的词语；在文章的开头或者中间找出中心思想；确定一段文字的中心思想；理解配图的目的；判断文章的读者；了解文本中的语言常规，包括外来词的缩写和斜体字。

当学生们阅读议论文时，应能解释不同段落间或者两个不同意见间的思想联系，找出议论文的论点。

（2）写作

NAPLAN考试中的写作考试建立在MCEECDYA组织编写的《英语学习》（*Statement of Learning for English*）里学生的写作知识、能力和理解的部分上。

学生在学校里应学习各种写作的文体。这些文体主要有三种：记叙文、说明文和议论文。在写作考试中，学生们会被给予一些"考题"，比如观点或者话题，然后根据这些考题完成写作。

从2014年开始，写作考试的考题不再在考试前透露。学生在写作考试中可以灵活选择记叙文或者议论文的文体完成写作考试。

写作考试的目的是考察3到9年级学生全方位的能力。所有年级的学生都使用同样的考题。不同的是，3年级考生的考试试卷写字的行距相对大一些。越有写作能力的学生可以在越高的层次上写作。批阅试卷对于所有年级的学生使用相同的批阅标准，以此可比较全国范围内不同年级的学生的写作能力。

每个评阅写作考试试卷的考官都经过有关评阅能力的集中培训。下面我们来看看写作考试的评分标准。

比如在评阅写作考试的议论文时，考官要考虑以下10个方面来评分，这10个方面分别是写作对象、文章结构、观点、论据、词汇、关联、分段、句子结构、标点符号以及拼写。

写作对象（Audience）：作者引导、吸引和说服读者的能力。

文章结构（Text Structure）：议论文组织结构的恰当性和有效性（包括引言、正文和结论）。

观点（Ideas）：对于论证的观点的选择、观点的相关性和阐述水平。

论据（Persuasive Devices）：使用一系列的论据来增强作者观点说服力。

词汇（Vocabulary）：上下文中文字选择的范围和恰当程度。

关联（Cohesion）：通过使用语法元素（比如词组、连接词等）和词汇元素（比如代词、重复词、同义词等）在议论文中组织多条议论线索。

分段（Paragraphing）：文章分成不同的段落，来帮助读者跟随作者的议论。

句子结构（Sentence Structure）：语法正确，结构合理而有意义。

标点符号（Punctuation）：正确和恰当地使用标点符号。

拼写（Spelling）：拼写的精度和所使用词的难度。

在学生刚刚开始学习写作的时候，老师们会教授一些必要的写作结构。比如说在写议论文时，老师们会教授学生用标准的五段式来写作文。但是当学生们慢慢掌握了议论文的写作方式，五段式就局限了学生的写作能力。这是因为，学生们会慢慢发展自己的写作方式，比如使用一些句型、句式和其他的语言形式。学生们也会在写作中融进自己的个人知识和生活经历，但是他们不需要特别详细的经验和知识。学生们可以自由地运用他们对这个话题所掌握的知识，但是他们必须学会使用论据来支持他们的观点。

在写作技能方面，澳大利亚的学生也有必要的最低标准。这个最低标准是根据学生的实际年龄来制定的。下面我们来详细地看看。

我们在上面讲到，NAPLAN考试的写作项目会要求学生针对一个话题来完成写作内容，这个话题会对所有的考生宣读。

在2008年到2010年间，NAPLAN的考试题目要求学生针对一个话题写一篇记叙文，考试的评阅老师使用以下的10个标准来评阅作文：写作对象、文章结构、观点、人物个性和场景、词汇、联系、分段、句子结构、标点符号和拼写。其中，每个项目都有详细的说明。从2011年起，NAPLAN考试让学生根据一个话题写一篇议论文，评卷标准调整为上文提到的10个项目。

我们下面来仔细看看3年级、5年级、7年级和9年级的学生的写作能力最低标准。

3年级

3年级的学生应该可以根据一个话题来写一篇记叙文。在写记叙文时，学生们应该可以给读者简单地展示作者的观点，而且可以使用一些叙述故事时常用的词组。比如，学生在文章开头可以写"很久很久以前"等。学生们可以使用一些常见的动词、名词、副词和形容词。学生们可以正确使用大小写和句号，并且正确地拼写常用的词语。

在写议论文时，3年级的学生应该能够使用简单的论据，具有说服力的鲜明论点。学生们可以使用简单的动词、副词、形容词和名词，也可以使用一些关键词，并且正确地拼写出这些单词。学生们可以正确地使用大小写和句号等。

5年级

5年级学生写作能力的最低标准为：可以写一篇短小的故事。在写的故事中，学生们不一定要解释每一个观点想法，但是应该能够详细地描述一个人物或者一个场景。学生们可以使用简单的词汇。

有关议论文的写作，5年级的学生应该可以写一篇能够清楚表达自己观点的议论文，并且提供一些论据。5年级的学生可以使用一些简单的和论题有关的特殊词汇。

无论写什么文体的作文，5年级的学生都应该能够使用一些简单或复杂的句型结构，并且在句子和句子、段落和段落之间使用连接词。5年级的学生们一般可以正确地使用单词，一部分5年级的学生可以正确地使用标点符号和大小写。学生们可以正确拼写简单常见的单词。

7年级

7年级的学生写记叙文的最低标准为他们可以写一个故事。这个故事包括完整的开头和结尾，尽管故事的结尾可能比较简单。

7年级的学生可以完成一篇议论文的写作，这篇议论文也应该有开头和结论。

无论学生写的是什么文体，7年级学生的作文应该简单易懂。在记叙文和议论文作文中，学生们应可以围绕中心主题展开写作。在议论文的写作中，学生们应该可以成功地使用一些论据，并且正确使用议论文特有的一些词汇。

7年级的学生可以在作文中精确地使用各种词汇，但也经常出现错误。学生们可以混合使用简单和复杂的句型，并且正确使用大小写和标点符号。特别是可以使用一些复杂的标点符号，比如引号。可以拼写简单而常见的单词。

9年级

9年级学生写作的最低标准为：学生们在写作一篇故事时，可以写出开头，完成故事的发展，并且带有完整的结尾。学生们也可以根据故事的发展把文章分成各个不同的段落。学生们可以描写出一些细节，并且深入刻画故事的人物和场景。

9年级的学生写议论文的最低标准为：学生们可以完成一篇议论文散文，包括开头、正文和结论部分；可以正确使用段落来分段；可以使用一些论据来证明自己的论点。

9年级的学生可以精确使用词语和词组，但是也会出现明显的错误。学生们可以正确地使用一些连接词。

学生们可以正确使用大小写和各种标点符号，例如句号、感叹号、问号等等。学生们也可以使用其他一些较为复杂的标点符号，例如分号、省略号等等。

学生们可以正确拼写简单常见的单词。

(3) 语言规范

NAPLAN考试测试学生语言内容有三项，分别是拼写、语法和标点符号。读写知识和技能对于学生们在各个领域进行有效的交流有至关重要的作用。语言（包括语言规范）作为一门工具，在澳大利亚课程教学大纲中有详细说明。详情请看本章节的教学大纲部分。

语言规范的考试部分主要侧重于学生对书面语言的使用。这部分知识对于学生发展读写知识和技能非常重要。语言规范在NAPLAN的写作考试中比重比较大，学生的语言规范能力对于阅读考试来说也非常重要。

澳大利亚也规定了学生语言规范的最低要求。这个最低要求被分成两个部分：拼写能力最低要求、语法和标点符号最低要求。这些标准只能反映学生当时的语言规范能力，但不能全方面地考核学生的语言规范能力。

（a）拼写能力

3年级学生的最低标准为，学生可以辨别并且找出常用的单音节词及某些常用的双音节词的错误。

5年级学生拼写能力的最低标准为，学生们可以找出单音节长声母单词的错误、规则的单音节词的错误、常用的不规则单音节词的错误和特别常用的双音节词的错误。学生们也可以拼出常用的多音节单词。

7年级的学生除了要达到5年级学生的最低标准，还要能找出单音节"弱C"的单词的错误，找出末尾不发音的单词，以及拼写一些不规则的单音节词和不规则的复杂单词。

9年级的学生除了要达到7年级学生的最低标准之外，也要能拼写不经常使用的单音节和双音节单词及写出以"ance"结尾的单词等等。

（b）语法和标点符号能力

3年级学生的语法和标点符号的最低标准为，可以完成一个简单的句子。学生们可以正确使用英语中的过去时和现在时，并且可以正确地使用代词。学生们也可以正确使用书面英语中的标点符号以及句子开头的大写和名词大写。

5年级学生使用语法和标点符号的最低标准为，正确使用连接词和动词的各种时态。这个年级的学生可以正确使用书面语的标点符号，比如问号和引号。5年级的学生也应该能够正确使用大小写。

对于7年级的学生们来说，他们的语法和标点符号的使用的最低标准是正确使用相关的代词。学生们可以正确使用动词、代词来完成一个复杂的句子，也可以正确地使用短语来完成句子。他们可以正确地使用书面英语的标点符号，比如单引号和分号，也可以正确地使用逗号来分开句子。

9年级的学生的语法和标点符号的使用的最低标准为，正确地使用短语的时态以及使用形容词的比较级。他们通常可以正确使用书面英语里的标点符号，比如可以识别破折号在句子中的作用，及使用冒号来引导句子中的列表。

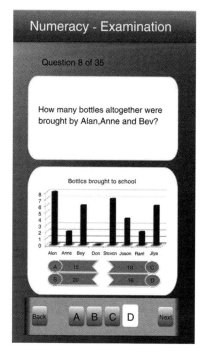

图19　数学考试样题

（4）数学

数学考试检测学生们的数学知识和数学能力（样题如图19）。数学考试是根据MCEECDYA组织发布的《数学学习宣言》（*Statements of Learning for Mathematics*）来命题的。这份文件包括数学学科的五个相关方面：数字（number），代数、函数与模式（algebra, function & pattern），测量、概率和统计（measurement, chance & data），空间能力（space），数学应用（获取知识、应用知识和进行推理）（working mathematically ［knowing, applying & reasoning］）。

数学考试包括两种方式：多项选择（multiple-choice）和解答问题（constructed response）。7年级和9年级的数学考试要进行两次，第一次考试允许学生使用计算器，第二次考试不允许学生使用计算器。

同样地，NAPLAN也制定了相应年级学生的最低数学能力标准。下面我们来仔细分析。

3年级

3年级学生数学能力的最低标准为，可以认识、比较三位数以内的数并且对其排序。学生们可以对两位数以内的数进行加减法运算，并且解决简单的数学问题。

对于整数来说，3年级的学生们可以辨认、读出并且数到三位数以上的整数。比如说，学生们可以：

（a）识别以各种方式表达的三位数（包括用阿拉伯数字和书面英语）；

（b）识别单复数；

（c）加减1、10或者100；

（d）往前或者往后跳着数数（比如按照1、2、5、10规律数）。

学生们可以比较数字大小并且对两位数进行排序，也可以区分百位数、十位数和个位数。

3年级的学生对分数理解的最低标准为，可以理解什么是二分之一（1/2）以及四分之一（1/4）。3年级学生对小数的理解主要表现在对金额的理解，比如多少分钱可以等同于一元钱，等等。3年级的学生还应该可以找出对称图形。

3年级的学生可以数数，而且可以进行基本的加减法运算。比如，3年级的学生可以数硬币数至5元左右。3年级的学生应该具备一些数学术语的知识，例如总和、不等、平均等等。

对于空间知识，3年级的学生可以识别简单的二维图形以及它们的边长、角度和面积。3年级的学生应该可以认识三角形、正方形、圆形等二维图形，也可以识别立方体、圆柱体、球体等三维图形。3年级的学生可以识别三维物体的二维图。学生们可以使用图例来查看地图，并且可以使用一些词语（比如向左转、向右转等等）来清楚地表达从一个地方到另一个地方的路线。3年级的学生们还应该知道一些图形对折后的样子，比如圆形对折后就成为半圆形。

在代数、函数和模式方面，3年级的学生们应该具备代数的一些最基本的知识。比如，学生们可以根据图案来对数字和图形进行排序，可以理解一些数字运算的基本标准，可以理解测量或空间图形中的相同量。

在测量概率和统计方面，3年级的学生可以通过目测的方式来比较两点间距离的长短，也可以计算一个图形的整体面积。3年级的学生可以读出电子表和传统的钟表的时间。

在填充数学表时，3年级的学生要掌握的数学知识主要在过程而不在最后填充的内容。

学生们可以解决和数学情景有关的普通问题。

比如说，学生们可以：

（a）认识并且记住各种熟悉的图形、符号和注解；

（b）辨别二维的图形和三维的物体的关系；

（c）用小数和硬币等数数；

（d）读懂简单的表格和图表；

（e）根据图形、物体或者数字的特点对其进行分组；

（f）比较图形和物体的长度、面积和体积。

学生们学习并应用学习的知识来解决日常生活中的数学问题，是他们在认知发展中必不可少的过程。在这个过程中，学生们可以：

（a）在特定情况下选择解决问题的正确方法；

（b）用已学的知识来分析身边的问题；

（c）解释简单的图形和表格；

（d）使用已知的数据来写出算式；

（e）遵循简单的指令；

（f）进行一步或者两步的数学运算。

5年级

5年级学生对数字掌握的最低标准为，认识和理解常用的数字之间的关系，并可以使用四则运算进行简单的计算。5年级的学生能够理解三位数，并能够使用四则运算来解决日常生活中的数学问题。学生们可以理解分数和小数的符号，并且可以进行小数的加减法运算。

具体来说，在整数方面，5年级的学生可以认识、读出、比较四位数以上的整数，并对其排序。比如，学生们可以认识以不同方式表达的整数，也可以正确完成某数乘以或者除以10或者100的运算。

再比如，在分数和小数方面，5年级的学生可以认识常用的分数的形式。比如，学生们可以识别和使用相等的分数，认识简单的分数表示形式，比较小数位相同的数的大小，使用常见的分数来解决日常问题。

在数数方面，5年级学生可以进行个位数和两位数的加减运算，并且可以与日常生活联系起来。学生们也可以进行百位数的加减，完成小数位相同的数的加减，并且完成个位数的乘法。比如，学生们通常可以计算出许多硬币的面值的总和，并且可以正确加减相同分母的分数。

在使用数字方面，学生们可以知道什么场合该使用什么运算方法。比如学生可以正确使用加减乘除来计算硬币或者纸币的使用方式。

除了数字能力以外，5年级学生的空间能力的最低标准为可以认识一般的二维图形及一些常见的三维图形。他们可以认识对称和非对称的图形，也可以认识三维图形，并且可以看懂简单的地图、网格和房屋的建筑图。

详细一点来说，5年级的学生可以辨认二维图形和三维物体，并且可以使用正确的术语来描述它们。学生们可以识别表格和图标中常用的图形。如果对学生们描述图形的特点，学生们也可以正确说出图形和物体的名称。学生们可以区分对称和非对称的图形，并且可以对图形进行正确的变形来让图形对称。

在识别地图方面，学生们可以借助地图的指向标，认识东、南、西、北以及东南、东北、西南和西北方向。学生们也可以根据指令来看懂地图。

在代数、函数和模式方面，5年级学生的最低要求是能够完成一个完整的加减运算的算式。他们可以写出算式，并且进行正确的运算。具体来说，学生们可以找到一些数的相关联系，并且可以使用简单的图表和表格来表达它们的关系。学生们也可以理解数字遵循的模式，并且根据模式进行运算。

在测量、概率和统计方面，5年级的学生可以正确地使用标准测量单位，比如使用厘米和米来表示长度，用克和公斤来表示重量，用升来表示容积。达到最低标准的学生可以根据日常生活中的情况来使用正确的测量工具。学生们也可以通过阅读简单的表格和图形数据来写出运算算式。

具体来说，学生们可以比较和测量长度、面积和体积、角度和重量，使用合适的方法以及选择合适的测量仪器。比如说，学生们可以使用量尺来测量长度，用量杯来测量容积，并且对结果做出合理估计。学生们也可以根据公式来测量一些形状的周长和面积。学生们可以看懂数字时钟和指针时钟的时间，也可以看懂日历和简单的时刻表。学生们可以根据所提供的数据进行推测。比如说，学生可以看懂表格、图表中的条形图（柱形图）并且对其内容及数据变化进行正确的解释说明。

在数学应用方面，5年级学生的最低标准强调的是数学应用过程，而不是特定的内容。5年级学生的最低标准是，可以识别熟悉的情景中出现的数学问题，并且对这些问题进行回答。比如，学生们可以认识常见的形状和物体，并且可以使用等号来完成一个算式。学生们可以正确地读出数字秤、图标和文字的内容。学生们可以使用标准单位来表示长度、面积、重量和容量，也可以根据物体的属性来对物体进行正确的归类。学生们可以遵循简单的指令和程序，解决熟悉环境中的日常问题。

7年级

首先在数字方面，7年级的学生可以使用各种不同的运算方法来识别、比较数字和对数字进行排序。他们常常接触各种整数和分数。他们可以使用计算器或不使用计算器而自如地进行加减乘除的运算。7年级的学生也可以解决简单的日常问题，比如汇率和比例问题。他们也可以使用正确的公式和方程来进行正确的运算。在整数和分数方面，7年级的学生可以识别等价的整数和分数，并且用不同的分数来表达相同的整数值。

在运算方面，学生们可以通过笔算或者心算进行加减乘除的运算。他们可以正确地使用计算器来进行复杂的计算。学生们可以解释并解决生活中的实际问题。学生们可以完成七位数的运算，可以解决有关时间和距离的问题，以及可以计算涉及金钱数量的问题。

在空间方面，7年级学生的最低标准为，可以认识、描述常见的二维图形和三维物体并且对其进行正确的分类。他们可以认识不规则形状的对称线。学生们可以正确读取并且解释平面地图，并且根据指向标的指向来确定正确的方向，从而找到正确的位置。详细来说，学生们可以利用对图形属性的认识来了解二维图形，可以放大或者缩小图形，以及可以找出规则和不规则图形的对称线。

在代数、函数和模式方面，7年级学生的最低标准为认识和解释简单的代数关系。他们可以写出线性方程和数量的公式。学生们可以使用视觉图像来识别等价属性，并且描述线性和非线性的简单数字模式。学生们可以通过看图或者表格来理解图表中的简单关系。比如，学生们可以识别现实生活中的线性关系，构建并解释表格和图表的简单功能，正确使用四则运算。

学生们可以使用正确的数学用语来解决简单的问题。学生们可以正确地理解最大和最小的概念。比如，学生们可以在自身熟悉的环境中找

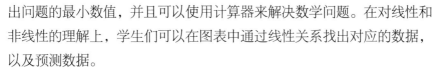

出问题的最小数值，并且可以使用计算器来解决数学问题。在对线性和非线性的理解上，学生们可以在图表中通过线性关系找出对应的数据，以及预测数据。

在测量、概率和统计方面，7年级学生的最低标准为他们可以使用正式和非正式的方法来衡量和比较长度、面积、体积和角度。他们可以正确使用标准单位之间的关系来读取数据并且用简单的刻度尺来测量数据。学生们可以正确地读出并且比较12小时和24小时制的时间显示。学生们可以阅读和解释双向的图表数据。

在数学应用方面，7年级学生的最低标准强调数学应用的过程，而不是特定的内容。7年级的学生可以记住已知的数据，从而在已知的环境下解决常规的数学问题。7年级的学生可以理解常见的分数，可以在书面中正确表达出整数、分数和百分比，也可以根据属性来对形状或者数字进行分组。应用已知的解决问题的策略和程序来解决日常问题是7年级的学生必须掌握的技能。他们可以运用数学运算的法则，并且在没有计算器的情况下进行正确的计算。

9年级

9年级是NAPLAN考试的最高年级。9年级学生的数学水平也设有最低标准。

首先，在数字方面，9年级的学生们可以对整数、分数、小数和百分数进行比较和排序。详细来说，学生们可以识别常见和非常见的一些数字，并且可以就其功能进行比较和排序。比如，学生们可以识别百位数的平方根，可以使用计算器来解决日常生活中的数学问题，等等。学生们可以对整数、分数、小数和百分数进行正确的四则运算。

9年级的学生可以计算数字的比例、重要百分比，以及对涉及时间、金钱和测量的问题进行简单的运算。学生们可以解决简单常规的问题，也可以理解估计和近似的意义。

其次，在空间方面，9年级学生的最低标准为，可以对普通二维图形和三维物体进行识别、描述和分类。比如说，学生们可以使用棱镜，理解金字塔的形状及立方体的相对面，以及测量二维图形和三维图形的表面积。

学生们可以识别对称性和一致性。比如，学生们可以找出二维图形对称的点和线，并且通过反射、旋转中心和角度来理解图形的对称性。

学生们可以解释和使用地图，并且可以根据地图从一个位置移动到另一个位置。比如，学生们可以使用字母及数字坐标来确定地图上的位置，识别和使用数字刻度，并且可以通过参照的距离、方向和角度来按照指示从一个位置移动到另一个位置。

在代数、函数和格式方面，9年级的学生可以通过简单的方法来构造函数。比如，学生们可以识别特定图案的线性规律，识别非线性函数的曲线图，看懂和解释各种图形。学生们可以评估简单的代数公式，并且识别简单的正式和非正式的线性方程组，可以使用代数方法来建立等式，还可以识别并且补充未完成的图案。

在测量、概率和统计方面，9年级的学生可以使用SI单位来进行测量和比较，并且在日常生活中运用简单的测量方式。比如说，学生们可以使用计算器来计算三角形的角度。

学生们可以理解实验中测量的概率，并且对样本数据进行对比。比如说，学生们可以根据经验来解释实验中获得的数据。

学生们也可以根据抽样的数据进行推论。比如学生们可以计算一组数字的平均值，解释在简单二维图形呈现的数据，并且解释数据集区间的变化。

最后，在数学应用方面，9年级学生的最低标准同样是强调过程，而不是特定的内容。特别是学生们可以记住已知的事实情况，并且在自身熟悉的环境中解决数学问题。比如说，学生们可以记住数字和图标，并且理解数字的概念和性质，比如$a \times b = ab$，$a+a+a=3a$。学生们可以解释二维图形和三维物体的特征。学生们可以写出代数程序，可以使用四则运算和近似数来进行计算，可以测量长度、面积、体积、质量、时间。学生同样可以选择合适的策略来解决日常问题，可以通过熟悉的表格和图形的形式来解释数据的属性，也可以用图标和模型来模拟现实的情况。

在中小学中，最重要的考试除了NAPLAN考试之外，另一个就是12年级（高三）的毕业考试，或者说大学入学考试。下面我们来简单看看这个考试。

12年级考试

学生在12年级（相当于高三）结束的时候要经历毕业考试，这个考试也相当于大学的入学考试。学生的考试成绩将决定他们能否进入大学或者大专，以及决定他们的专业。

这个考试一般在11月分阶段进行，总分为100分。学生们可以根据自己想要报考的专业和大学来选择自己考试的科目。一般来说，考试的科目有英语研究、数学应用、数学研究、语言、生物学、体育、化学、物理和心理学等。一般来说，最热门的考试科目为数学应用。学生们也可以考澳大利亚国家和国际政治，还可以考音乐专业。考试成绩在12月下旬对学生公布。

12年级考试也是家长看待学校教学质量的标准之一，所以很多学校也相当看重12年级考试。成绩好的学生经常可以考出99.8、99.9甚至于满分的成绩。

至此，我们从考试的角度透视了澳大利亚的中小学教育文化。这些内容对于研究考试和学生成绩的教育者理解澳大利亚的教育文化可能会有比较大的帮助。

（四）从教学特色透视澳大利亚中小学教育

在本节里，我想和读者们畅谈一下澳大利亚的中小学教育文化特色。澳大利亚的中小学教育文化属于西方教育文化，和美国以及欧洲的教育文化有一定的相似之处，但是它也有自己的文化特色。在本章，我将着重从以下几个角度来谈谈澳大利亚中小学教育文化的特色：澳大利亚中小学学生的最低入学年龄、家庭文化背景和个性化、针对化教学、中小学的募捐活动、中小学的家庭作业、学生的课余活动、边缘学生的教育，以及斯泰纳教育文化。

最低入学年龄

虽然澳大利亚的各个州和领地对义务教育的要求不同,但总体来说,在澳大利亚,义务教育从孩子们5岁开始,一直到15至17岁为止。对于公立学校来说,只要学生们愿意去上学,哪怕付不起学费,学校也会接收,并且对学生没有任何歧视,一视同仁地教学。

每个州和领地的学生入学的最低年龄也有不同(见表1)。

表1 澳大利亚各州和领地学生最低入学年龄及最晚出生日期表

澳大利亚各州/领地	最低入学年龄	最晚出生日期
维多利亚	5岁	4月30日
新南威尔士	5岁	7月31日
北领地	6岁	6月30日
昆士兰	6岁	6月30日
南澳大利亚	5岁	5月1日
塔斯马尼亚	5岁	1月1日
西澳大利亚	5岁	6月30日

比如,在新南威尔士州,在当年7月31日前满5岁的孩子都可以入学。如果孩子的出生日期在7月31日之后(哪怕是8月1日),孩子就必须等下一学年才能入学。由于各州都有自己的政策,这给很多家长造成了很多不便,尤其是转学的过程中,家长的抱怨更多。因此现在澳大利亚的很多媒体也很关注这个问题,希望通过社会的舆论来解决。我有幸被澳大利亚ABC新闻电台就孩子强制入学年龄的问题进行了采访。在采访中,很多听众的疑问在于,5岁的孩子到底有没有在生理和心理上达到进入学校学习的要求。

我在被采访的过程中,经常可以听到听众的反映。他们普遍认为,5岁的孩子还处在爱玩的年龄,不论是心理还是生理上都欠缺去学校学习的能力。但是,也有很多家长认为,学校给孩子们提供了良好的环境和师资,对于孩子们以后的学习和生活是非常有帮助的。当然,很多家长也表示,义务教育对于他们来说是个时间上的解放,因为他们不

再需要在家里看护孩子,可以放心地把孩子放在学校,然后投身于自己的事业。

当然了,对于教育者来说,这也是一个极其热门的话题,很多教育者也加入了讨论。他们中很多人认为孩子们需要接受有目的性的教学,但是也不赞成强迫孩子们去接受教育。

比如我的同事乔治在谈到这个话题时,就表示:"孩子们如果没有准备好,就不要操之过急,强迫他们入学反而会影响他们对学校学习的热爱。"

家庭社会文化背景和个性化、针对化教学

澳大利亚的中小学生来自各种不同的社会文化背景。一些学生来自高学历、高收入的家庭,而绝大部分都来自中产阶级家庭;也有相当一部分来自低收入并且要接受社会低保的家庭。绝大部分的高收入家庭都把孩子送入私立学校,而低收入家庭的孩子们一般都进入公立学校。一半以上的中产阶级的家庭也会把孩子送入公立学校。

如果说美国的教育培养目标是英雄(hero),而英国的教育培养的目标是绅士(gentleman),那么澳大利亚的教育培养目标到底是什么呢? 我的感觉是个性化教育和针对化教育。

澳大利亚的每个州和每个城市的风格都不一样,因此孩子们的教育方式也不相同。下面我用生活中的一个片段来举个例子。

澳大利亚很多城市都有自己的集市, 比如悉尼有帕丁顿(Paddington)集市,墨尔本有维多利亚女王(Queen Victoria)集市,布里斯班有布里斯班(Brisbane)集市,阿德莱德有中心(Central)集市。这些集市会在每周的固定时间举行。逛大城市的集市有点像逛国内的农贸市场,因为集市里的货物主要为餐饮类和服饰类,包括水果、糕点以及服装和小商品。和商场不同,集市分为很多摊位。摊主租用摊位卖东西。集市里的货物一般价格相当便宜,水果蔬菜等等更是新鲜可人;因此很多本地居民也都爱逛集市。

和大城市的集市比较起来,我觉得还是小城市的集市更加有味道。小城市的集市包含了很多有关城市的文化,也是本地居民和游客聚集的重要地点，因此澳大利亚的一些小城市的集市成为当地的文化中心。和大城市的集市不同，小城市的集市一般都是露天的。塔斯马尼亚霍巴特的萨拉门卡（Salamanca）集市就是其中之一。我第一次到霍巴特的时候，就闻其大名。萨拉门卡集市位于霍巴特市中心，每个星期六从早上8点多开始到下午3点结束。霍巴特的萨拉门卡集市是买塔斯马尼亚纪念品的好地方。穿梭在各种琳琅满目的商品中，萨拉门卡集市可以让你充分体会到露天的工艺品的交流。

达尔文的明迪沙滩（Mindil Beach）集市又是另一种风情。除了买卖小商品和食物之外，很多街头艺人都在这个集市里表演节目。比如火种艺人、马术艺人等等会在集市里租用一个较大的场地，自带音响设备进行表演。因为是露天的，所以很多游客都自带小椅子或者干脆席地而坐。走在集市里可以时时听见观众的叫好声和鼓掌声。表演结束后，很多观众会往艺人的帽子或者盒子里放一些钱表示赞赏。

我的两个女儿最喜欢去集市里"画脸"（face painting）（图20）。画脸艺人的摊位经常排着很长的队伍，都是孩子们。孩子们有很多选择，可以画半张脸，也可以画整张脸。在老老实实地排了半个小时的队后，终于轮到她们了。7岁的老大立刻选择了五彩色的花瓣半边脸，3岁的老二则围着图样板转了一圈，然后突然像发现宝贝一样大叫着："妈妈，我要海盗！要海盗！"画脸的时候，孩子们会坐在艺人面前的高脚凳上一动不动地让艺人把各种颜色的颜料画在脸上。我有些为难，因为这个海盗图似乎要花10分钟才能画好，不知道3

图20 去集市里"画脸"

岁的老二有没有这个自制力坐在凳子上这么长时间。老大的花瓣脸先画,我一边赞赏着,一边悄悄鼓动老二换成别的样本。可是倔强的老二一脸的决绝:"我要海盗!"很快,老大的花瓣脸就画好了,老二赶紧挪着屁股爬上高脚凳,对艺人说完"海盗,谢谢"后,就学着她姐姐的样子一动不动地等着画了。艺人笑着先把轮廓画出来,然后上色,画上眼罩,还有胡子。很快,栩栩如生的海盗脸就画好了。老二看了看镜子里的自己,高兴坏了,道了声谢就溜下了凳子,摆出一副海盗的骄傲样。很快,人群中就出现了稚嫩的"嗷嗷"的模仿海盗的声音。明迪沙滩集市因为靠着海边的沙滩,所以欣赏落日也是集市的一个特色,一群群的游客在沙滩上坐着,欣赏着海景,吃着土特产,听着艺人表演的音乐,悠然而自在。

从上面这个"逛集市"的小故事里就可以看出来,由于澳大利亚的每个州和领地的生活方式不同,对孩子们的教育方式也相对进行了调整,以便按照实际情况进行教学。比如和大城市相比,小城市的生活更加悠闲,因此教育文化相对宽松很多。

中小学的募捐活动

这个话题可能对于很多中国的读者来说非常陌生。澳大利亚中小学的财政来源除了有政府(根据学校的学生人数)拨款和学校学生的家长的赞助之外,主要的财政来源是学校每年举行的各种募捐活动。

这个募捐活动的主要目的是给学校筹集一定的资金来改进学校的教学资源。我曾经参加过很多学校举行的募捐活动。这些募

图21 学校里的募捐活动

捐活动一般都在周末举行。学校提供场地，给很多小商品商或者学生家长提供商品交易或者货品交换的机会（图21）。

作为回报，很多商贩或者家长都愿意以募捐的方式给学校提供一定的报酬。一般来说，举办一场一定规模的募捐活动可以为学校带来几千澳元的收入。这些收入会被学校明确用于改进学校资源（比如学校图书馆可以利用募捐款项购买更多的书本给孩子们阅读）。

中小学的家庭作业

我们都知道中国的孩子们压力都很大。除了考试的原因之外，还有一个原因就是家庭作业。在放学以后，孩子们要完成各个学科的家庭作业。和国内类似，澳大利亚的各州和领地也都要求学校（尤其是教育部门管理的公立学校）对家庭作业有所规定。学校有关家庭作业的规定需要校长、老师们以及家长协商制定。

家庭作业是在学校学习和在家里学习之间的桥梁。家庭作业也应该和学生在学校课堂里学习的内容保持一致。家庭作业除了要和澳大利亚课程教学大纲一致之外，还需要（1）适合每个学生的年龄和能力；（2）考虑到学生的其他活动，比如体育活动、兼职工作以及家务劳动；（3）考虑到一些不能使用电子技术（比如电子邮件等等）的家庭的学生。

澳大利亚的中小学的每个学生都需要完成家庭作业吗？不一定。目前许多学校的老师对需要不需要给学生们留家庭作业这一问题意见非常不统一：有些老师认为家庭作业对巩固学生们学习的知识非常重要；而另一些老师则认为学生们在学校里已经经历了一整天的学习，放学后的时间是自己的时间，因此他们认为学生们不需要完成家庭作业。

我有一次和一位教小学4年级的老师聊天，期间她谈到了对家庭作业的看法。

我："你们学校对家庭作业有强制的要求吗？"

她："没有。不过我会根据具体的需要给不同的学生布置家庭作业。"

我:"什么是具体的需要?"

她:"我先来谈谈我为什么会给我的学生们布置家庭作业。"

她继续说:"我出生在一个很小的城镇。有多小呢?去周边的大城市驾车需要三个多小时。我们镇上的人都互相认识。我的父母因为工作的原因经常要去大城市上班,所以我的奶奶是我的主要看护人。我的奶奶是一名退休的小学教师。我记得我每次放学后都会在奶奶家里学习。我的奶奶会给我布置一些有趣生动的学习内容。于是我童年时的无数个下午,都是在奶奶的陪伴下,在快乐的学习中度过的。我想我现在能成为一名教师和这个有很大关系。"

她看了我一眼,继续说:"你可能不知道,我的腰髓曾经有很大的问题。在我小的时候,我需要经常去医院接受理疗。我记得我曾经有一个学期有一半以上的时间是在医院里度过的。理疗完以后,我必须卧床几天。那个时候,我很担心我的学业跟不上,会被留级。于是我当时的老师每两天给我带来一些作业,让我来完成。我觉得这不仅给了我消磨时间的乐趣,也帮我补上了需要学习的知识。所以我也很感激我的老师。"

我:"你的经历很感人。你现在也是用这个方法来给你的学生们布置作业的吗?"

她:"我后来成为一名教师以后,我发现其实这个方法并不一定适合所有的学生。尤其是一些家长不重视家庭作业,这类家庭中的孩子就不会做家庭作业。即使我给他们布置了家庭作业,他们也不会去完成。所以,我只针对一些喜欢做家庭作业的孩子,给他们布置一些既有趣又有意义的作业。"

因此,在澳大利亚,并不是所有学校的老师都会给学生们布置作业,而是需要考虑学生的特点、年龄和各种需求给学生布置作业。

学生的课余活动

在澳大利亚,学生的课余生活是非常多姿多彩的。除了上课之外,即使在学校里也有很多活动。比如在Alawa小学，学生要照看菜园，锻炼动手能力（图22、图23）。

图22　学生们在喂鸡

学生们的课余生活主要和体育、文艺以及锻炼创造力有关。举个例子来说，澳大利亚的一些小学每年都会举办大型的折纸飞机的活动。每个学生只有一张纸，要在规定的时间里折出飞机，以飞行距离的远近来决定胜负。

图23　学生们在菜地里除草

澳大利亚的中小学生在寒暑假期间也会进行一些社会活动，或者出国旅行，增长见闻。这些社会活动包括去柬埔寨进行社会交流，到中国参加音乐节比赛，等等。

一些学校也鼓励学生参与设计大赛。举个例子来说，澳大利亚的一些城市都会举办自己的赛马盛会，赢得赛马后，骑手会获得一只金杯，因此赛马盛会也被称作"杯赛"。在全国各州和领地举行的赛马盛会中，墨尔本赛马盛会（Melbourne Cup，墨尔本杯）最为盛大。在这个盛会里，除了有激动人心的赛马比赛，还有很多文艺活动，比如游行盛会等等。这场盛会一般在每年10—11月举行，其深厚的历史背景可以追溯到1861年。当天，不止墨尔本，整个国家的人都会以赌马的形式来庆祝墨尔本的赛马节，每年有上千万澳元花在墨尔本赛马节上。

最有趣的是，在赛马盛会的当天，来观看赛马的女士都穿戴得非常"传统"。这里的"传统"是指穿戴得非常漂亮，而且每个人都戴着一顶专门定制的特别的帽子。这个帽子由各种材料组成：布料、仿毛皮、鸟类的毛等。帽子的样式一般由穿戴者自己设计，色彩鲜艳，千差万别，成为赛马盛会里最引人注目的一幕。

2014年有位澳大利亚的高中生（图24）自己设计了一套衣服和帽子，并穿戴着参加了比赛，获得了赛马盛会的金奖。

我有一次拜访了一位非常有经验的老教师帕梅拉·史密斯（Pamela Smith，见图25）。她从教已经有几十年了。以下是她给我写的关于她曾经参与的学生课

图24　2014年赛马盛会金奖得主

图25　中学老师帕梅拉·史密斯

余活动的一段话：

"在我的教书生涯中，我印象最深刻的事就是和学生们一起努力，参加头脑大赛。小学和中学学生都可以参加。这个比赛是针对学生学习和解决问题的能力的比赛。参赛的队伍要一起努力进行长达6周的挑战。在这期间，学生的老师、家长或者同学都不能给予参赛者任何帮助。参赛者必须最大限度地利用自己的资源，找到最好的解决方法。参赛者必须具有创造性、合作性，利用有限的资源，在比赛的限制时间内完成挑战。我和我的学生们参加过很多次这个比赛。我记得有一次我的6—7年级的学生荣获北领地冠军，赴昆士兰州进行最后的全国总决赛，最后获得银牌。我和我的学生们在比赛中不仅彼此学习，而且玩得非常愉快。我现在还保留着这块奖牌和我们参赛的照片。我觉得，参加这个比赛对于挖掘学生的潜力、培养学生自身的能力很有好处。"

边缘学生的教育

在本章的这个部分，我也想谈一下澳大利亚中小学的特殊教育。特殊教育的对象包括残疾的学生、特别出色的学生（或者说天才儿童）以及边缘学生。澳大利亚的特殊教育对于残疾学生和天才儿童的教育方法与其他的西方国家基本一致。我在这里想谈谈很多书籍或者文章都鲜少谈及的课题：对边缘学生的教育。

边缘学生指的是问题学生，他们有着各种不同的家庭背景。他们的生活和命运与一般中小学的学生们很不相同。这些学生处在社会的边缘，所以称为边缘学生。

我的一位专门从事家庭教育研究的同事尼克·汉弗莱（Nici Humphry）博士曾这样对我说："对于孩子们的发展来说，十几岁的阶段特别重要，因为这个阶段的发展往往可以决定他们一生的命运。"这位同事的博士论文就是围绕目前澳大利亚的破碎家庭以及其中的孩子们的命运而写。论文生动地展示了一群边缘孩子的生活，也写出了一些澳大利亚孩子学习和教育的触目惊心的现状。

这些孩子们可能因为家庭暴力、父母吸毒或酗酒等问题而辍学，流浪在社会的角落里。我在这里称他们为孩子，是因为他们都不满18周岁。尼克的报告指出，虽然这样的孩子在社会上存在的比例不那么高，但是每一个孩子的经历和生活都是非常惊人的。

尼克指出："每一个边缘学生的家庭都是破碎的家庭，都有自己的不同点。我曾经碰到过一个15岁的女孩。我很幸运地在她差点成为边缘学生的时候碰到了她。他的父母亲在她小的时候经常在她面前吵架，或者暴力殴打她。她或是为了显示，或者是为了掩盖自己的困惑、迷茫、恐惧，甚至是自杀的倾向，而成了学校里一名专门欺负别的孩子的问题学生。这个孩子后来在我们的帮助下走出了父母离异的阴影，现在已经进入高中，正常地学习和生活了。"

我的另一位同事琳达·玛霍妮（Linda Mahony，见图26）也专门对离异或者父母分居的家庭的学生们进行了调查研究。

图26　我的同事琳达·玛霍妮

我:"父母离异对学生的影响有多大?"

琳达:"这样说吧,我所教的学生中离异家庭的孩子们几乎不能完成家庭作业,他们的生活里有着各种不同的问题,他们几乎都有心理问题。"

我:"那你作为老师,一般会怎样对他们进行教学呢?"

琳达:"我和学校的校长要经常交流这些孩子的情况。他们的家庭中,90%以上的都属于低收入家庭。我们对待这类学生一般都非常谨慎,因为家庭的问题可能对他们的生活以及以后的家庭和事业都有很大的影响。所以我们讲求'当天的问题当天解决'。"

我:"这种方法对处理离异家庭的孩子的问题有什么好处呢?"

琳达:"和其他孩子相比,这些孩子感情世界更加细腻。他们有时会因为环境里很小的变化而引起心理上很大的变化。很多离异的父母都只顾着自己能够尽快适应生活变化,而往往忽略了孩子们的心理变化。有的孩子会认为父母的离异和自己的存在有很大的关系。他们会很自卑,害怕做错事。但有的时候这种害怕又会转化成愤怒。我注意到他们中不少人都有脾气暴躁、喜欢欺负其他孩子的现象。这些现象并不是一天两天就产生的,而是日积月累的结果。因此,我们要求'当天的问题当天解决'就是为了避免小事情的日积月累给孩子们的身心健康带来长久的伤害。"

斯泰纳教育

在前面的章节里我曾提到过斯泰纳教育。现在我来用具体的例子介绍一下这种特别的教育方式。虽然斯泰纳教育并不盛行,但是在澳大利亚社会里还是占有一定的地位。

就斯泰纳德教育的相关问题,我采访了美子·巴德(Yoshi Budol)博士。

我："请问斯泰纳教学和其他的教学方式有什么不同？"

美子："举个例子来说，我在学校里教授孩子们德语，在教学的时候我很少使用直接教学的方法。比如，我教孩子们'眼镜'这个德语词汇的时候，没有直接告诉他们读法和发音，而是先在桌上放一副墨镜，然后让学生们告诉我那是什么。我问了问题以后，几乎每个学生都可以告诉我那是眼镜。这个时候，我才开始读出这个单词，然后让他们跟着我不断不断地发音来记住这个词语。"

我："那么在您看来，斯泰纳教育和普通教育的最大区别在哪里？"

美子："我觉得斯泰纳教育在青春期教育方面做得很好。"

我："为什么？"

美子："斯泰纳认为青春期教育应和欧洲中世纪的青春期教育差不多，因为在这段时间里学生们都处于懵懂的阶段，他们都在理解什么是好的，什么是坏的，什么是秩序。目前，其他的教育方式主要是老师们通过讲解的方式给青春期的孩子们讲解身体和心理上的变化，而没有强调世界观的形成。世界观的形成不是一朝一夕之事，它需要学生们通过自己对世界的感受来一步一步养成。斯泰纳对青少年的世界观的培养很有耐心。他鼓励学生们自己去探索学习，而非灌输性地指导学生们如何养成正确的世界观。因此，很多在青春期接受斯泰纳教育的学生，世界观形成得比接受传统教育的学生要好。这也是为什么很多接受斯泰纳教育的学生也许在刚入学的时候学习成绩不如其他学生，但是他们一旦度过了青春期就能突然超越接受传统教育的学生。"

澳大利亚的中小学教育中值得细说的方面很多很多。我想，目前这本书也许只充当了一块敲门砖的角色。澳大利亚的中小学教育和欧美的教育既有相同点也有不同点，我也希望本书的读者能够通过本章加深对澳大利亚的中小学教育的理解。

（五）如何成为一名澳大利亚儿童早期教育或中小学的教师

在澳大利亚，几乎每个州和领地都要求上岗教师接受培训。这是硬性要求，每个上岗教师都必须要满足这个条件，否则就是违反法律，要追究法律责任。一般来说，教师注册分成两个级别：全照注册和有条件注册。这两个类别的不同在于，有条件注册的教师一般是刚毕业的师范生，而全照注册是有条件注册的升级，即满足有条件注册的教师要在申请教师注册的前5年内有1年左右的全职课堂教学经历。

那么上岗教师的最低注册要求到底有哪些呢？

第一，完成四年制本科的培训课程。这四年的培训中必须有一定时间的学校实习经历。

澳大利亚一共有近40所正规的大学，不包括专科培训学院和一些新建立的私立学校。正规大学里几乎都有教育学学士的培训课程。这些课程必须根据澳大利亚教学大纲的要求编写，并经过教师注册委员会的审核，审核通过后才能发布，学生才可以选择修读此四年制课程。

2013年，澳大利亚教育体制改革，即全国使用统一的教学大纲，不同的州或者领地不再有不同的教学大纲。澳大利亚大学教育学学士的培训课程也发生了巨大的变化。首先，培训课程开始分工及多样化。以前有些州或者领地的教师注册是不分教学年龄段的，这就意味着以前只要是注册的老师就可以去任何有需求的小学或中学教书。可是这种制度的弊端很快就凸显出来。有些老师在完成教育学本科学习的时候，只学习了如何教授中学生，那么如果他/她现在教授的是小学生，有些问题就会变得明显。澳大利亚学校要求中学的老师必须要"专"，即必须有主修（major）和辅修专业（minor）。凡是想要成为高中老师的师范生都会有一个主修，这个主修可以是语文、数学、科学、艺术、体育等等。比如教授英语的高中老师就必须要具备很强的英语专业知识，而教授数学的老师就必须要具备高等数学的知识，如此类推。而澳大利亚对小学老师的要求是博学，要全能，几乎什么都可以教。这点和国内的教学体制有很大的不同。有些读者看到这里一定会觉得非常惊讶。有些国内的家长朋友

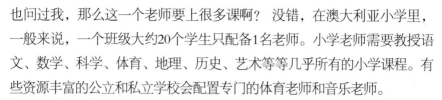

也问过我，那么这一个老师要上很多课啊？没错，在澳大利亚小学里，一般来说，一个班级大约20个学生只配备1名老师。小学老师需要教授语文、数学、科学、体育、地理、历史、艺术等等几乎所有的小学课程。有些资源丰富的公立和私立学校会配置专门的体育老师和音乐老师。

针对这种情况，在2013年教育制度改革时，教师注册委员会也进行了改变，即进行注册的时候就确定这些老师可教授学生的年龄和学校级别。如果这个老师是注册小学老师，她就只能教授小学生；如果是注册中学老师就只能教授中学生。同样地，如果注册的是早教老师，就只能教托儿所、幼儿园或者小学的学前班及1至3年级。有关儿童早期教育的内容我在第一章已经详细介绍过了。

澳大利亚的教师注册要求申请人接受过四年本科教育课程的学习。专科（少于四年）出身的人是不能当教师的，最多可以做教师助理。什么是教师助理呢？教师助理就是协助教师上课的工作人员，他们可以帮助满足学生们的学习或者生活需求，但不能进行授课，否则就是违法行为。就如同在澳大利亚，护士，即使是最高级的护士，比如产科护士，或者说助产士，也只能帮助护理。所以助产士可以帮助顺产的妇女生孩子，但是难产的时候，上手术台的一定是医生。为什么呢？因为护士没有进行医生培训，把病人看坏了怎么办？同样的道理，教师助理也不能授课，要知道孩子们是社会的未来，没有资格证书的人是不能随便来上课的。

我们再回头来看，教师注册要求方面还有一个问题，就是要求有一定的实习时间，即上岗前培训。在澳大利亚，学校的老师在注册前是很注重岗前实习的。在中国，教师的岗前实习一般是在大四的第二个学期，也就是在整个大学本科的最后一个学期完成的，一般有一个月到几个月不等。在澳大利亚，这个岗前实习的课程分布在大学本科四年的学习过程中。也就是说，如果想当老师，你必须从第一学年就去学校里实习！有些读者一定会想，可是这些学生才刚刚开始本科学习，什么专业知识都没有，去实习上什么课？能上好课吗？问得好！澳大利亚教育课程的实习实际上是双向选择，就是你选择了当老师的同时，学校也在选择你是否具备这种资质。

师范生要完成澳大利亚的岗前实习需要好几个学期，一般是4到6个学期。这几个学期的岗前实习时间有长有短。比如，一般来说，第一次上岗实习是10天（工作日），也就是说两周，后面几次的实习时间慢慢增加，最后一次实习的时间一般是50到60天（工作日），也就是10到12周。

我前面说到的双向选择在这里有很明显的体现。在澳大利亚，教师虽然不是工资最高的职位，但是属于中产阶级，而且很受人尊重。这就意味着有很多人愿意做老师。但是为什么教师还是这么紧缺呢？这个大家都有目共睹。这几年澳大利亚移民政策几经改变，很多职业都从需求名单里剔除了，但是教师这个职业却一直在这个移民职业清单里，而且只要满足移民要求，甚至不需要州政府担保，可以直接独立移民。这个需求是怎么产生的呢？因为教师这个专业很多人愿意去读，但是毕业的人却不是很多。原因在哪里？ 很多人可以完成理论课的学习，但是却无法完成岗前实习课程。

我记得我第一次去澳大利亚的小学实习，感觉和我在中国任教时的情况完全不同，我感觉其中最大的不同就在于课堂管理。在国内，一个班里会有很多学生，但是这些孩子们都会绝对遵守课堂纪律。但是在澳大利亚完全不同，师范生实习时要学习的第一个技能就是课堂管理。实习生，当你第一次走进教室的时候，要和学生建立良好的关系，完成课堂的教学需要实习生能够立刻进入状态，调整自己的心态，和学生交流，然后上课。这些都是实习对师范生的考验。有趣的是，很多澳大利亚本地人在第一次实习中或者实习完后也打起了退堂鼓。有些读者在这里肯定觉得奇怪，他们自己也是在这样的环境下完成小学和中学的学业的，应该对这样的课堂很熟悉的呀，为什么自己当老师却不行了呢？原因有几个。归结一下，主要的原因是有很多人离开学校太久以至忘记了，还有就是对自己的管理能力不自信。说到这个管理能力，很多老师，很多中国的老师，尤其是做班主任的，都深有体会。在澳大利亚的课堂里，这个课堂管理更加重要，因为澳大利亚的学生不会像中国的学生一样老实地坐在凳子上，把手放在背后认真听讲。当然，这也和课堂的建设有关，在澳大利亚的课堂，一排一排整齐有序排放的课桌椅是非常少见的。一般来说，老师们会根据上课的内容和需求改变桌椅的摆放方式。比如说，他们的桌椅会放成几小组，方便开展小组活动；又比如说，他们的桌椅会一下子都堆在教室的后面，让孩子们在地板上坐成一个大圈听课和做游戏。这就对老师的课堂管理能力要求很高，因为在重新布置教室格局的时候，除保证孩子们的安全外，还要应对一些"小调皮"的趁机捣乱，这些都是澳大利亚老师必须具备的基本技能。

有的师范学生学不会这个技能，就被这种双向选择淘汰了：要么自己主动退出学习，要么实习打分不及格。

有一种情况，教师可以无需满足完成四年教育学本科课程的要求。我上面提到小学和中学老师的一个不同是：小学老师要求博学，中学老师则要求精专。这个特别的情况主要是针对中学老师而言。因为有这个精专的要求，以及澳大利亚对于中学老师，尤其对高中老师的需求很大，很多学生在11年级和12年级（相当于高二和高三）会选择自己的主攻专业。有时有的师范生本身已经完成了一个本科专业的学习，比如会计、文学、语言和社会科学等等，但是这个本科专业不是教育专业，即这些师范生没有完成有关教育方面的理论和岗前实习的本科培训。在这种情况下，这个学生可以通过完成一个一年到两年的本科/研究生学位来完成教育理论和岗前实习的培训。这个本科/研究生学历在教师注册委员会申请教师注册时是有效的。原因在于，这些学生已经有了一个专业（有了精专的非教育方面的专业），就可以通过完成教育专业方面的岗前培训，成为中学老师。

第二，教师必须具备健全的人格。

这个要求就是专门针对师德的要求。在国内，师范生培养的一个很重要的方面也是师德。什么是师德？著名教育家叶圣陶先生说过："教育工作者的全部工作是为人师表，都是必须具有高尚的道德品质和崇高的精神境界，都是肩负着培养和塑造人的神圣使命，这一使命是通过教师的教学和言传身教实现的。"师德要求教师不仅包含深厚的知识内涵，也要有一种较高的精神和文化品位。

而在澳大利亚人看来，师德首先要求教师不能有违法记录。这是师德的最低要求。师德中更多地要求教师们能够完成教学任务，和其他教师合作，甚至和公众合作，从而不断给自己提出新的目标，不断提高自我。

教师道德被定义为一种职业道德，是教师和一切教育工作者在从事教育活动中必须遵守的道德规范和行为准则，以及与之相适应的道德观念、情操和品质。师德是教师应有的道德和行为规范，是全社会道德体系的组成部分，是青少年学生道德修养的楷模之一。

相比国内，澳大利亚教师注册委员会对教师健全人格的要求有更加具体的规定。比如，澳大利亚北领地教师注册委员会对师德有如下要求：

1. 教师必须无犯罪记录；

2. 教师无以下的行为，包括：

（1）超出教师该有的合理期望的行为；

（2）违反教师注册委员会制定的任何道德标准的行为；

（3）表现不合理的性格行为；

3. 也不得出现以下的情况：

（1）教师在其他州或者领地的注册申请被拒；

（2）教师在其他州或者领地的注册被取消或重新考察；

（3）教师在本州或者其他州或者领地的注册资格被吊销；以及

4. 其他的有关情况。

在这里，我们要详细看一下教师注册委员会制定的道德标准。这个道德标准里一共包含了八条：（1）教师具备清晰的知识、丰富的经验和在教师生涯中不断学习的基本能力；（2）教师具备和其他教师、教学人员、教师协会、教学机构以及公众协调的能力；（3）教师必须报告下一阶段的学习目标；（4）教师提供可以检验学生学习优良的标准；（5）教师帮助学生形成自我检验和评估的能力；（6）协助教师完成职业期望和成就；（7）继续保持并提高教师的职业水平；（8）保持教师职业的基本模式。

这八条道德标准体现了澳大利亚教师在教学中必须要做到的几点：不仅要完成目前的职业职责，也要制定将来的职业计划，从而有效地提高自己的职业水平。

在人民网上,有篇14岁女中学生李孟檀的文章《一个女中学生的亲身体验:中澳教育的不同点》。文章讲述了一名到澳大利亚读初三的女中学生对于中澳教育文化差别的分析。文章中提到了两国师德方面的不同,也提到了两国教学内容、教学方法和教学氛围方面的文化差别。

在教学内容方面,李孟檀体会到澳大利亚的教学内容很广泛。在澳大利亚,学生可以接触到大量不同的知识和科目。相比之下,在中国,由于一些家长的期望,学生多偏向经济、法律、医学等科目。

在教学方法方面,澳大利亚教育比较推崇"在玩中学习"的概念,这也是为什么很多孩子的动手能力都比较强,因为这些孩子是玩出来的。而在国内,因为考试升学的压力,很多教学的方法就是围绕考试展开的。很多人形容澳大利亚教育就是"儿童乐园",主要原因是考试少。其实,澳大利亚也是有很多考试的,比如,我们前面提到的NAPLAN考试。这些考试项目相当于全国统一考试,主要考学生的读写和数学能力。但是,澳大利亚的教育却没有形成考试决定教学方法的循环。这点很值得国内的教育学者和专家思考。

不可避免地,因为考试的影响,中澳教育在教学氛围上也有很大的不同。虽然现在国内已经不断提出学生要减压减负,但学生们考试的压力依然很大、竞争依然激烈,自然而然地造成中澳教学氛围的不同。

在师德方面,李孟檀也进行了对比阐述。她说到国内仍然存在一些不当的教育形式,比如过早地给学生定性,忽略学生的感受,不尊重学生的人格。而在澳大利亚,老师培训需要满足的第一条要求即是了解学生,尊重学生,根据每个学生的不同背景来安排教学活动。

查尔斯·达尔文大学教育学院副院长劳伦斯·塔马提(Laurence Tamatea,见图27)说:"学生们因为各种原因来教育学院学习师范本科专业。因此,教育学院里的各种师范课程也根据学生的不同要求和背景来安排,这些要求不仅来自于学生的年龄,也同样要根据学生的不同的生活经历。"

图27 查尔斯·达尔文大学教育学院副院长劳伦斯·塔马提

第三，教师必须有能力去教授课程，并能娴熟地用英语进行教学。

教师教授课程的能力，我们已经在上面讲述师德时有所涉及。我也会在以后的章节里，对于师范生学习以及新毕业教师应达到的标准进行详细讲述。在这里，我想谈一谈英语的要求。

在我任教的过程中，我遇见过不少留学生。这些留学生有些也来自中国大陆。他们都会问我一个相同的问题：英语要达到什么水平才可以在澳大利亚的学校里教书？

我先从教师注册委员会的要求谈起。从2013年起，澳大利亚的各个教师注册委员会统一设定了一个英语要求，即所有师范生必须在以下国家完成四年本科教育专业：澳大利亚、新西兰、英国、美国、加拿大和爱尔兰。如果没有达到这个要求，申请人就必须进行雅思等考试。别的考试我就不谈了，这里只强调一下雅思考试的标准。要达到教师注册的英语要求，申请人必须考雅思考试中的学术类，并且满足听和说不低于8分、读和写不低于7分的要求。

很多读者，尤其是打算通过教师移民的读者看到这里可能会觉得很头疼。为什么要求这么高？其实原因很简单，如果没有这些要求，你怎么去学校里上课呢？有一次我去学校里听一名实习生的课，这名实习生来自新加坡。她的英语水平属于中等，可是当她站在一群孩子（5~6岁）前她非常紧张，于是她的英语水平就全面下滑："Hello, I am from Singapore. I am a teacher in Singapore. I like teaching…"

当她说到这里时，她的实习辅导老师看了她一眼，然后很委婉地告诉我，她的英语真的不行。在五六岁孩子面前谈喜欢教书的大道理根本不能和学生融成一团，因为这些小孩子根本不懂这些，也不感兴趣。如果她不能和孩子们融成一团，怎么进行课堂管理然后进行课堂教学？而且英语语法这么多错误（应该是 I was a teacher in Singapore.），怎么能教好孩子呢？

于是很不幸，这名实习生就被我上面说的双向选择给淘汰了。

从这里可以看出，英语的要求在教书中有多么重要。这个要求也在这四年的本科学习中有所表现：在本科的学习中，这些将来的老师们也要考试，用以检验他们的英语水平。当然，这个检验不需要通过雅思等考试，只需要在大学里参加。澳大利亚要求每名申请师范专业的学生必须在英语和数学考试中达到同类申请人的前30%。只有达到这个要求，学生才能进入大学学习成为教师。

我也曾经碰到过这样一位学生。她在澳大利亚出生、长大，后来结婚后去了欧洲的挪威，在那里完成了本科学习，现在他们全家又回到了澳大利亚。她打算学习当个老师，但是因为她的四年本科是在挪威进行的，学位也是挪威的，于是为了教师注册，她也必须通过雅思考试。所以说，这个要求是普遍的，是针对教育师范专业的所有学生的。

有些读者看到这里会问，我以前在国内长大，现在我到澳大利亚来读四年的教育本科，我也需要考雅思吗？答案是，教师注册委员会已经写得很清楚了：不需要再考了。

下面还有一项对于教师注册的特别要求，即第四，教师应完成有关紧急救护的课程，并了解虐待儿童和维护儿童合法权益的处理方法。

有些州或者领地的教师注册委员会要求教师必须完成紧急救护、禁止虐待儿童和维护儿童合法权益的课程学习才能完成注册。

在这里，我想针对这个要求做些详细说明，从而对比中澳的教育方式。澳大利亚的学校是没有校医的，所以老师需要具备一定的紧急救护知识和技能。这些技能包括对出血的消毒、包扎，以及其他的清洗处理，甚至还包括人工呼吸。虽然说在澳大利亚只要拨打000就可以呼叫救护车，但是我们都知道，在救护车到来之前进行紧急救护是非常重要的。当然，一些不需要呼叫救护车的小事故就全靠老师的紧急护理了。比如，学生流鼻血了，老师就应该具备紧急救护的知识，帮助孩子止血。

在这个特别要求中，特别提到了禁止虐待儿童和维护儿童权益的课程。澳大利亚对虐待儿童的行为有严格的定义和处理。虐待儿童包括对孩子的身体和精神上的虐待。虽然澳大利亚是个法制社会，虐待儿童的事情却时有发生。报纸、电视、网络等媒体也常有报道。这也是为什么老师了解禁止儿童虐待的事项，维护儿童的权益是非常重要的。作为老师，首先自己不能虐待儿童，比如说体罚学生，而且如果发现学生家长对学生有虐待的行为，也必须通知儿童保护协会，对家长进行处理。

在学校里，对体罚的处理是非常严格的。2017年上半年，有一个来自土耳其的留学生问我在学校里是不是不能与学生进行身体接触，比如拍拍学生的肩膀。我问他怎么会这么问。原来他在学校实习中，在教师办公室听说不可以这样做，而在他自己的国家，老师为了鼓励学生，轻拍学生的肩膀是很常见的。我告诉他说，在澳大利亚的确不能这样做。因为如果在澳大利亚老师有这种行为，学生可以指控老师有体罚行为。所以说，在澳大利亚学校，老师和学生之间几乎没有身体上的接触。虽然老师为了鼓励学生或者为了创造良好的师生氛围而拍拍学生的背看上去非常正常，但是在澳大利亚学校这种行为几乎是没有的，尤其是男性教师特别要注意这一点。老师和学生的良好信任关系应该是建立在老师对学生全面了解、与学生父母交流互动，以及认真教授学生的基础上的。所以我对这位土耳其学生建议说，为了避免不必要的纠纷，这些身体接触还是免了的好。

在澳大利亚的非教育本科专业中，教学实习是非常重要的方面。只有完成规定实习时长的学生才可以进行教师注册。一般来说，澳大利亚大学的教师岗前培训课程按照国家教育机构（AISTL）的要求，规定了学生在四年内要完成的实习时长。

以我所在的查尔斯·达尔文大学教育学院为例,接受小学教师岗前培训的学生要完成在小学学校里100天的实习。这100天的实习被分为四个阶段的课程。第一个阶段的实习课程只有10天(不包括周末)。在这段实习课程里,学生主要进入小学参观,了解小学的学校文化,向带实习生的老师仔细学习上课的知识(包括了解澳大利亚教育大纲,如何编写教案,如何和家长交流等)。第二和第三个阶段的实习课程各为20天(不包括周末)。在这两个阶段,学生需要上一定数量的课。在学生上课期间,带他们的老师会给予一定的指导。最后一个阶段的实习课程为50天(不包括周末)。在这最后的实习课程中,实习生会开始像其他的普通老师一样上课,开展教学。

需要注意的是,在实习过程中,实习生是没有工资的。所以很多社会人员要安排好自己现有的工作,然后请假进行实习。

图28　查尔斯·达尔文大学教育学院实习管理负责人特蕾丝·克斯汀

查尔斯·达尔文大学教育学院实习管理负责人特蕾丝·克斯汀（Therese Kersten，见图28）说："与师范生共事需要灵活安排、保持耐心，并理解每个学生的不同处境。最近，在我的工作中，有一位有三个孩子的年轻母亲十分焦虑地找到我。她目前正在学习师范教育，想成为一名小学教师。因为最小的孩子的出生，她不得不申请休学半年。休学结束后，她感觉回到学校学习很紧张，因为她在照顾自己的孩子的同时，还要尽可能好地完成四周的教育实习。我得知她的情况后，专门和大学的实习安排办公室以及当地学校协商，最后把她安排在距离她家很近的、她孩子就读的学校进行实习。不仅对这个学生灵活安排，我们也和教学的学校紧密合作，以便学生们既能愉快地学习，又能兼顾家庭和生活的需要。这位学生对我们人性化的安排表示诚挚的感谢，这再次提醒我们团队，当与学生共事时，灵活性和相互理解是多么重要。"

实习生在实习的过程中碰到的最大困难是课堂管理。前面我说过，在澳大利亚的课堂里，学生能够安静听讲并且完成老师布置的任务的情况非常少见。于是在实习中，很多师范生就需要花大量的时间去了解学生，并且学习学校老师管理课堂的知识。

实习是成为教师的重要的步骤之一，也是最激动人心的学习时期。有很多孩子和实习老师建立了非常好的关系。这些实习的经验让很多师范生更加坚定了成为老师的信心。

三、澳大利亚的高等教育

（一）从体制透视澳大利亚高等教育

1. 各州（领地）的大学

我们在前面介绍了澳大利亚中小学的教育情况，下面我们来简单看看澳大利亚的高等教育。首先来简要看一下每个州或者领地的大学。需要注意的是，很多大学在很多州或者领地都有校区。在这里，我们依据大学的主校区的所在地来介绍。

新南威尔士州（NSW）主要有10所大学，分别是：新南威尔士大学（University of New South Wales）、纽卡索大学（University of Newcastle）、新英格兰大学（University of New England）、查尔斯·斯德特大学（Charles Sturt University）、麦考瑞大学（Macquarie University）、南极星大学（Southern Cross University）、悉尼大学（University of Sydney）、悉尼科技大学（University of Technology Sydney）、西悉尼大学（University of Western Sydney）以及卧龙岗大学（University of Wollongong）。

维多利亚州（VIC）共有9所大学，分别是：迪金大学（Deakin University）、莫纳什大学（Monash University）、墨尔本皇家理工大学（RMIT University）、斯威本科技大学（Swinburne University of Technology）、澳大利亚联邦大学（Federation University Australia）、墨

尔本大学（University of Melbourne）、澳大利亚天主教大学（Australian Catholic University）、拉托贝大学（La Trobe University）以及维多利亚大学（Victoria University）。

昆士兰州（QLD）共有8所大学，分别是：中央昆士兰大学（Central Queensland University）、格里菲斯大学（Griffith University）、詹姆斯·库克大学（James Cook University）、昆士兰科技大学（Queensland University of Technology）、昆士兰大学（University of Queensland）、南昆士兰大学（University of Southern Queensland）、邦德大学（Bond University）以及阳光海岸大学（University of the Sunshine Coast）。

西澳大利亚州（WA）共有5所大学，分别是：科廷大学（Curtin University）、伊迪斯·科文大学（Edith Cowan University）、默多克大学（Murdoch University）、圣母大学（University of Notre Dame）以及西澳大利亚大学（University of Western Australia）。

首都堪培拉（ACT）共有2所大学，分别是：澳大利亚国立大学（Australian National University）和堪培拉大学（University of Canberra）。

南澳大利亚州（SA）也共有3所大学，分别是：阿德莱德大学（University of Adelaide）、南澳大利亚大学（University of South Australia）和弗林德斯大学（Flinders University）。

塔斯马尼亚州（TAS）只有一所大学：塔斯马尼亚大学（University of Tasmania）。

北领地（NT）只有一所大学：查尔斯·达尔文大学（Charles Darwin University）。

2. 澳大利亚职业教育和高等教育的区别

（1）澳大利亚高等教育

澳大利亚高等教育主要指学生进入大学接受的教育。澳大利亚一共有近40所大学，每所大学都有自己的教育目标和教育强项。

澳大利亚的大学是没有校门的，也没有围墙，所以有时候很多人在学校外边散步，走着走着会发现自己竟走到大学的建筑物旁了。澳大利亚大学没有校门和围墙是为了体现澳大利亚高等教育的宗旨：任何人都可以进入大学学习。

　　走在澳大利亚大学的校园里，学生们的年龄、种族、肤色都千差万别。对于愿意学习的学生们，学校的校门是完全敞开的。

　　澳大利亚的高等教育一般为社会提供专业人才（professionals），这些人才既具备理论知识，也有一定的实践经验。在澳大利亚高等学府培养的学生中，最低学历为学士（bachelor），最高为博士（doctor）。中间的学历也包括双学士（double degree）、课程班硕士（master by coursework）、研究生硕士（master by research）以及专业博士（professional doctor）。

　　一般来说，澳大利亚大学的学士学位学制为三年（全职）或者六年（兼职）。有些专业的学制比较长，比如，教育专业本科的学习年限都为四年，而医学专业的本科学制更长。

　　澳大利亚高等教育的学生们有一半以上来自于社会人员。一般来说，这些社会人员已经有了自己的工作，或者已经有了家庭和孩子。他们除了学习之外，也需要工作并且照顾自己的家庭。所以这类学生都会选择兼职，而不是全职读书。全职读书是什么意思呢？澳大利亚的大学规定，每门课要求学生每周花费10小时进行学习。也就是说，作为一名学生，他需要每个星期花10小时来学习一门课，听老师的讲课，和其他同学一起学习讨论，课后完成自学来消化知识，并且完成课后作业以及准备考试。一门课每周需要10个小时的学习时间，四门课每周就需要40个小时的学习时间（每天8小时）。而对于需要兼职学习的学生而言，他们根据自己的要求来减少学习的课程数和时间。每学期选择一至两门课，通常选择两门课（20小时一周的学习时间）。当然了，大学的学位必须在学生修满课程后才能颁发，于是选择兼职读书的学生们就必须读更长的时间。兼职学习的学生和全职学习的学生所修的每门课的要求是一样的，他们学习的结果一样有效，在学位证书上不会标记兼职或者全职。

除了给学生提供本科学位，培养对社会有用的职业人员之外，澳大利亚高等教育也强调了研究的重要性，所以很多教职人员除了教学之外也要做研究，发展研究项目和申请研究基金。除了教职人员之外，还有专门从事研究的人员。他们的主要职责就是发展研究项目并撰写研究报告。所以高等教育学校除了培养社会可用的职业人才之外，也培养能对社会做出贡献的研究人才。

在高等教育院校中，本科生在所有学生人数中大约占了70%～80%，而研究生占了20%～30%。研究生必须从事研究。

什么是研究生呢？从事研究的学生会首先从自己喜欢的领域中选择一个有趣（学生自己有兴趣或者导师指定）的课题，然后选择不同的研究方法，申请成功后就可以去获取数据和分析数据，来完成研究报告。这些报告会公开发表，并且运用到不同的工作环境中。比如，从事教学研究的学生对如何进行课堂管理这个课题很感兴趣，会根据这个课题进行研究，获取数据，分析数据，写出报告。这份报告在发表后可能会启发其他从事教学的人员来改进他们自己的教学。

英联邦（commonwealth）规定研究生以上的学位在学习中必须包含一定的研究成分，所以在澳大利亚大学攻读研究生的学生都需要做研究，学习研究方法并且写出有质量的学术报告。

我们在上面简单地了解了澳大利亚高等教育的基本情况，下面来看看澳大利亚职业教育以及其重要性。

(2) 澳大利亚职业教育

澳大利亚职业教育在为社会培养技术人才上具有极其重要的作用。社会中的技术工人基本都来自澳大利亚职业教育机构。这些技术工人包括电工、水管工、电焊工、机修工等等，种类繁多。澳大利亚职业教育除了培养这类技术工人，也培养社会需要的其他职业人才，比如护士、会计、理发师、厨师等等。澳大利亚社会的各个层次都需要各种职业人才。

由于社会的需求很大，澳大利亚的职业教育机构也非常多。这些机构包括公立、私人或者民办的机构。比如,在南澳大利亚州,最大、最有名的州职业教育机构为TafeSA。在TafeSA中,申请者可以查看他们提供的各类培训课程。这些课程长短不一,有的短至几周,有的可长达两三年。课程的长短主要由培训的职业人才的要求决定。比如,在护士的培养过程中,一般对病人进行简单护理的护士培训时间很短(全职大约半年),而药理护士或者进入手术室的护士的培训时间就很长(全职三年)。因为这类护士要学习很多药理知识,也要进行给病人打针、吃药等等的实习过程。

很多大学也包含了这类培训机构,给学生们提供这样的培训。

从这里我们可以看出,职业教育和高等教育的最大区别在于学生培养的方向。职业教育多以培训技术人才为主,而高等教育则以培养具有理论基础的高端人才和研究人才为主。

根据不同行业的要求,学生们会选择进入职业教育机构或者高等院校进行深造学习。比如,学习教育的学生可以选择通过学习两至三年获得一个大专文凭,然后进入学校(比如小学)担任教师助理,也可以选择用四年时间攻读本科学位,然后进入学校担任教师。有关教师和教师助理的区别请参考《如何成为一名澳大利亚儿童早期教育或中小学的教师》一节。

说完职业教育和高等教育的区别,我也有必要谈一下这两种教育的联系。已经拥有职业教育专科文凭的学生如果因为社会行业或者个人的要求,想要继续深造,他们可以利用已经获得的专科文凭进入大学学习。比如,教师助理(已具备大专文凭)可以通过继续攻读本科学位来成为注册教师。学生们可以借助已经获得的学位和所修的课程申请在本科中免修一些课程。比如,一个已经具备大专文凭(diploma)的教师助理在申请进入大学学习教育本科时,一般可以免修 5~6门课,从而节省0.5~1年的全职学习时间。

澳大利亚职业教育和高等教育的这种联系为学生们提供了一个非常便利的学习条件。比如,有些学生因为经济上的原因可以选择先修一个大专文凭,然后进入教育系统成为一名教师助理。在这个时候,他/她可以赚一定的工资，然后在工作的基础上继续深造成为一名注册教师。职业教育的学费比高等教育的学费要低，这个我们会在后面的政府对教育的补贴中详细介绍。所以，可以看出来，在澳大利亚，只要学生愿意深造读书，社会和学校就会给他们提供各种渠道和帮助。

3. 本科生和研究生的区别

在澳大利亚大学，研究生和本科生的区别在于，本科生和课程班的硕士生[①]被学校当作学生来对待，而研究生（不包括课程班的硕士生）则被当作学校的工作人员来对待。我们前面讲到澳大利亚大学的本科和课程班的研究生一般遵循一年2~4个学期的学习方式，主要以完成作业和参加考试为主。而研究生（不包括课程班的研究生）是不遵循学期制的，他们的学习是全年制的，一年之中只有4周（20天）的休假，其他的时间都用于学习。

研究生的考核除了每年年底的报告之外，学生最后是否能够通过审核获得研究生学位，在于学生能否完成有质量的研究论文。

澳大利亚的大学规定纯研究的博士项目，博士论文的字数为至少8万字，而课程和研究结合的博士项目上，博士论文的字数为至少5万字。纯研究的硕士的论文的字数为至少5万字。

本科生主要需要完成作业、小组讨论、实习和参加考试，来完成学业。和本科生不同，研究生需要写出高质量的论文。而论文的完成需要经过几个重要的阶段：写出论文提纲（proposal），进行论文提纲答辩（oral defense presentation），了解研究方法论（research methodology），选择合适的研究方法（research method），通过学校伦理机构审核（ethics application），获取调查数据（fieldwork），统计分析数据（data analysis），写出论文（thesis writing）。在这个学习过程中，每个研究生会有两至三名导师帮助他们学习。在论文完全写完递交之后，学生要等待论文的审核。澳大利亚的大学的研究生论文都是校外

---

① 澳大利亚的硕士分为两种：一为研究类的硕士，二为课程班的硕士。课程班的硕士，顾名思义，学生要集体上课并通过考试才能毕业；而研究类的硕士则不需要集体上课，但需要在导师的指导下完成一个小型的研究项目。

审核的。学生的导师可以帮助学生选择审核的学者（examiner）。一篇论文一般需要两至三名学者审核。审核的时间为1到3个月。如果每位审核的学者都认为该学生的论文可以达到硕士或者博士的要求，就会通知学生通过，如果不能完全通过，可以让学生修改，然后要么让学生的导师查看通过，要么让学生把修改好的论文发回给自己重新审核。如果学生的论文改后还是不能达到标准，那么该论文就会被判为不及格。不及格的学生论文不能达到要求，那么学生就不能毕业，更不能获得文凭。也就是说，如果有些学生学习了很久，也没能获得文凭，那么以前的学习也就没什么用了。因此，澳大利亚能够毕业的研究生，尤其是博士生，数量不多。

4. 大学的教学研究人员

目前在澳大利亚，教学研究人员分为两类：专门从事教学的人员和同时从事教学和研究的人员。他们的不同在于，专门从事教学的人员不需要进行研究，他们的工作任务只有教学，而同时从事教学和研究的人员则不相同，他们工作的一部分（比如60%）是教学，而另一部分（比如40%）是研究。于是，大学对这两类不同的教职人员的考核也不相同。比如，对于专门从事教学的人员的考核主要通过教学工作和学生的反馈信息，而对教学和研究人员，除了要考核他们的教学工作，也要考核他们的研究成果，比如发表文章、参加学会会议以及获取研究经费的情况等等。

我们先来看教学人员。除了少数大学（比如堪培拉大学），澳大利亚的大部分高等学府采用英国传统教学人员管理制度，和美国、加拿大不同。澳大利业的教学人员称为学术人员（academic staff）。

教学学术人员分为五种：助理讲师（associate lecturer）、讲师（lecturer）、资深讲师（senior lecturer）、副教授（associate professor）和教授（professor）。这些是他们的职称级别，和他们的行政职务无关。行政职务包括教学、学科讲师、系主任、学院副院长、学院院长、大学常务校长、大学研究校长、大学教学校长以及大学总校长等等。

在我和凯尔教授交谈中，我问道："作为教育学院的院长，您是怎么看待这个职务的？"

他说："这个职务是非常繁忙的，而且需要高度的灵活性，具备协调复杂的关系和处理不同事务的能力。"

这些职称级别中，助理讲师级别最低，为Associate级，然后上一级为A级（level A）。助理讲师也分十几个小级别（steps）。讲师的职称稍微高一些，为B级（level B）。讲师分为6个小级别。资深讲师为C级（level C）。资深讲师也分为6个小级别。副教授为D级（level D），分为三到四个小级别。最高级的为教授，E级（level E）。教授只有一级，不分小级别。

大学里大部分学术学者的级别在助理讲师、讲师和资深讲师这三个等级中。在澳大利亚的大学，只有对大学做出重大贡献的学术学者才可以晋级为副教授或者教授，因此，虽然很多讲师是博士或者博导，但具有教授或者副教授头衔的学术学者却并不多。

学术学者每一年都可以申请职称晋级。申请人需要按照要求准备各种材料，拿到推荐信，通过审核后才能晋级。

和中国高校的要求一样，澳大利亚高等院校的学术学者也需要进行调查研究，并且写出调查报告，发表在国内和国际的期刊和会议上。

澳大利亚高等教育中也有纯研究的学术学者，这类学者的职称从低到高为助理研究员（associate research fellow）、研究员（research fellow）、资深研究员（senior research fellow）、副教授（associate professor）以及教授（professor）。助理研究员和助理讲师虽然工作的范围和职责不同，但职称的级别是基本相同的。同样地，研究员和讲师的职称级别相同，而资深研究员和资深讲师的职称级别相同。两种类别的副教授和教授则完全相同了。

这些研究人员一般从事大量的研究工作，包括实验室工作或者采访调查等等，他们的存在和他们的工作为澳大利亚高等教育甚至澳大利亚社会做出了巨大的贡献。

一个大学名气的好坏往往是由这所学校的研究和教学的水平决定的。我们在本章前面提到了，在大学里，除了教授本科的学生、培养专业人才之外，还有一部分人员和学生专门在研究所里从事研究工作。和教职人员不同，他们的工作全部都在研究上，没有教学任务。这些研究人员的薪水主要来自研究经费，而经费可能来自政府部门、私人机构、海外机构以及各类奖学金。澳大利亚大学的名气除了看教学方面，也看课题研究方面。因此，很多大学会在研究方面设置很多经费和奖学金。

5. 大学的行政人员

澳大利亚大学里还有一类工作人员是行政人员。行政人员的种类非常多，有管财政的、管学生入学的、管学生住宿的、管学生学习的、管人事的等等。

管财政的行政人员和管人事的行政人员主要和大学里的工作人员打交道，负责工资、考勤、研究经费、出差经费的办理和手续的管理等等。

而另一些行政人员就主要和学生打交道，管理学生注册入学、住宿、学习等事务。

管理注册入学的工作人员每年要接收大量的申请资料，他们要对这些资料进行分类，然后通知不同科目的老师和负责人员。之后，他们会为通过审核的学生分类、建立学籍、给予学号等。这类工作人员也会帮助学生注册学习的科目等等。

澳大利亚的大学虽然也设有学生宿舍，但是大部分学生（包括本地学生和留学生）都不选择住在学生宿舍，而选择住在学校周围的居民家中（独租或者合租）。原因包括学生宿舍价格比较昂贵，环境有点吵闹，学生还要共用厨房、厕所、浴室等。而且在读学生中有一半以上都是社会人员，他们都有自己的工作和家庭。因此，澳大利亚大学的学生宿舍都不多，并且主要作为新生入学过渡的一个临时的住宿地点。一般学生们找到自己的住房就会根据合同退宿舍。大学里管理学生住宿的行政人员一般和住学生宿舍的学生们打交道。比如，宿舍里的空调坏了、水管漏了的时候，学生需要通知管理人员，管理人员就会安排人来维修。当然，除了这些工作之外，管理学生住宿的工作人员也可以根据学生的要求帮助学生寻找校外的合适住所。一般来说，大学都设有学生住宿的网站，一些愿意把房子租给学生居住的房东就会到这个网上登记房源及对学生租客的要求，并且留下自己的联系方式。通过审核后，这些房源的详细信息就会被发布在大学学生住宿的网站上，学生们会根据自己的住宿需求联系这些房东。

还有一种和学生打交道的工作人员主要管理学生的学习。这种工作人员又分为两类：从事教学的老师和管理学生学习的行政人员。其中从事教学工作的教职人员也要承担一定的行政工作，越高层的教职人员担任的行政工作越多。和中学不同，澳大利亚的大学里是没有班主任的，但每一门课都会有一名讲师（有的大学叫unit coordinator，有些大学叫course coordinator）。这名讲师除了要负责上课、批作业、批考卷等教学工作责任外，也需要和学生们打交道，了解学生在学习和家庭生活上的困难。学科讲师在碰到职责以外的工作时也应该引导学生去相关的机构寻求帮助。

我在教学中碰到过很多因为各种原因而影响正常学习进度的学生。最常见的原因有生病（包括自己和家人生病或动手术）、家里重要人物的去世、家庭结构的重大变故（结婚、生子、离婚）等等。有些学生可能因为这些变故（特别是亲人的过世和离婚等等）而患上或轻微或严重的忧郁症。在和患忧郁症的学生打交道的时候，我会引导他们去会见心理咨询师。每个大学里都设有特定的机构给学生提供免费的心理咨询，帮助学生走出困境并完成学业。

学科讲师除了有责任帮助学生学习之外，也要和系主任（有的大学称作course coordinator，有的大学称作program director）做充分的交流。系主任，也即学位负责人，要负责整个学位的学生的行政工作，包括学生的转学、休学，也要处理学生和学科讲师之间的矛盾。澳大利亚是一个民主的国家，所以讲师和学生之间的关系也是民主自由的，学生有权利对讲师进行质疑，而讲师也有责任对学生的问题进行回答。一般来说，学生和讲师的关系是非常和谐的，但是在一些特别情况下，比如，学生不理解讲师的作业批改内容，或者学生认为自己的成绩应该高一些，也可能会发生矛盾。在学生和学科讲师内部调解不成功时，就需要学位负责人出面进行调节。比如，按照学校的规定把学生的作业发给其他有资格的学科讲师（校内或校外）进行重新审核，以决定学生的最终成绩。

除了要调节学生和学科讲师的关系之外，学位负责人也要审核学生的转学材料，安排学科讲师的课程等等。值得一提的是，学位负责人同时也是一些课程的学科讲师，所以也是教职人员。如果碰到需要回避的情况，学校或学院的领导（head of school 或者 director）就会出面解决问题或者协调问题。

学生的学习除了和学科讲师和学位负责人有关之外，也涉及一部分行政人员。比如，有些学生可能会因为各种个人原因没有成功地完成学习任务，这时候学校的行政人员就会和学生联系，查找原因，帮助学生解决问题，从而成功完成学业。

本节从五个方面详细介绍了澳大利亚职业教育和高等教育。通过阅读本章，读者可以掌握澳大利亚高等学府的基本情况，下面我将从各个不同的角度来介绍澳大利亚的高等教育和职业教育。

（二）从入学的方式透视澳大利亚高等教育

在澳大利亚，进入职业院校和高等教育院校进行深造是学生们自己的选择，而不是大学和大专院校的选择；这也说明澳大利亚职业院校和高等院校的入学标准相对来说是比较低的。而且，只要学生们愿意，社会和学校也为学生们提供各种途径进入大学及大专院校深造学习。也就是说，任何人，无论性别、年龄，只要满足了入学要求，都可以选择进入大学或者大专院校进行学习深造。

因此，澳大利亚的职业教育和高等教育的入学方式也多种多样。我们在本节中主要分析两种申请人的入学方式：应届高中毕业生和其他社会人员。

（1）应届高中毕业生

前面我们介绍过12年级的毕业和升学考试，这个考试可以作为应届高中毕业生进入大专和大学院校进行学习深造的一个前提。

我们也提到12年级的毕业和升学考试的总分为100分。大专和大学院校也主要根据这个考试的分数来录取学生。一般来说，一些热门专业的分数相对高一些，比如说一些有名气的大学的医科不仅要求学生考试分数达到95分以上，而且还要参加面试。也就是说，一些梦想成为医生的学生不仅要成绩优秀，而且也要谈吐过人。当然了，我们举这个例子只是为了说明每个学校、每个专业的要求是非常不一样的。

澳大利亚的师范专业录取分数，根据各所大学的要求，一般在60～90分之间。

除了对于毕业考试总分的要求之外，很多大学或大专的专业也对学生考试的单科成绩有详细的要求。

比如说，如果应届毕业生想要就读的专业和数学有关，他们的数学考试的分数就最低不能低于3级，甚至不能低于4级。同样地，如果应届毕业生想要就读的专业和化学有关，那么他们的化学考试分数也不能低于3级或4级。如此，大学和大专院校就相对挑选了可以进入职业教育和高等教育进行学习深造的不同专业的学生。

应届毕业生的选择也是相当多的。比如，我们前面提到了很多学生选择在12年级（相当于高三）毕业后出去旅游打工一整年，然后第二年再去大学读书。再比如，一般的应届毕业生如果达到某大学的某专业的分数线，就可以通过一系列的申请手续（有关这些申请手续我们会在下面详细说明）去大学或者职业专科院校上学；而另一些学生在考试中发挥不理想，最后的成绩没有达到目标专业的分数线，不过，即使这样也没有大问题，因为大学的很多专业都会给学生提供一些其他的渠道，使一些考试失利的学生还有学习自己喜欢的专业的机会。

现在我们来看看这些为12年级考试失利的学生提供的渠道。学生们可以选择读预科来进入大学。大学里的一些专业提供预科的学习途径，学生只要通过了预科的课程就可以进入大学学习自己喜欢的专业。再比如，学生可以选择去大专职业院校攻读一个职业学历，读完后可以一边打工，一边进一步学习。如果学生想要学习成为一名小学老师，但是没有达到该专业的入学分数，那么这位学生可以先在大专职业院校里攻读一个职业学位，然后进入小学成为一名教师助理，再通过这个大专职业院校的学历进入大学学习成为一名教师。在这种情况下，这名学生的身份就从应届毕业生转为社会人员。我们下一部分来看看作为一名社会人员进入高等院校进行学习的方式。

(2) 社会人员

在澳大利亚，不论学生的年龄、性别、种族如何，都可以选择进入大学深造。你可以在校园里看到很多学生，即使头发花白还在为自己的梦想而奋斗着。这些社会人员可能是没有考到理想的学校或专业的应届毕业生，也可能是在家里生儿育女错过了学习机会的家庭男女，可能是已经有专业和工作但仍想实现自己的专业理想的社会人员。

对于这些学生，学校一视同仁地对待。

我刚刚说了，应届毕业生可以通过学习大专职业学院的专业来进入大学进一步深造。有一些年龄较大的学生，在年轻的时候因为某种原因没有完成12年级的学习，因而就没有参加12年级的考试。这类学生可以首先读一个TEP（tertiary education preparation）课程，然后进入大学或者大专院校学习。

还有很多社会人员在自己的岗位上工作很多年后，因为职业发展或升职的需要等又会再次进入大学攻读研究生以上的学位。这些学位包括研究生学位（graduate certificate以及graduate diploma）、硕士课程班学位（master by coursework）、硕士研究生学位（master by research）、专业博士学位（professional doctor）和哲学博士学位（doctor of philosophy）。有关研究生学位以及奖学金申请，我们在本章中会详细介绍。

应届毕业生或社会人员进入大专或者大学学习的确认程序叫做注册（enrollment）。只有注册了的学生才有学籍、学号、在校电子邮件信箱和学生证。我们下面来看看留学生是怎样注册及学习的。

图29 澳大利亚大学的留学生来自全球的许多地方

首先我们来看留学生。因为高等教育和职业教育不再属于义务教育的范围，所以进入大专和大学学习的留学生的费用要比本地学生的费用高出大约2~3倍，大约15000~25000澳元一学年。因此，教育也是澳大利亚的重要的产业之一。每个大学的每个学年分为2~4个学期，每个学期大约10~13周。一般来说，大学的第一学期在2月底或者3月初开学。一些特殊的专业除外。

我曾经访问过一所澳大利亚大学的留学生宿舍办公室。刚进这个办公室时，我发现他们在墙上挂的世界地图上用小钉做了很多标记（图29）。

我觉得很好奇，于是问道："这些小钉子是什么意思？"

工作人员解释说："它们代表了我们大学的留学生的来源。小钉越密集的地方说明来自那里的留学生越多。"

我和昆士兰布里斯班的艺格鲁（iglu）学生宿舍管理经理丁·皮拉迪（Dean Preddy，见图30）交流时，曾经问他："你热爱你的工作吗？为什么？"

他是这样回答我的："我热爱我的工作，因为我可以在多文化的环境中，帮助学生们发展个人、社会、文化以及学术上的能

图30 昆士兰布里斯班艺格鲁学生宿舍管理经理丁·皮拉迪

力。"

有一次我有幸采访了一名当时在澳大利亚达尔文大学学习的学生张东辰（图31）。他当时是大学学生宿舍长。

我说："我想请你谈谈你在澳大利亚的大学担任宿舍长的感受。"

他说："我的达尔文生活是从2013年7月份开始的。因为从5岁就开始学英语的缘故，语言方面我并没有经历困难。如果说有什么值得分享的故事，我想一定是我成为宿舍长之后在处理国际学生关系时所经历的文化融合过程，或者说不同文化之间从冲突到和谐的过程。

作为一名宿舍长，我最大的使命就是协助留学生住宅的管理层使我们的社区变得更好，使住户更有幸福感。为了达到这一目标，首先就要对世界各地文化的传统和习俗有一定了解。而在这些问题之中，尊重每一个人的饮食习惯是最需要注意的。宿舍长经常会组织一些提供食物、饮料的活动来给大家进行社交的机会，而这些食物和饮料的选择必须考虑到所有人。例如，有些来自伊斯兰国家背景的学生只能食用清真食物，有些来自印度半岛的学生对猪肉甚至牛肉都有禁忌，当然还有一些素食主义者对饮食也有严格的要求。因此，我们在做活动安排表时就要格外注意照顾到所有人的特殊要求。在这个文化非常多元的地方，时刻考虑到他人的饮食习惯是一种常识（因为饮食习惯常常是信仰的一部分），更严肃地讲，是创造和谐社区环境的必要条件。

不同文化背景的人有着不同的价值观，这一点在对于'规则'的理解上体现得尤其深刻。我在2014年8月曾经组织过一个足球系列

图31　学生住户部长张东辰

赛，期间有两支球队就对于一条规则的理解（这关系到他们最终的排名）产生了一些冲突。在与两队队长沟通交流时我发现，澳大利亚本地人对于规则会非常严格地遵守———一旦规则立下，他们会一直严格地遵守。而另一队的队长是典型的亚洲思维———对于规矩的理解比较'灵活'，第一周立下的规矩，第二周没有再强调一遍则视为无效。幸运的是，最后的结果还算满意，双方在国际校舍的协调下选择严格遵守规则。

达尔文是澳大利亚一个非常特殊的地区。在这里逛街时，你看到的国际面孔远远多于本地人，我个人把这个地方称之为'小联合

国'，一个迷你版的世界。有幸在这里体验不同文化，是一件非常开心的事情，也是一段非常珍贵的体验。"

本节简单介绍了澳大利亚大学的生源，包括应届高中毕业生、社会人员以及留学生。可以看出，澳大利亚的大学入学方式非常有弹性，这为整个社会的人才培养提供了便利的渠道。

（三）从对学生的补贴透视澳大利亚高等教育

和中小学一样，澳大利亚政府也对接受高等教育的当地学生给予一定的补贴。政府对于教育的补贴分为对全职学生的补贴和对兼职学生的补贴。留学生没有政府补贴，但是可以申请奖学金。

学生不论是全职还是兼职，他们在申请进入高等学府学习深造的时候要先通过一种校外的机构申请，确认被大学录取，然后才能进入高等学府学习。

这些机构不仅审核学生的入学资格，也对学生的经济状况进行评估，判断学生是否可以申请政府助学贷款。

澳大利亚政府规定，凡打算进入大学学习的学生都可以申请助学贷款。一般来说，澳大利亚本地学生的学费不是很高。比如，教育专业的学生修一门课的学费为700澳元左右。澳大利亚本地学生攻读博士研究生是免学费的。每所大学的学费都不相同。当政府助学贷款申请下来后，学生们就无需担心学费了。在2013年执政党选举时，澳大利亚工党减少了一部分政府助学贷款，使得申请贷款的学生也要自己交一部分学费，而且每个专业都不相同。详情请咨询各州或领地的入学申请机构。

当然了，澳大利亚政府的助学贷款是要归还的。当学生们毕业后开始工作时，税务局会根据毕业生的年度收入要求他们归还政府的助学贷款。只有当毕业生的工资达到某个标准（如年收入3万澳元），毕业生才需要偿还助学贷款。这是一种非常人性化的服务。

需要注意的是，即使是相同大学相同专业的学生，所获得的助学贷款的数额也并非都是一样的。比如，有些学生可能成绩不合格需要重修，这就造成了贷款数额的增加。

每个人学在每个学期都制定了一个审核日。什么是审核日？每个学期，政府都规定了一个审核日。这个审核日一般在每个学期的第四周。审核日制度给学生提供了尝试学一门课程的机会。如果学生觉得不能准时完成学习，或者学习负担太重，可以在审核日之前申请退出这门课程的学习，这样学校就不会收取这门课程的学费。如果学生错过了这个审核日，然后才决定退出学习，那么这个学生的成绩就会被记录为不及格，并且会被要求支付全部的学费。当然，在学生贷款期间，这个学费还是会被政府补贴支付，但是学生工作后还是需要偿还的。因此，根据学生学习的时间、学习的努力程度和成绩的结果，大部分学生虽然完成了同样的课程，但是贷款的数额还是很不一样的。

除了一般的补贴，澳大利亚国家和州、领地政府也对全职和兼职的学生提供特殊的补贴和帮助。

（1）对全职学生的补贴

全职的学生每学期需要修3~4门学科，每周学习总时间为30~40小时。因为全职的学生一般不能全职工作，收入很少甚至完全没有，所以澳大利亚政府对这类学生有比较多的补贴。

虽然不能代替学生的学习贷款，各个州和领地还是尽量给学生在生活方面给予一定的补贴。比如，全职的学生搭乘公交车的费用可以免去三分之一到一半。再比如，全职学生参加各种社会团体或者加入社会协会的费用都可以减少甚至全免。

（2）对于兼职学生的补贴

政府对于兼职学生的补贴就没有全职学生那么多了，但是澳大利亚大学尽量给予学生最大的帮助，也为学生的生活提供了最大限度的便利。

（3）奖学金和助学金

本章的这部分将详细讲述澳大利亚的奖学金和助学金的评审标准以及发放方式。

澳大利亚的每所大学都设置各种奖学金和助学金。这些奖学金和助学金除了发放给本地学生,也发放给留学生。

在澳大利亚,对奖学金和助学金的竞争非常激烈。我们首先来看看奖学金。

奖学金,顾名思义是为了奖励学生,帮助学生进行进一步的学习。每个大学的奖学金都种类繁多,主要分为政府发放的奖学金、各种社会机构提供的奖学金以及大学内部设置的奖学金。

政府发放的奖学金主要包括学生的学费,甚至包括一定的生活费。一般来说,政府给予的奖学金主要集中在医药、工程、化工、澳大利亚原住民文化教育等专业。政府也为其他的教学领域提供奖学金,但主要提供给研究生以上的学生,特别是攻读博士学位的学生。政府给研究生的奖学金称为澳大利亚研究生奖学金(Australian Postgraduate Awards,简称APA)。每所澳大利亚大学都会有一定的APA奖学金的名额。这个名额主要根据大学的研究成果、大学的规模和学生的人数来决定。申请奖学金的学生首先要根据奖学金的申请要求准备各种材料,然后递交给大学的相关部门。大学的奖学金审核机构会根据打分标准对每个奖学金申请人进行打分。分数高的排在前面,分数低的排在后面。分数越高的学生获得奖学金的机会就越大。

首先,由于澳大利亚本地学生读博士是免学费的,因此,这部分的奖学金主要用于支付学生的生活费。请注意,所有的奖学金都是免税的。一般来说,APA奖学金的有效期为3年。但是一般在第3年年底的时候,学生可以申请奖学金延期6个月。奖学金的数额根据每年的全民消费情况而定,一般每年都有所提高。比如,2013年APA奖学金差不多为3万澳元一年(免税)。这个奖学金的额度可以满足学生日常生活的支出。

APA奖学金的申请和打分规则是完全公开公平的。APA奖学金的申请和颁发机构主要为大学的研究办公室(research office)。

再次,APA申请的材料主要包括申请人的成绩、发表的研究性文章,以及推荐人的介绍和推荐信。申请人的成绩主要为申请人的本科成绩和硕士成绩。澳大利亚大学里本科和硕士研究生的成绩根据大学荣誉学位来定级别。那么，什么是大学荣誉学位（honours degree）？在介绍荣誉学位之前，我先来详细介绍澳大利亚本科和研究生制度。

我在本章的前面曾经介绍过，澳大利亚本科一般为三年制（全职），有些本科是四年或者五年制（全职）。澳大利亚硕士研究生分为课程班硕士和研究类硕士。课程班硕士的学制为一至两年（全职），而研究类硕士为两年制（全职）。澳大利亚博士分为课程和研究相结合的博士以及纯研究的博士。博士的学制为四年制（全职）。

澳大利亚的本科和研究生被分为荣誉等级1级（honours Ⅰ）、荣誉等级2A（honours ⅡA）、荣誉等级2B（honours ⅡB）以及荣誉等级3级（honours Ⅲ）。荣誉等级主要根据学生的成绩来决定。

凡是获得澳大利亚研究类硕士学位（Master by research）的学生都可以列入荣誉等级1级或者荣誉等级2A。凡是获得3年制本科学位（Bachelor degree 3 years）的学生都可以列入荣誉等级3级。在研究类硕士和3年制本科之间，还有四年制（Bachelor degree 4 years）或者三年制本科加一年制调查研究的本科（Bachelor degree with honours），以及课程班硕士（Master by coursework）。这两种学位的毕业生都可以被列为荣誉等级2B。

从这里我们可以看出，在澳大利亚高等教育制度里，四年制的本科或者三年制本科加一年制调查研究的本科在荣誉等级上是相同的。

要申请APA奖学金，申请人必须达到荣誉等级1级或者荣誉等级2A。也就是说，成绩只达到荣誉等级2B的申请人是无法获得奖学金的。但有一类学生的成绩可以从荣誉等级2B升至荣誉等级2A：如果学生发表过3篇以上的学术文章，即可以升入荣誉等级2A。

当所有的荣誉等级1级的学生获得奖学金后，剩下来的奖学金名额就可以颁发给荣誉等级2A的学生，然后颁发给由于学术文章的发表从荣誉等级2B升入荣誉等级2A的学生。大部分的申请人都在荣誉等级2A或者2B，所以这些申请人的竞争非常激烈。奖学金的评定还要看推荐人的推荐信和打分情况。所以，一般奖学金申请成功的学生都有荣誉等级2A以上的学习成绩、3篇以上学术文章的发表以及推荐人强有力的推荐信。

除了APA奖学金之外，每所大学还有大学奖学金（University Postgraduate Research Scholarship，简称UPRS）。大学奖学金的数额和澳大利亚政府颁发的APA的奖学金的数额差不多。

除了这些大数目的奖学金之外，学校还提供一些其他方面的奖学金。比如，一些大学给研究生提供附加奖学金（top-up scholarship），每年大约5000澳元（免税），来提高学生的生活质量。

APA和UPRS奖学金主要颁发给澳大利亚本地学生。澳大利亚政府也给一些成绩优异的留学生提供留学生奖学金（International Postgraduate Research Scholarship，简称IPRS）。IPRS奖学金的竞争更加激烈，很多上千人的大学只有5~8个名额，而且主要颁发给工科、理科、医药科和澳大利亚原住民研究；相对来说，文科、商科、法律学科和艺术类的学科获得IPRS的机会比较小。IPRS的颁发也根据申请人的状况打分来决定。

由于澳大利亚大学是产业机构，所以澳大利亚对留学生（包括本科生、硕士生以及博士生）是收取学费的，因此IPRS里既包括学生的生活费也包括学生的学费。也就是说，每一个IPRS奖学金的获得者除了免除学费之外，也提供和APA奖学金相同数目的生活费。

除了这三大类奖学金之外，澳大利亚大学也提供各种补贴帮助学生学习。比如，当学生去异地收集研究数据的时候，大学会为学生提供机票和住宿的经费。除了大学和政府的奖学金之外，还有很多社会机构和慈善机构也为学生提供各种奖学金和学习交流的机会。鼓励女子接受教育的机构会提供女子奖学金，澳大利亚原住民文化研究机构提供原住民研究奖学金，大学提供到其他国家（比如加拿大、美国、挪威等国家）交流访问的奖学金等。

我的一个学生贞德·夏普（Jade Sharp，见图32）曾在2014年获得奖学金到加拿大交流访问。

在她给我的信中，她这样描述在加拿大学习生活的日子：

"从文化的角度来看，我发现加拿大是个非常有趣的国家。我们虽

图32 贞德·夏普

然有些相似，但也迥然不同。加拿大对澳大利亚人非常友好。大学的学习感觉上更像是我们高中的学习。我觉得，在这里大学生和中小学的学生没有什么不同，而在澳大利亚，大学的学习完全是学生自己的责任。再次回到好像高中一样的学习环境对我来说有些困难，因为今年是我进入大学系统学习的第五个年头了。

我进修的课程要求我每个星期去当地的小学工作一天。我必须承认我的学生不断地纠正我的发音，我甚至自己发明了一个新的口音，这样学生可以更好地理解我。我发现这个对叫他们的名字特别有效。

作为一个交换访问学生，我发现学习和社交生活有时难以两全。因为作为一名从未来过美国和加拿大的学生，我是那么地渴望经历和学习新的事物。我很难拒绝活动或者旅游的邀请。我在这里愉快生活的同时，也必须努力坚持完成我的学业。"

（四）从教学方式看澳大利亚高等教育

澳大利亚每所大学的上课时间都根据不同的专业分为两到四个学期。一般来说，学生每个学期学习3~4门（全职）或者1~3门（兼职）

课程。学生通常会在第一学期和第二学期进行学习,第三学期(有些大学称暑期学期)根据自己的进度选择是否安排学习。第一和第二学期分别包含10~13个星期,而第三学期或暑期学期较短。第一学期的开学时间为每年的2月底或者3月初,然后在6月份结束。第二学期的开学时间为每年的7月,然后在11月份结束。第三学期或暑期学期在11月开学,在第二年第一学期开学时结束。这个学期包含了圣诞节和元旦新年的年假。

每个学科的授课方式各不相同,但因社会的需求(我们前面讲到大学的学生中有很多是社会成员),很多学科都开设了远程教育课程。也就是说,澳大利亚的大学生们可以进入大学课堂学习,也有很多学生可以在校外,比如在家、工作的地方甚至海外进行学习。远程教育早在20世纪50~60年代就已经开始在教育(特别是高等教育和职业培训)中使用。那个时候最常见的远程教育媒体为电视或者广播,广播电视大学即为那时的产物。当时广播电视教学的范围比较小,大部分的教学也局限于短期课程的培训,不过,这些课程能获得社会的广泛承认。

图33　大学讲师黛比·普雷斯科特

大学讲师黛比·普雷斯科特（Debbie Prescott，见图33）说："我每天早上7点开始工作。7点在大学里是安静，因为大部分人还没有来上班。这时我会打开学校的网站，检查学生们课后在网上和在讨论区的学习和发言情况。学生们忙着完成作业，所以在讨论区的问题大多与他们自己的语文（英语）课教学有关。我会给我所授课程的网络教师准备一份PPT，以便在下周我可以帮助学生们更好地进行备课以及完成他们自己的作业。有趣的是，我正在写一篇有关环境教育的文章，而网上教学对环境的影响很大。我感到很幸运，因为我的工作非常充实，而且和生活息息相关。"

随着社会的发展，越来越多的社会人员需要通过进修来提高自己的技能。在接受这些技能培训的同时，这些社会人员还要继续在工作岗位上为社会服务，因此，很多技能的培训不能在完全脱产的情况下完成。远程教育因为可以满足这种社会需求而得到了进一步的发展。

随着科学技术的发展，远程教育使得很多不可能变为可能。20世纪90年代后期，随着计算机和网络的发展，远程网络教育悄然兴起。学生们可以通过计算机和互联网的技术在远程教育培训网站中学习。尤其在无线网络和可移动性技术发展起来后，远程教育的学生们可以使用手机、平板电脑（iPad）以及手提电脑随时随地学习、查阅参考资料等。远程教育已经从一个狭小的渠道转变为社会生活中的一个重要方面。

在澳大利亚，几乎每所大学都为各类社会人员提供了远程教育的机会。这些学生无需进入大学的课堂，他们可以在家里，在工作岗位上，在汽车上、火车上进行学习。因此很多大学虽然在校园里看不到大量的学生，但是很多学生在校外努力地深造，发展自己的技能。通过远程教育完成学业的学生和在学校里全职学习的学生获得的毕业证书没有任何区别，他们的毕业证书和技能也被广大社会接受。

澳大利亚每所大学的每个学科都根据英联邦（Commonwealth of Nations）的要求，并结合自己大学的教学大纲和教学方法来进行教学。比如笔者所在的查尔斯·达尔文大学，因为位于北领地，而且是澳大利亚原住民文化教育和研究领域中领先的大学,就要求每个学科都必须含有介绍澳大利亚原住民文化的教学和研究内容。

澳大利亚大学的教学方式多种多样,远程教育即是其中一种。除了远程教育,还有几种非常普遍的教学方式。我们下面来看看其中最传统的方式。

传统的教学方式要求大学生进入学校,去课堂听讲、参与讨论,参与学生会的社团活动,以及参加考试。传统的教学方式在很多澳大利亚大学里仍然非常盛行。在大学里读书是人一生中一个很重要、很美好的阶段。漫步在大树成荫的学校道路上,埋头于图书馆的书籍之中,或者和老师同学们在课堂里认真地学习和讨论,这些都会成为每个大学生的美好回忆。

传统的教学方式分为几种:讲授课(lecture)、计算机工作间辅导(workshop)、个别指导(tutorial)、讨论会(seminar)等等。

讲授课一般为一至三个小时,主要由大学的一名或者多名讲师进行。讲授课一般安排在较大的讲座教室中,很多时候参加讲授课的学生可以多达几百人。讲师们一般会在讲授课之前根据讲授课的内容制作好PPT,然后讲授有关的内容。传统的讲授课是单向的:讲师在讲台前讲课,学生在下面听课并记笔记。讲授课主要用于教授理论方面的内容。由于学生的人数比较多,讲师常常会使用麦克风等教学用具。有时候,一些讲授课也会采取互动的方式。比如,讲师可能会现场提问,或者要求学生做现场调查等。

除了讲授课之外,计算机工作间辅导也是传统教学中一个重要的方式。我们在这里说的传统教学主要指面对面的教学,而不是指几十年前计算机没有普及时期的教学。在计算机工作间辅导时,学生们会分成小组,由辅导老师进行小组辅导或者个别辅导。大学里一般设有很多计算机房供学生上网和计算机工作间辅导教学。一般计算机辅导在一些较小的可容纳15~25名学生的计算机房中进行。一节计算机房辅导的课程时间一般为2~3个小时,并且通常安排在讲授课之后。在计算机房辅导时,讲师们会把在讲授课中讲授的理论知识和实际问题结合起来,让学生参与讨论，并且找出答案。比如教育学专业的辅导通常让学生们分组，给出一个实际的教学环境，然后让学生们在小组内先进行讨论，最后在大课上进行分享。

个别辅导主要适用于研究生和他们导师的会面。大学的研究生导师都需要通过大学研究部门审核，完成注册，然后成为研究生导师。这些研究生导师一般都从事过研究。博士生导师的注册要求更高，比如需要已经完成博士学习。大学要求每名研究生必须有两名以上的导师，其中一名为主要导师（principle supervisor），其他的为辅助导师（associate supervisor或co-supervisor）。一般而言，刚成为博士生导师的讲师只能注册为辅助导师，等到他们辅助指导的博士生完成学习之后，才能成为博士生主要导师。因为研究生的学习比较独立，而且每个学生的研究情况都不一样，因此个别辅导在研究生和导师会面时经常使用。通常是学生们和老师约定一个时间进行一对一的辅导。这些一对一的辅导可以采用提问、问卷或者非常简单的形式。在澳大利亚，去学校的咖啡屋学习和讨论是非常常见的方式。学生和导师可以在那里畅所欲言。

图34　讨论学习

最后一种常见的传统教学方式为讨论会（如图34）。一般来说，每个讨论会围绕一个话题，或邀请一些专家参与讨论，或只在学生之间进行讨论。这种讨论会在大学的教学中非常流行。话题一般都具有争议性，学生们可以各抒己见。

随着社会的发展，澳大利亚的大部分大学都采取传统和网络教学结合的方式，既使用面对面的传统教学方式，也使用网络来进行教学。值得一提的是，一些传统的教学方式也开始结合网络来进行。比如，讲授课从传统面对面的形式发展到网络授课的形式。讲师和学生们可以进入虚拟教室，讲师使用麦克风和网络摄像头进行讲课，学生们同样使用麦克风和网络摄像头看到和听到讲师所讲授的内容，好像真正的课堂一样。学生们可以通过虚拟教室进行提问、讨论等等，而讲师也可以通过虚拟教室进行课堂管理和教授课程。

大学的教学方式中非常重要的内容包括作业、演讲、辩论和考试。在大学里学习，成绩是如何计算的呢？大学可以使用作业和考试等形式来评估学生的学习成绩。

考试在大学的学习中非常常见。在很多学科，尤其是理论性的学科中，考试的形式非常常见。考试一般被安排在学期结束后两周内进行。考试在一个大考场内进行，一般为两到三个小时。考试基本都是闭卷的。考试的形式有几种。一种为回答问题，即考官准备一些考试题目，让学生根据自己所掌握的内容进行回答。学生回答的正确率越高，考试的分数也越高。另一种常见的考试为默写理论。这种考试一般没有任何考试题目，学生被要求尽可能地写出他们能记住的有关学科的内容。学生所写出的内容越多，那么他们的考试分数也越高。

有些学生可能由于各种原因（比如生病）不能参加考试，学校会为其提供一次补考的机会。所以，讲师们在准备试卷的时候一般需要准备两份：正常的考试试卷和补考试卷。

虽然很多讲师都采用考试的形式来评估学生的学习情况，但也有讲师喜欢采用作业的形式来评估学生的学习结果。作业的形式更加花样繁多，常见的有论文、报告、网上讨论、小组作业、课堂演讲或辩论等等。在目前的作业形式中，论文最为常见。讲师会要求学生根据自己所掌握的知识选择一个话题进行发散性的思考，然后写出一篇论文。但随着一些网络上买卖论文的现象的出现，很多讲师都选择避免用论文来评估学生的成绩。于是，报告，尤其是针对一些话题并结合自己的情况写出的研究报告成为受讲师们欢迎的一种作业形式。在澳大利亚，很多讲师都主张并且鼓励学生之间通过分组来进行学习，相互学习、相互评价，然后每个小组写出小组作业。小组学习的好处在于，学生们可以通过互相讨论，取长补短。当然了，也有很多学生发现小组学习有不少弊端，比如需要花费更多的时间，或者小组内的学生努力程度不一却获得相同的成绩（一般来说小组的成绩为统一打分，即这个小组内的每个学生的成绩都相同）。小组学习对远程教育也是一个挑战。因为在远程教育中，很多学生不住在相同的城市，于是彼此的通讯时间和费用都会高些。

　　课堂演讲（presentation）也是很常见的方式。澳大利亚的学生从小学、中学时代就开始培养独立的个性。演讲即为个性的表达。课堂演讲的方式可以是个人演讲，也可以是小组演讲。

　　很多亚洲留学生，比如中国留学生，在刚开始的时候都对演讲有些手足无措。首先，演讲要求学生们准备大量的材料，然后站在讲台前进行长达30分钟到2小时的演讲。很多本地的学生都驾轻就熟，但留学生由于语言障碍以及对这种形式不熟悉，都会很紧张。不过据很多留学生反映，演讲的次数多了，累积的经验多了，他们也会表现自如。

　　很多留学生也会发现完成小组作业是个较大的挑战。小组作业不仅要求他们了解讲师对作业的要求，也要求他们能和其他的学生进行正确的交流。由于语言的障碍、知识背景的匮乏，留学生在小组讨论时都会很害羞，不太喜欢大胆地表达自己的知识和观点。在这里值得一提的是，很多本地学生发现和留学生一起做小组作业要比只和当地学生一起做小组作业花费更多的时间，所以很多本地学生都不太愿意和留学生合作。这时就要求讲师们能够处理好学生的关系，并且帮助学生互相合作，促使他们共同进步。比如说，讲师们要求小组作业里要有多元文化的内容，或者要求学生们的小组作业要有明确的分工，等等。

澳大利亚的每所大学都要求学生能正确地为参考资料添加备注。什么是参考资料备注呢？参考资料备注是指，学生们在写作业的时候要去查阅各种信息资料，凡不是自己的原始的想法或观点的内容，都要按照要求进行参考资料备注。参考资料包括纸质书籍、电子书籍、期刊、报纸以及网络信息等等。没有使用参考文献备注的内容会被视为抄袭（plagiarism）。澳大利亚大学对学生抄袭的惩罚都很严重，甚至可以直接开除学籍。因此，每个学生也都对参考资料的备注有很强的意识，并且使用正确的参考资料格式。

很多留学生都没有接触过参考资料备注，所以刚开始写作的时候都没有使用。因此，大部分留学生首先都会被讲师安排给大学里专门从事写作辅导的讲师，来学习如何查阅参考资料，以及如何做备注。

备注参考资料有很多不同的形式，每所大学的要求也有不同。因此，大学要求学生根据讲师的要求进行准备。

下面我们来看看大学图书馆在教学中的作用。

图书馆在大学里的作用至关重要。图书馆既可以为学生提供一个学习和查阅资料的公共场所，也可以为教学人员提供一个查阅资料以及找到自己研究领域里重要资料的平台。

大学里的图书馆一般为多层建筑结构，也是大学里最大的建筑物之一。图书馆一般藏有很多书籍和期刊。这些藏书与大学的历史相关，包括几十年前甚至上百年前直至今天的书籍。一些规模较大的大学图书馆的藏书更加种类繁多。学生们和教学人员都可以进入学校图书馆借阅书籍或者期刊。

学生和教学人员除了可以借阅本图书馆的藏书，还可以通过本校图书馆向校外图书馆借书。只要找到书籍所在的图书馆，学生或者讲师就可以填写表格申请让本校图书馆去校外图书馆借书。因此，校图书馆也实现了非常方便的馆际互借功能，给书籍或者期刊的阅读者提供了极大的便利。

校图书馆也给学生们提供学习的空间。这些空间包括可以联网的计算机室、单独的学习室以及可以进行讨论的会议室。学生们可以充分地使用这些场所来学习。一般来说，在学期中，图书馆的计算机是非常热门的。学校采取先来先用的原则，对上机的时间没有限制。图书馆的开馆和闭馆时间也根据学生的上课时间进行调整。学生们一般要提前预定单独的学习室，然后才可以进入房间学习。

图书馆除了为学生和教学人员提供这些硬件设施外，还提供网络查询功能。每个大学的图书馆都和一些期刊签订一定的协议，使本校的学生可以免费阅读期刊里的文章。图书馆的网络查询也给学生和教学人员提供了方便，帮助他们进行准确而迅速的查询。

图书馆也给学生提供一些其他的服务，比如，帮助学生检查参考文献的备注格式是否准确，提供针对一些常用计算机软件的短期培训等。

所以总体上来说，大学生的学习生活非常繁忙：他们要去课堂听讲、去小组讨论、进行课堂演讲、去图书馆查阅资料、借阅书籍、课后学习、完成各种家庭作业和通过考试，根据总分取得自己的成绩。

澳大利亚大学的成绩计算都不太相同，有些大学采取等级制。最常见的等级一般包括不及格（fail）、及格（pass）、良好（credit）、优秀（distinction）和特别优秀（high distinction）。如果按照百分制来核算，凡是低于50分的都为不及格，50～64分为及格，65～74分为良好，75～84分为优秀，85～100分为特别优秀。一般来说，优秀和特别优秀在所有学生的成绩中占25%以下，大部分的学生都在及格和良好的分数范围内。

还有一些大学使用分数制，7分为满分，4分及以上分别为及格、良好、优秀和非常优秀。

如果学生的成绩为不及格，那么该生就被要求重修这门课。不及格分为三种：没有交作业导致的不及格、退学不及格和成绩不及格。它们的区别在于：没有交作业导致的不及格主要指这类学生没有在规定的时间内递交该完成的作业；退学不及格主要是因为学生没有及时在规定的时间内退课；成绩不及格为学生努力后没有达到及格的标准。一般来说，一门课程会有两到三篇的大作业，有些课程会把一篇大作业分成几个小作业要求学生们在规定时间内完成。如果没有完成，而且又没有申请延期（我们下一段介绍延期申请），课程讲师就可以给学生不及格。退学不及格在不及格的学生们中也非常常见。原因在于，很多学生都是社会人员，这些社会人员在生活中可能会遭遇各种状况而不得不退出一门或多门的课程学习，但却没能在审核日（census date）之前进行退课操作，这个时候退学不及格就产生了。最后一个成绩不及格即学生的作业或者考试成绩没有达到及格的要求。

看到这里，很多读者一定很好奇什么是作业延期申请，我们下面开看看这个政策。

澳大利亚的每所大学都为如何检测（assessment）学生的学习制定了相关的政策，其中就有一项专门为学生和讲师制定的有关作业延期申请的政策。

我们上面讲了每个学科的作业都要求学生在一定期限内完成，以便讲师进行批改，然后完成学生成绩的统计。这样，学生的成绩就可以进入大学系统。但是由于一些不可抗的原因，有的学生不能按时完成作业，这个时候就需要使用作业延期。有时，学校可以主动将作业延期。比如，这几年昆士兰州在12月到2月出现洪水灾害，这时大学就会发布作业延期的许可信息给所有在洪水灾区的学生。除了大学主动发布延期许可的情况外，学生们也会碰到各种各样的问题影响作业的完成进度。具体原因很多，有生病、家庭结构变化等，那么学生要提前告知讲师，然后讲师根据学校的政策看是否同意学生的延期申请。

下　篇

一、我在澳大利亚读课程班学位

大学本科毕业以后，我开始在国内的学校里任教。由于我的本科专业为英语教育，我在学习语言教学的同时，也接触了大量的欧美文化。现在看来，这些对我后来顺利地在澳大利亚学习打下了一个良好的基础。在国内从事了两年半的教学后，我于新世纪初，告别了亲人，只身来到澳大利亚南澳大利亚州的阿德莱德开始了硕士课程班的学习。这不仅是我在澳大利亚生活的第一年，也是我在澳大利亚从事教育事业的开始。

国内的硕士课程通常都是三年制的。因此，当我得知我在南澳大利亚大学学习的教育学硕士学制只有一年时，我感到很惊讶。一年时间能够学习到什么？为什么澳大利亚的硕士教育时间这么短？如何学习？在兴奋的同时，我也感到紧张。我能融入其他学生中去吗？我的英语水平会不会达不到老师的要求？考试能过关吗？我带着这一大堆的问题，到学校里报了道。

当时从中国到澳大利亚，尤其是到澳大利亚的中小城市（比如阿德莱德）的留学生并不多，因此，我也受到了学校的热情接待。首先，教育学院的院长接待了我，问清楚了我的学习背景和学习计划后特别安排了一个小的办公室给我，以便我进出图书馆查阅资料。其次，我的课程班的导师阿伦（Alan）也和我进行了一对一的谈话。这是我第一次和导师单独谈话，讨论学习的内容。以前在国内读本科时，教学主要通过学生集体上大课来完成。上集体课的方式很适合对群体学生授课，但也容易造成导师忽略每个学生独立学习的能力和需求。这次的一对一谈话给我的印象很深刻，因为导师不仅通过举一反三的方式粗讲了一下课程的内容和学习的方法，也给我提出了很多独立学习的要求。

教育硕士课程班为一年制的课程。这一年又分为两个学期：2月底到7月初为第一学期，7月底到11月下旬为第二学期。根据当时移民局的要求，所有的留学生都必须全职学习，即每个学期所修的学分不得少于40学分。当时我的教育硕士课程班有的科目为10学分，有的科目为20学分。在和课程班导师会面的时候，他就根据我在国内本科的情况以及我对教育科技的兴趣，在第一学期里给我安排了和教育心理学以及科技教育学相关的几门课。

见完导师后，我往学校的中心建筑走去，因为那里不仅是学生聚集的场所，也是购买图书以及借阅图书的地方。向学校负责发放资料的老师报了学习的科目后，老师给了我学习的书籍资料。于是，我在澳大利亚攻读学位的旅程正式开始。

困难与挑战

攻读学位的过程并不是一帆风顺的。相反，困难重重。现在我回头来看，可以把经历的困难与挑战分为几部分。

第一，海量阅读。

当所有的读书资料摆在我的面前时，我惊呆了。每门课程大约有4本以上的阅读资料，而且每本都有200页之多。我看着面前厚厚的一摞英语资料，不由担心："我能完成学业吗？这么多的资料怎么看得完？"

我来到导师的办公室，一脸愁容，我对阿伦说了自己的紧张和担心。阿伦听了后，对我说："不要紧张，没有人可以在一天之内完成这些阅读。这些阅读资料是你一个学期的学习内容。每天读一些，一个学期读完它们。"

我当时的担心不能说完全没有道理。我在国内学习时养成的读书习惯为细读，即英文的阅读材料都按照段落认真阅读，而且每个字、每个词都尽量理解、尽量吃透。这种习惯可能很多正在学习英语的读者都会深有感触。不认识的生词一定要查字典吃透了才继续往下读。

  这个方法可能在学习英语的时候很有帮助，但是在我使用这个方法一周之后，我发现它完全不适用于海量阅读的要求。为什么呢？原因在于硕士的学习要求比本科要高很多，而且导师在安排这些阅读材料的时候是完全没有把留学生考虑在内的。因此，这些阅读材料除了对英语水平提出了很高要求之外，还对学生的阅读理解能力提出了更高的要求。把时间都放在阅读材料的英语单词理解上，这对我把握整篇文章的写作目的与理解材料的要求很不利。

  于是，我对自己的阅读习惯进行了必要的调整。阅读的目的是什么？是要理解其内容。导师们在准备这些阅读材料时已经对其进行了整理，并且根据学生学习的要求在阅读材料后提出了思考的问题。于是，我在阅读之前，先认真看懂这些需要思考的问题，然后带着问题进行阅读。因为阅读的目的非常明确，我发现阅读起来也顺利很多，不再纠结于个别生词，而把注意力集中在寻找问题的答案上。

  这种方法似乎与准备雅思英语考试的感觉有点像，但是又不完全一样。雅思考试目的仍旧是考察对英语语言的理解能力，因此，问题的答案基本上都可以在阅读材料里找到。而澳大利亚的研究生教学追求训练学生理解材料的能力，给学生提出一些问题，让学生们自己去寻找答案，养成自主学习的习惯。

  举个例子来说。有一次导师要求我们阅读哈默（Harmer）所写的一本书中第五章有关对学者的描述的部分，大约25页。在阅读这篇文章之前，导师先补充了几段和这篇阅读材料相关的介绍（即下面的文字）。先阅读介绍，再去阅读材料，我发现除了阅读起来更能读懂文章的意思，阅读的速度也提高了，并且更能准确抓住导师让学生读这段材料的重点。

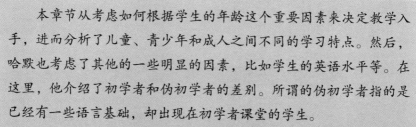

> 本章节从考虑如何根据学生的年龄这个重要因素来决定教学入手，进而分析了儿童、青少年和成人之间不同的学习特点。然后，哈默也考虑了其他的一些明显的因素，比如学生的英语水平等。在这里，他介绍了初学者和伪初学者的差别。所谓的伪初学者指的是已经有一些语言基础，却出现在初学者课堂的学生。
>
> 老师们一般都希望自己所教授的学生有相似的文化背景或者年龄相仿。但是很多情况下，老师们都会碰到教授混合年级的情况，这会给教学带来一定的困难。有的时候，学生们都来自相同的文化背景，而在英语国家，很多班级的学生都来自不同的文化背景。
>
> 这些仅仅代表学生的不同背景的一部分，哈默讨论了认知学生的多样性的重要性，从而进一步要求老师必须要使用不同的教学方法，因材施教。

一个月的时间过去后，我不仅完成了阅读的要求，还额外阅读了一些自己更感兴趣的材料，这些材料加深了我对某些感兴趣的课题的理解。这些阅读的材料也为我以后进一步设计研究课题打下了良好的基础。

第二，高要求的写作。

国内大学主要通过考试的形式对学生的学习成果进行考察。在澳大利亚，考试也是一种非常常见的检测学生学习成果的形式。在考试季，学生会统一去学校或者学校安排的其他考试场所进行考试。有趣的是，澳大利亚教育学科的考试内容和其他的很多学科不同。比如，学习科学的学生在考试中要回答很多有关实验的问题，学习法学的学生在考试中要回答有关法律条文的问题，而教育学的一般考试没有考试题目，考生只要在考试时间内（一般为三个小时）尽量写出所记住的有关教育学的内容即可。

考试在教育学本科学习中很常见，但在研究生学习中就很少见了。那么，导师如何来考察学生的学习成果呢？很简单：通过作业的形式。

别小看作业，作业也分成很多类别，比如论文、自传、做网站、小组作业、写教案，甚至包括写书评。

下面我举一篇作业的例子。

> 作业：评价一本教授英文作为第二语言的教科书
>
> 作业字数：2000～2500字
>
> 要求：对一本教授英文作为第二语言的教科书写一篇书评。在写这篇书评时，请首先搞清楚书本所针对的学生有何特点（什么样的学生，什么样的水平等），然后根据这本书的特色阐述老师该如何很好地利用这本书进行授课（可以使用附图来增加文字的可信性）。最后请讲述，在教学中，是否可以使用其他的特殊方法。请特别考虑在教学中老师和学生的角色。在评论的同时，你必须指明什么样的课堂更适合使用这本教材，从而把教材的优势发挥到最大。

我感觉写这篇作业要比考试困难。原因有以下几个：（1）这个作业首先要求学生对英语教学的理论有较深的理解；（2）学生要自己选择教科书进行评论；（3）学生要结合自己的教学经验来考虑这本教科书的实用性；（4）这个作业对学生的英语写作水平要求很高；（5）学生要有批判的眼光。

在这几条原因中，我个人认为最后一条最难。批判的眼光要求学生基于大量的阅读，形成自己的观点和想法；并且带着这些观点和想法去看待别的材料。每个学生都可能形成自己的观点想法，所以这份作业是没有对错之分的。作业的质量主要看学生如何用自己的观点去批判。

澳大利亚的硕士学位特别注重学生在自己的学习领域中形成独立的观点和想法，并且学会用批判的眼光去学习。导师不再是权威的象征，他们只是帮助学生学习的一个工具。

本章前面讲过，全职学习的学生一个学期需要修四门课，每门课虽然没有考试，但一般需要完成三篇作业。每篇作业大约两三千字。也就是说，每门课基本上要完成约一万字的作业。这样一个学期算下来近四万字，一年的学习就需要写八万字左右。

第三，查阅资料和使用参考文献。

可能读者要问了，如何才能写好作业，写出带有批判性的高质量的文章呢？个人以为，做到这个其实也不难，关键在于掌握查阅资料和使用参考文献的能力。

国内的不少高校也要求研究生阅读大量的资料，以完成论文的写作。那么如何查阅资料、如何使用好这些参考文献呢？

很多学生查资料几乎只使用电脑网络。使用网络的好处在于可以查到最新的调查研究成果，但是也有一个重要的缺陷：很多网络材料缺乏深度，尤其在涉及理论方面。所以在查找资料时，需要网络资料和传统纸质资料相结合。

在查找资料时也要注意理论资料和实践资料兼顾。

理论资料的查阅一般可以利用图书馆的书籍资料来完成。很多学生查惯了网络资料往往会忽视对学术专著的查询。这类学生的作业质量一般来说比较粗糙，缺乏底蕴。学术专著虽然没有网络资料那么新鲜，但是里面的内容一般都经得起推敲。教育理论的形成特别不容易，要通过几年甚至几十年的调查论证才能得出，因此很多教育理论都在很多年前形成，并且记录在学术专著中。

实践的知识一般可以通过查询网络资料来获取。庞大的网络数据库为我们的学习提供了很多的便利，但是很多学生只知道查询一些简单的词组，而忽视了查询和作业更相关的材料，于是作业的内容宽泛而不深入，缺乏批判性。

因此，查阅资料和充分利用这些资料的依据还是学生写作和学习的需要。准确地查找所需要的资料，阅读后充分转化为自己的知识。

第四，课堂上的挑战。

学习过程中，除了阅读和写作之外，课堂上也充满了有趣的挑战。这些挑战包括导师的随机提问、学生之间的课题讨论以及做演讲报告。

和国内的课堂教学不同，澳大利亚的课堂教学分成多种形式。我认为，最有趣、最符合我个人学习方式的课堂教学为小班学习。

澳大利亚每所大学里除了几个能容纳一百甚至几百人的大型教室之

外，也有很多小教室供学生进行小班学习。这些小教室有些是电脑房，有些则没有电脑（如图35），或者只有一台电脑。如何使用小教室，由导师根据需要安排。

我在读学位时，经常去的小教室是一个电脑房（如图36）。这个电脑房里有21台电脑。其中一台电脑供导师使用，其他的为学生使用。因为我读的是硕士学位，而当时很多同学都已经工作，因此我们的小课一般都安排在下午5点开始，7点结束。

图35　没有电脑的小教室

我非常喜欢上小课，主要因为可以和其他的同学交流。我记得第一次上小课时，整个教室大约有20名同学，除了我之外还有一名来自德国的留学生克里斯汀（Kirsten）。巧的是，我们进教室时正好坐在彼此旁边。第一堂课一般以每个人的自我介绍开始。虽然我不是第一个发言的学生，但是从来没有用英语和本地人进行学习交流的我还是感觉到很紧张。自我介绍一般包括介绍自己的姓名和爱好，以及对这门课的要求。我一边听其他学生的介绍，一边酝酿该怎么介绍自己。有些学生对自己的介绍比较详细，甚至介绍自己的学习习惯与时间安排。我一开始不明白为何要作这种详细的介绍，后来进行小组学习和讨论时，我才明白这个介绍是为了方便

图36 电脑房

以后组成小组。

自我介绍完毕,导师们会开始使用PPT进行授课。授课的过程中会常常进行即兴提问。

导师:"我今天想和大家探讨什么是谷歌(Google),以及该如何看待从谷歌里查找到的信息。先问大家,谷歌这个单词是怎么来的?代表了什么意思?"

导师问了问题以后,有些同学就直接开始回答了。

同学A:"谷歌是最大最常用的搜索引擎。"

同学B:"使用谷歌可以查找很多资料。"

导师:"对。回到刚才的问题,谷歌这个单词是怎么来的?起源是什么?"

同学之间互相看了看,没有答案。导师提示我们,可以互相讨论后使用网络查找答案。很快,我们就发现谷歌(Google)这个单词原来是"在数字1后面跟有100万个0"。

导师:"对,谷歌命名时就暗喻使用该搜索引擎可以查找到大量的信息。"

这样的即兴提问在课堂上非常常见。导师不会直接指出答案，相反会给我们提出问题，让我们自己通过讨论和查询网络自己找出答案。这是培养学生自主学习能力的常见方法之一。

课堂活动中除了导师即兴提问具有挑战性之外，学生之间的小组活动也非常有挑战性。这些小组活动不仅要学生以最快的速度组成小组，选出小组组长，打破尴尬局面，还要学生共同参与作业，最后完成报告。

曾经有一个小组作业给我的印象非常深刻。导师发给我们每人一份报告，上面写着：

> 你的小组要去市区参加一个重要的会议，但不幸的是，你们的飞机在途中坠毁了。飞行员已身亡，现在只剩下你和你的4个同伴。坠毁的地方是一片沙漠，当时白天气温为50摄氏度，晚上为零下30摄氏度。你和你的同伴成功地从飞机的废墟中找到了以下的物品。请根据你自己的生存经验，与你的同伴展开讨论，并根据物品的重要性排出顺序。

导师把学生们分成4个小组，每组5名同学，然后告诉我们在20分钟内讨论并且排出顺序。我的小组把座位围成一个圈大家面对面。一开始气氛有点尴尬。后来同学A打破僵局，并主动担任起组织者的角色，让大家把自己的想法说出来。在整个讨论过程中，我们既要坚持自己的想法，又要考虑别人的想法的可行性。有时，我们甚至需要通过投票的方式来决定物品的顺序。20分钟很快过去了，导师说出了专家答案，然后对我们说："你们做得都很好，在小组讨论活动中，最重要的就是学会倾听，但也要学会坚持己见。"

最后一个很常见的课堂挑战形式为课堂演讲。一般导师会提前布置演讲的题目，然后给学生们一周或者几周的时间查资料，准备PPT，然后进行演讲。演讲的时间短的为5至15分钟，长的可以达到1个小时甚至更长。

我觉得演讲的挑战性来自于既要把内容准备充分，又要学会让演讲的形式生动活泼，和听众互动。有些学生会事先准备好演讲稿，然后到讲台前读一通，非常乏味。而另一些学生则准备简单的PPT，然后现场发挥。作为一名留学生，我觉得这个形式让我既兴奋又紧张。兴奋的是可以有机会站在讲台前对其他的同学展示自己的成果，紧张的是不知道自己在演讲的过程中会不会卡壳，讲不下去，丢面子。

因为我和克里斯汀坐在一起，我们两个很幸运也很不幸地被分在一个小组。我们的导师专门到我们小组进行询问，看看我们小组活动的结果。有了导师的额外帮助，我们把演讲的材料准备起来了。第一次演讲的时候，我紧张得手心里都是汗，一面对自己说，我一定没问题，一面查看自己准备的材料以防遗漏。澳大利亚的中小学里就有很多这样的演讲，所以很多同学对这种形式已经驾轻就熟。他们的演讲生动有趣，并且给观众提出很多问题，具有互动性。经历过几次演讲，我也没有第一次那么紧张了，而且发现自己的脸皮"厚"起来了：不怕说错，努力表达出自己的观点。

课堂教学是我攻读学位时最喜欢的部分，因为我从中不仅学习到了知识，也学会了和小组其他成员一起学习进步的技能。

第五，与导师的一对一会面。

在研究生学习过程中，还有一个重要的环节就是和导师进行一对一的会面。这样的会面我个人觉得非常具有挑战性。会面的时间一般为30分钟到1个小时。

在会面时，导师会直接询问你很多问题。

> 导师："谈谈你对合作学习（cooperative learning）和协作学习（collaborative learning）的相同点和不同点的理解。"
> 我："我觉得这两种方式都强调群组学习。"
> 导师："好。那么不同点呢？"
> 我："cooperative 强调合作，collaborative 强调协作。"
> 导师："举个例子吧。"

当然在见导师前，导师会让学生去阅读相关的材料，然后在会面时会问各种各样的问题。我的回答可能有好有坏，甚至有很多理解上的错误。不过，我的导师不会立刻给我正确的答案，而往往让我自己去找答案。这再次说明了自主学习的能力在澳大利亚硕士学习中的重要性。

学业的完成与事业的起步

一年的时间很快就过去了。我觉得在这一年里，我学习到很多有关教育学的知识，包括各种理论知识和实践知识。当然还有重要的一点：我在这一年的学习很愉快。虽然有这么多的困难，但是克服困难后所学到的知识、锻炼出的能力都成了我所珍藏的宝藏，也为我以后继续从事教育研究打下了良好的基础。

二、我在澳大利亚攻读博士学位

在阅读本章之前,我想请问读者们一个问题:你们看过《越狱》这部美国电视连续剧吗? 在第一季里,麦克得知其兄长林肯的冤情后,秘密策划了一系列详细的计划,最后成功帮助其越狱。

我在这里谈《越狱》并不是因为攻读博士学位和监狱研究有任何关系,我在这里想谈的是读博士和《越狱》中所谈到的生活竟然有点相似。博士研究的一个任务是要填补已经完成的研究的漏洞,这就要求博士生的研究提纲新颖,要有一定的社会研究意义,对社会的某一个领域有着一定的贡献。博士生的导师在博士生的研究生活中的作用非常重要,其正确指导可以帮助博士生更好地完成学业。

读博士的过程是非常孤独的。博士生们要在分配的一个个小工作间里,独自度过四年甚至更长的时间。在这四年的时间里,博士生们几乎没有自己的生活,无数个夜晚,无数个周末,都要沉浸在自己的学习中,思考、写作,在更高层次上思考(high order thinking)。博士生们几乎没有自己的社交生活,他们不上大课和小课,只有每周或者每个月和导师的见面讨论。博士生也没有正常的工资收入,所以生活非常清苦。很多博士生因为忍受不了这种孤独感而中途放弃了学业。所以,虽然澳大利亚大学每年的博士毕业生不少,他们其实都是成功"越狱"者。

既然读博士这么困难,这么孤独,那读博士到底为了什么?

促使我读博士的原因说起来非常有趣。那还是我参加硕士毕业典礼时候，我看到博士毕业生可以戴圆帽并且和学校的所有研究人员一起坐在讲台上。毕业典礼时，博士生最先接受主席颁发的毕业证书。而且，尤其值得一提的是，在颁发证书时，主席并不只是简单读出毕业生的姓名，他还会介绍博士毕业生的论文以及对社会的影响，并且对博士生给予热情的掌声表示祝贺。在那次参加毕业典礼时，我第一次亲眼看到了博士毕业生的"特殊待遇"，备受鼓舞，所以下定决心也要进行博士学习。

在攻读博士学位的过程中，也有很多朋友曾经问我，为什么去读博士。说老实话，这个问题我也一遍一遍地问过自己：为什么要读博士？这四年的努力到底有没有意义？我要不要咬牙坚持下去？如果说刚开始完全是出于虚荣，为了一个"特殊待遇"，那么后来，在慢慢深入学习的过程中，随着我对自己的研究课题有了越来越清晰的认识，我开始理解博士学习的意义。

我记得有一次去见导师的时候，他问我："什么是博士？"

我说："博士是从事高层次学术研究的人。"

他摇了摇头说："我很喜欢中国文化。相对于西方教育体系中的对博士的解释，我更认同中国对这类学者的认识。你们用一个'博'字就已经充分说明了博士应具有的文化知识。博士需要广博的知识，博士的学习应该跨越很多领域。博学多才是博士的精髓。"

我点了点头，表示赞同。

他继续说："但是我也喜欢西方文化对博士的理解。博士的学习要求博士生非常专一，博士的学习要求非常有深度，博士应该是他所研究的领域的专家。每个博士的研究都是不同的，也就是说，你今天所研究的课题对我、对学校，甚至对社会来说都是创新的。这也就是说，我对你的研究课题并没有你了解得多，而且等你以后完成博士学业，你会具有这个领域的最新的知识和技能。所以，从今天开始我不再回答你的问题，相反，我会问你很多相关的问题，这些问题你要仔细去考虑，去寻找答案。"

我点了点头。

他继续补充:"所以说,攻读博士学位不仅要求你具有广博的知识,也要有对自己专业的深度研究。这是一个既广又深的高层次要求。"

澳大利亚对培养博士生的投入

澳大利亚政府对教育研究的重视程度可以从它大量的资源和资金投入看出来。作为产业之一,澳大利亚大学的资金的主要来源并不是通过教学,而是通过研究。在大学排行榜上,研究的成果和声誉是最严格的尺度。有大量研究成果和响亮的研究声誉的大学就是排行榜上最大的赢家。澳大利亚大学对研究生,特别是博士生的培养可谓呕心沥血。他们不仅给学生和导师们提供了优质的研究设备,也给学生提供了各种经济上的补贴。

比如,澳大利亚研究协会(Australian Research Council)每年除了给各种研究提供上千万的基金之外,也给研究者提供各类其他形式的研究基金。该研究协会不仅提供了研究项目基金,也提供基金以帮助改善研究人员的工资待遇,例如助研基金(fellowship)。

除了国家和一些大型政府机构对研究进行扶持,澳大利亚所有的大学都设有各种各样的研究基金。这些研究基金包括了对研究生,特别是博士研究生的奖学金。博士研究生的奖学金除了免收学费之外,还有免税的生活工资。

为什么澳大利亚国家和大学都会对研究如此投入,如此下功夫扶持?因为研究往往可以实现创新,创造出更大的价值,提高生产力,从而促进某个学科甚至整个社会的发展。

对于社会来说,鼓励攻读博士又是为了什么?我个人的观点是:对社会来说,攻读博士是为了培养新型的创新人才;而对个人来说,攻读博士只是培训自己,让自己拥有做研究的能力而已。博士证书是一张证明自己可以独立完成研究的证书,包括熟悉撰写研究计划书、掌握各种研究方法、懂得传统和非传统的数据分析,以及最后完成写作或者发明各种创新的科学技术等一系列学术实践。

博士毕业后无论是进入学术领域成为一名学者，还是走出学术领域成为其他领域的社会专业人才，都只能说博士毕业并不是学习的结束，相反是真正进入社会学习的开始。攻读博士不仅培养了研究型人才，同时也培养了社会型人才。这背后的原因在于，在读博士的过程中，博士生学会的不仅是学术的技能，也是可以转化为社会学习的技能。

如何攻读博士？

博士应该如何攻读？在这个过程中会碰到什么样的困难和挑战呢？下面我将用我的亲身经历给读者详细介绍一下在博士学习中会经历的几个重要的阶段。

第一，写研究计划书。

在我和导师第一次见面时，他就给我提出了以下的问题，这个问题贯穿了我的整个博士学习过程。

导师："在提出研究问题时，请详细考虑三个因素——为什么（why）、是什么（what）以及如何做（how）。"

写研究计划书是研究过程中的第一个重要的步骤，也是博士生学习的第一个技能。为什么要写研究计划书呢？澳大利亚著名学府莫纳什大学教育系的研究介绍中说得很详细：主要是为了帮助学生自己制定研究的方向，确定自己的研究目标。研究计划书是博士生给自己制定的研究目标。传统的研究计划书一般分成几个固定的部分：研究课题的背景和理论、研究的问题、研究的方法论以及期望的研究成果。现在很多非传统的研究计划书不完全按照这些固定的结构，但是无论是传统或者是非传统的研究计划书中都强调一点："做出研究框架（Framing Research）。" 如何写出研究框架？重点是如何提出自己的研究问题。这个研究问题不能定义模糊，更不能模棱两可。

写研究计划书就需要博士生能够对"为什么要进行这项研究""研究内容是什么"以及"如何做研究"这三个方面进行详细的考虑，并且写出计划书。

这三个方面看上去非常简单，其实要真正搞清楚并写出来非常不容易。我记得我和很多博士生一样,在刚开始读博士的时候把博士的学习想象得非常简单。不就是写作嘛,我一定没有问题。然而仅仅学习了两三个月以后我就打起了退堂鼓。我和导师最起码已经见面五六次了,可是每次的见面都不像我想象的那样胜仗归来,导师给了我很多提点:

"你想做网络教学的研究,这个想法很好。你打算用哪种教学理论?"

"你目前使用的教学理论太笼统,我想你应该去看一些和你的研究问题特别相关的教学理论。"

"你对研究方法论的知识掌握得如何了?如果你觉得还有问题,应该继续去学习。"

围绕这三个因素,作为博士生的我需要找出研究的课题对于社会的重要性、课题的内容并选择适合的研究方法论和研究方法。完成这三点最重要的是熟练使用图书馆。

第二,使用图书馆做文献调查。

对于博士学习来说,图书馆是一个很有用的资料库。在图书馆里不仅可以查阅书籍、杂志文献,也可以查阅很多网络数据库。在我开始攻读博士以前,我一直认为查阅资料只要使用谷歌就可以了,等我开始使用图书馆以后,才发现谷歌对于博士的学习并不是非常适用的。原因有几个:(1)在谷歌中很多资源虽然很新,但是大多和教育学习没有特别多的关系;(2)谷歌的信息量虽然大,但是有时候和一些网上数据库比起来还是滞后很多;(3)谷歌上很多资料无法免费下载,需要付费才能阅读。虽然谷歌也建立了强大的谷歌学术(Google Scholar)搜索引擎,但是如果一些学术数据库没有和谷歌建立联系的话,这些相关的学术资料就不能从谷歌搜索到。

澳大利亚大学的图书馆都有自己的搜索引擎,对于博士学习的帮助十分强大。近两三年来,各个图书馆也增强了搜索引擎的功能,让研究生仅通过一个搜索引擎就可以查找书籍、期刊文献以及各种网络数据库。在教育学中,功能强大而声誉高的文献数据库主要有ERIC(Education Resources Information Centre)和PsycINFO。这两个数据库包含了很多与教育相关的著名杂志和最新的期刊文章。

澳大利亚大学的图书馆每年会根据自己的财政支出情况和一些期刊签约，买下免费查看这些期刊的权力。这样，大学的博士生在查阅资料时，只要使用该大学的图书馆就可以免费从网上下载和自己的研究相关的文献了。

澳大利亚大学所有的图书馆之间也建立了网络联系，即如果某所大学的学生需要查阅的资料（尤其是书籍资料）在本大学里没有收藏的话，可以通过大学之间的网络到别的大学去借阅。一般只要别的大学的书籍没有被借出，都可以免费邮寄到本大学的图书馆，然后学生去本大学的图书馆借阅就可以了，非常方便。

我在刚开始使用图书馆的资料时，专门预约了图书馆里的老师。这位老师是教育学院专门聘请的可以帮助博士生学习的老师。她对如何查询教育学方面的文献资料具有非常丰富的知识。

有一次，我要调查目前世界上对"网络学习"这个词组的解释。我在数据库里查询了online learning，却发现数据库里对这个词组的解释非常少。我感觉有些泄气，于是向这位老师求助。

她听说了以后，对我说："online learning还有没有别的表达方法？比如，web-based learning？"

我听了以后眼睛一亮。当时对online learning的使用非常少，因为这个词组刚刚问世；不过在此之前，一些其他的词组却常常被使用。查询这些词组可以为新词组的解释打下一个基础。

图书馆还专门针对帮助博士生整理参考文献的工具开设了讲座。在澳大利亚的大学里，绝大多数的博士生都使用Endnote（尾注）这个整理参考文献的工具。因为博士的学制为四年（非全日制的时间更长），四年中面对不断涌现的有关学习的新内容，博士生们必须不间断地学习，也就是说，博士生在这四年里需要不断地更新参考资料。在这个过程中可搜集成百上千的参考文献。比如，我个人的博士论文最后的参考文献目录（reference list）就长达24页（每页大约20个参考文献）。于是使用整理参考文献的工具就非常必要了，它可以为博士生减轻整理文献的工作量。

第三，提出研究问题。

在查阅参考资料的时候，作为博士生的我要对这些资料进行批判性的学习和理解，并且根据自己的理解对自己的研究项目提出研究问题（research question）。传统的研究计划书还会要求博士生列出研究假设（hypothesis），不过现在只要提出合理的研究问题就可以了，对研究假设没有强制的要求。

在我的博士研究计划书中，我一共提出了四个核心研究问题，并围绕每个核心问题提出了三到四个小问题。

第一个核心问题：为什么（以及在何种程度上）教育网站及其设计者能够给网络学习者提供进行互动的有力帮助？

围绕该中心问题的四个小问题：

（1）为什么（以及在何种程度上）教育网站及其设计者能够给网络学习者提供进行互动的、技术上的有力帮助？

（2）为什么（以及在何种程度上）教育网站及其设计者能够给网络学习者提供进行互动的、学术上的有力帮助？

（3）为什么（以及在何种程度上）教育网站及其设计者能够给网络学习者提供进行互动的、管理上的有力帮助？

（4）在以上的三种帮助中，对于网络学习者来说，哪种互动带来的帮助最大？

博士论文的研究问题要求内容清晰，不能含糊。核心研究问题要求全面，而小问题要求深入而简单。

比如，在这第一个核心问题中，我的问题主要是探讨教育网站对网络学习者的学习提供的帮助有多大。这个问题涉及了我对教育网站和网站设计者这两个概念的理解。在提出这个问题时，我需要非常清楚教育网站和非教育网站之间的区别。除此之外，我也需要了解什么是网站设计者以及它们发挥了什么功能。

在其后的四个小问题中，我把问题列得更加详细。在小问题中，我把教育网站中所涉及的帮助分为三类：技术上的帮助、学术上的帮助以及管理上的帮助。除了对这三类帮助分别进行分析之外，我也通过对比分析来综合看待这三种帮助，来比较哪类帮助对网络学习者的学习帮助最大。

在提出这个问题之前，我曾写过大约四到五个问题，但是它们统统都被否决了。比如，我刚开始的时候把学术上的帮助写为单纯的"老师的帮助"（teacher's support）。在我和导师见面的时候，他问我："如果你只把老师的帮助作为学习的帮助，那么你怎么看待同学间对学习的帮助呢？"

他的问题给了我很多的启发，于是我查阅了大量的文献，发现学习上的帮助除了来自教师、学生，还来自很多其他的专门人员（比如，图书馆的老师）的帮助，因此最后我提出了"学术上的帮助"（academic support）这个概念，并给出它的定义。

因此，可以看出，在提出问题之前，我已经通过对参考文献的学习理解了这三类帮助的定义，之后又经过详细的推敲，才提出了自己的研究问题。

第四，学习研究方法和研究方法论。

目前，在澳大利亚的教育学研究中最常见的研究方法论为两种：定量研究（quantitative research）和定性研究（qualitative research）。定量研究可以从字面上看出是对量的研究，即研究对象的数量比较大；而定性研究则正好相反，研究对象的数量相对小得多。一般做研究的学者和博士生都会把自己归类为擅长定量研究的或者擅长定性研究的学者。

学习研究方法和研究方法论是攻读博士必须要掌握的技能之一。

大部分传统的博士都会学习定量研究的方法。这些博士一般都会运用统计学知识对数据进行统计分析，而且他们的研究对象一般来说少则上百，多则成千上万。定量研究的方法很多，其中在澳大利亚大学里最常使用的是调查问卷和实验。

然而现在在教育学的领域中，越来越多的研究者开始学习并使用定性研究的方法。这类学者所使用的研究方法类别很多，最常见的为采访、案卷跟踪、观察以及实例探究。

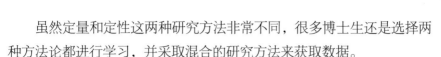

虽然定量和定性这两种研究方法非常不同，很多博士生还是选择两种方法论都进行学习，并采取混合的研究方法来获取数据。

研究方法和方法论是所有博士生都要学习的一个部分，也是所有博士生的学习内容产生交集的领域。因此在学习该领域的时候，我和很多其他的博士生都参加了系统的培训。

在这个培训中，我们作为博士生互相倾听彼此的研究项目，给予各自不同的意见，并互相鼓励。

我记得在培训的过程中，我曾经碰到过一名做生物研究的博士生。她的研究方法非常特别：她要"上山下海"去捕捉各种蛇类，因为她的研究项目为蛇在生态中的地位和作用。她除了要完成研究方法论的学习之外，还要学习如何捕捉蛇。

我的研究也让很多搞生物研究的博士生产生了兴趣。因为我的博士论文和人类学有关，我需要学会和各种人（包括小孩）打交道。在这些研究生物的博士生看来，我的研究方法同样充满了神秘感。

第五，收取数据。

收取数据是博士研究中最让人兴奋的阶段。之所以如此，我个人认为，原因有几个：一、我可以离开电脑桌，走出办公室，来到自己喜欢的场所去和其他人交流；二、我可以通过数据来回答自己所提出的问题。

在收取数据前，每所澳大利亚大学都要求博士生递交研究伦理的申请（ethics application）。这个申请的程序说简单也简单，说复杂也非常复杂。大学的研究伦理委员会（ethics committee）会把所有的申请分为两类：人文研究类和动物研究类。在人文研究类中又分为几类：低风险、中等风险以及高风险的申请。学习教育学的博士一般都会通过和各种人交流接触来收取数据，因此一般学习教育学的博士都需要递交研究伦理的人文研究类的申请。人文研究类的高风险的申请主要包括对以下几类人的研究：孕妇、人体胚胎、儿童（18周岁以下）、澳大利亚原住民、有犯罪记录的人员、有精神疾病的人员以及英语非母语的人员。博士生在伦理申请中要详细讲述自己将如何获取数据。如果研究人群包括这些高风险的类别，博士生也要详细描述自己如何取得客观的数据，而且要包括在获取数据过程中如何保证对这些参与研究的成员只产生较小的伤害，或者完全没有伤害（包括身体伤害和精神伤害）。只有在获得大学伦理委员会审批合格后，博士生才可以去采集研究数据。这个申请过程非常繁琐，但是也非常必要，因为它是对博士生和研究人员的法律保护。

我的博士研究数据的采集分成两个部分：调查问卷和采访。我的调查对象主要为18周岁以上的大学生，因此我的伦理申请被归为中等风险的申请。虽然如此，在我的伦理申请中也要非常详细地描述自己将如何取得数据、分析数据以及保存数据。在我的申请通过审核后，我将用6个月左右的时间收集到全部的数据。

数据的收集并非一帆风顺，有的时候需要克服各种各样的困难。比如，我当时有一个博士生朋友读的是农业专业，他收集的数据完全来自地里种出来的庄稼。有一年当地的天气特别寒冷，他的数据全"冻死了"，只能第二年重新收集。

我在收集数据时，有个被采访的对象特别紧张，很多问题都要想很长的时间才回答。为了获取最佳的数据，我必须尽量安抚她的情绪，而且耐心地等待她完整的回答。

我发现从小被访者（小于5岁的孩子）收集数据的过程非常有趣。有一次，我去采访一个4岁的小孩，调查她对于使用iPad的感受。刚开始的时候，我采取普通采访的方式，就是我问她回答。可是很快我就发现这个方式完全行不通。

我拿起一只红色的钢笔，问孩子："这支笔是什么颜色呀？"

她非常紧张，表情严肃，憋得满脸通红，完全说不出来。

我为了缓解她的紧张情绪，轻声提示她："是红色的吗？"

她好像蒙受了大赦一般，立刻狠狠地点点头。

我当时的好奇心一下子上来了，于是又问了一句："真的吗？你看不是蓝色的吗？"

她似乎又点为难，不过看了看我以后，还是狠狠地点了点头。

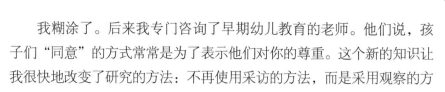

我糊涂了。后来我专门咨询了早期幼儿教育的老师。他们说,孩子们"同意"的方式常常是为了表示他们对你的尊重。这个新的知识让我很快地改变了研究的方法:不再使用采访的方法,而是采用观察的方法。这一调整使得后续的调查顺利了很多。

第六,传统或非传统数据分析。

传统的数据分析主要根据传统的定量研究的方法来进行研究。传统的数据分析的技能主要包括运用相关的统计学知识和使用常见的数据统计软件。澳大利亚的大学里最常见的用于定量研究的数据统计软件为SPSS。这个软件可以帮助研究员(包括博士生)在不需要特别多统计学知识的情况下,完成数据的分析。而非传统的数据分析则主要根据定性研究的方法来进行。常见的分析软件为NVivo。

分析数据是博士学习的一个重要内容,它通过联系实际来回答自己在研究计划中提出的问题,或者论证自己的假设。

每名博士生在数据分析的时候都会认真地去学习使用这些常用的分析软件,并且参看一些已写好的博士论文的格式,来完成自己的数据分析。

第七,学习写作研究报告。

几乎所有的澳大利亚大学都要求博士生研究报告的字数在8万至10万字之间。当然,这个数字不包括附件和参考文献。

写研究报告是博士学习的最后一个阶段,是"痛并快乐着"的阶段。"曙光就在眼前"(I can see the light at the end of the tunnel.)是博士生在研究报告写作最后阶段最常挂在嘴上的话。

博士论文并不是一夜写成的。我个人觉得写作是每名博士生在攻读博士的四年内不会间断的事情。

我的导师经常对我说:"你要不断地写。写作是一个练习的过程。只有不断写作的学者才能写出好的作品。如果不经常写,你会发现写作是个非常困难的任务。只有经常写,你才会写,才能写出好的作品。"

每个博士生的写作高峰时间不同。比如我最喜欢在晚上写作。夜深人静的时候,我发现我文思泉涌,可以写出高质量的东西。

博士论文的写作相对来说是非常枯燥的：没有华丽的语言，没有夸张的手法，有的只是实实在在的数据和分析。在论文最后即将完成的阶段往往在办公室一坐就是几个小时，修改、修改再修改。

再访博士学习的目的：完成蜕变

记得在论文的最后奋斗阶段，有一天，我在办公室里奋斗了两三个小时后独自走在校园里。那是澳大利亚的1月份（暑假期间）的一个美丽的夏日，校园里人很少，我一个人走在校园里，不断地给自己加油。现在我回想起来，那是一段既痛苦但是又充满希望的蜕变阶段。

当手捧着打印装订好的厚厚的论文时，我热泪盈眶。这四年的时间不仅锻炼了我做研究的能力，也同时考验了我忍受孤独寂寞，并完成研究成果的能力。现在我还经常拿出我的论文看看，有的时候是为了给我带的博士生做个参考，而更多时候则是回味博士学习过程中的痛苦和快乐。

也有朋友问我是否后悔花费了四年的宝贵时间来攻读一个学位。我的答案是：绝不后悔。因为博士学位的取得为我后来的工作和生活都打下了最牢固的基础。

回到本章一开始的问题：博士的学习到底是为了什么？当我取得博士学位时，我的答案就更加清楚了：博士学习让我从一个普通的学生成长成了一名研究者。

三、我在澳大利亚大学找工作

2007年年底,我终于圆满完成了博士论文审核的全部流程。毕业之际,我也面临着如何找到一份适合自己的工作的问题。对于博士毕业生来说,大学里的讲师和学者的工作是最理想的工作。

有调查显示:虽然澳大利亚大学对博士毕业生的需求量会增加50%,但目前澳大利亚的博士毕业生还是供大于求,而且所有博士毕业生中只有四分之一从事着和自己专业相关的学术工作。

2010年的澳大利亚政府工作报告指出,澳大利亚的研究机构对其人才需求抱有积极的就业前景预期。70%的受访雇主预计其研究人员的年需求量在未来五年内将持续增长。超过一半以上的用人单位的领导预计,在未来的十年里研究人员将会供不应求。(来源:创新、工业、科学和研究部门[DIISR]2010年的报告)

澳大利亚大学对前来应聘的博士毕业生都有什么要求? DIISR2010年的报告指出,最常见的要求有:

· 能够发展本大学的理论;
· 培养专业理论和技能;
· 发明新的产品或者发展新的专业;
· 发展有理论支持及实际操作可能性的研究方法;
· 创造竞争优势。

当前的社会对人才的要求越来越多,找工作,尤其是找适合自己的工作成为目前博士毕业生面临的最大的挑战。听我以前的同事介绍，一二十年前，博士毕业生在大学里找到和所学专业相关的工作相对要容易很多，然而这种理想的供需关系状态在现在的社会里已经不复存在。

有统计数据显示，美国大学的理工科博士毕业生平均年龄为34岁，其他学科为40岁。澳大利亚的博士毕业生年龄比美国的要高，超过半数（65%）的博士毕业生的年龄在30到49岁之间。

根据大学对学者的要求来展示自己的实力

于是当我站在毕业的讲台上，接受校长授予的博士头衔时，我学术生涯的下一个目标也非常明确：在大学里找到工作。我想成为一名大学的学者。

现在的大学需要什么样的学者？

在研究方面，大学学者要懂得研究方法和方法论，并能够将其实际运用在研究项目上；要懂得如何利用已有的资源，完成有意义的研究项目；要懂得如何写研究报告并发表在相关的期刊上；最后，还要掌握申请基金的技能，并且为大学争取到大量的校外研究基金。

在教学方面，大学学者要有坚实的专业知识，懂得教学的方法和知识，并且能够通过生动的教学把知识传授给学生。

从这些要求看来，拥有博士学位只是其中的一个硬件要求，因为它只是通过完成一个博士项目的方式来告诉大学，应聘者达到了所要求的专业水平。

当然，也有不少博士毕业生本身已经在政府机关或教育培训机构担任领导者或管理者，他们攻读博士学位的目的是为了满足自己职业上的更高要求，或者获得升职的机会。

当然，这些博士毕业生都是幸运的，因为他们在博士毕业后找到了自己在社会中的生产价值。然而对于很大一部分的澳大利亚博士毕业生来说，毕业就意味着失业。找工作成为很多博士毕业生需要完成的第一个艰巨任务。

经过几十年的时间，澳大利亚的大学已经对其传统的大学模式进行了改良。它们不再追求建立大学城的完美蓝图，相反，它们所追求的是完美的教学和研究相结合。澳大利亚的大学追求"高等教育的公平和公正"（Fairness and Equity in Higher Education）的理念。每个人不因其社会背景、种族、宗教和性别而受到限制，每个人都拥有展示自己优势的机会。大学将致力于打破层层阻碍，给每个人提供自我展示的机会。大学也致力于创建一个能够为更广大的社会各层人员打开公平公正大门的大学教育系统。这些会体现在大学录取的公平性上。

澳大利亚国立大学2020目标

澳大利亚的大学对学生讲究公平和公正的原则，在招聘大学讲师和学者的时候就更加注重公平原则。对，在澳大利亚找工作就是应聘者自身实力的比拼！

那么，什么样的应聘者才是澳大利亚大学最喜欢的人才呢？

我的导师告诉我："既有教学的能力、又有突出的科研成果的人最受大学的欢迎。具有国际教学和研究经验的应聘者最受澳大利亚大学的青睐。"

"在澳大利亚，有多少博士毕业生最后可以留校？"我递交博士论文时，也专门咨询了大学里负责技术培训和帮助毕业生找工作的顾问。

她说："这样的机会非常少。"

澳大利亚的大学不希望，甚至不欢迎自己的博士毕业生留在自己的学校工作。前面我提到了澳大利亚的大学不再追求传统的大学城的理念，在我看来，这种不留自己的博士毕业生的做法就是这个理念的体现。不论应聘者是什么背景，大学的职位能者得之。

大学的每个职位都需要经过财政预算、制定工作岗位职责、发布招聘信息、审核应聘者的材料、筛选应聘者进入面试、进行面试、签合同、帮助应聘者安置、开始工作这几个步骤。前几个步骤完全由大学控制，应聘者的差别就在他们准备申请材料和面试的过程中体现出来。

早在博士毕业前，我已经开始搜索澳大利亚各所大学教育学的讲师职位。在澳大利亚，因为各所大学都讲求公平竞争，所以也给我们这些刚毕业的学生提供了良好的工作机会。因为只要有实力，就可能获得工作的职位。

在本章以下的内容里，我将通过自己找工作的过程来详细介绍我是怎么样通过各方面来展示自己的实力，克服各种困难，最终成功获得工作的。

认真阅读查看岗位职责

以下是澳大利亚一所大学招聘教育学讲师的广告中对岗位职责的详细描述。

职位：

为了发展高校本科教师培养课程，并为学生提供有针对性的支持以及对相关课程进行行政和计划协调，包括给偏远地区的学生提供远程教育。本职位特别对专业知识有以下几个方面的要求：语文教育和识字，幼儿课程和教学法，电子技术的使用，以及课程和教学法的更广的领域。聘用的工资水平将取决于应聘者的资历和经验。B级的聘用通常需要博士学位或同等学力。

关键要求：

· 针对师范生的学习要求进行备课和教学。

· 协助课程和教材的开发和教学，以满足教师资格注册对师范毕业生能力的要求。

· 确保课程和教学策略能满足学生的学习和职业需求。

· 培训学生和引导学生的学习，并与学术团队成员协商有关教学进展的事项。

· 与将来的雇主和其他利益相关者积极推动和支持教师培养课程的发展。

· 在实习导师的监督下进行岗前实习。

· 讨论评估学生的作业，提交成绩，并根据需要参加审查会议。

· 根据学院院长的要求，担任行政和其他职务。

· 了解并且执行大学的各类政策要求。

要想成为澳大利亚大学的一名教育学讲师，我必须要做不少的准备，并且对照这份描述认真地进行申请。

从这些描述中可以看出，澳大利亚大学的教育学讲师要对师范生授课；要非常熟悉澳大利亚各州和领地的教师注册的要求；要了解自己的学生的学习需求和其他需求；要和与教学有关的政府和其他人员合作；要安排并帮助师范生顺利完成教育实习；要能够完成对师范生的成绩评估；要能够在师范学院的院长的指导下工作；以及能够理解并且执行大学的各种政策。

在这份岗位职责的下面，大学也详细列出了申请人要满足的条件。

必要条件：

·具有注册教师资格证，并有较高的与教育类相关的毕业证书，最好是博士毕业证书。

·展现出在专业方面参与师范生教学的工作能力，最好是在高等教育环境下的工作能力。

·展现出与跨文化成人学习者有效沟通的能力，制定的评估针对学生的有效的个性化的支持服务。

·展现出能够激励学生、培养学生积极学习的能力和/或意愿。

·展现出支持内部和远程教育模式，包括通过在线交付平台交付主题的能力，适应灵活的工作时间。

·展现出跨越一个以上的课程或者多个课程领域工作的能力。

·展现出与同事和社区成员、政府机构及其他利益相关者协同工作的能力和意愿。

·能够理解并遵守平等政策，并维护工作场所内的公平性。

理想条件：

·不断出版和发表现刊文章的记录，并持续致力于研究和出版。

·致力于从事与教育学院核心业务相关的研究课题。

这个教育学讲师的广告对应聘者主要有两个方面的要求：必须满足的条件和理想条件。

面对这样的要求，我需要准备什么材料？很多博士毕业生在攻读博士学位的时候就只顾一门心思地钻研学业，往往忽略了对自己将来就业能力的培养。其实，这是错误的，因为澳大利亚的大学虽然对培养博士生有学术方面的特别要求，但也强调对博士生职业能力的培养。

培养自己的职业能力

我认为，博士生的职业能力主要包括以下几个方面：一、扎实的专业知识；二、逐渐建立的人际关系网；三、自己积累的教学经验。这三项能力的培养对于在大学里找工作至关重要。我下面将结合实例和自己的经验，来介绍我是如何着重培养这三项能力的。

首先，扎实的专业知识是指博士毕业生要深刻地了解自己的专长。我见过一些来自中国的博士留学生，他们的写作能力一般都很强。一些理工科的博士生也有很强的专业知识，他们写出来的文章或者报告能够满足各种要求。

第二，逐渐建立人际关系网。这对很多中国留学生来说就不是很容易的事情了。这些博士毕业生的一个普遍问题就是死读书，不会从书本世界里走出来，和其他的同事交流，建立自己的关系网。我觉得这和国内中小学的教学方法有很大的关系，再加上博士阶段本身就是完全以自我为中心的学习和工作，孤独感往往会让博士留学生更不愿意走出去和别的同学交流。很多留学生毕业的时候只认识自己的导师，其他的同事都不认识，更谈不上了解了。

可能因为我所攻读的博士学位是文科的教育学专业，当时在我身边一起攻读学位的博士生都是本地人。所以通过看他们是如何学习的，我也潜移默化地改变了我的学习方法和人生观。

在办公室里学习的时候，澳大利亚本地的学生一般都是非常专注认真的。当时，我们几名博士生一起使用一个办公室。这些本地的学生学习的时候都要求办公室里非常安静。在办公室里，大家都自觉地把手机改成振动，不带入任何食物，并且尽量减少和彼此的交谈。不过这种情况也有很多例外，那就是讨论的时候。如果今天的学习任务是讨论会，大家就会放下所有的手头工作而畅所欲言。学院里会经常为博士生安排这样的交流讨论会，给他们提供一些学习的机会。这些讨论一般围绕如何写研究假设，或者有关的研究方法和方法论。学院里也会经常安排一些专家和老师参与讨论。我觉得我每次都能从与专家和老师的讨论中学

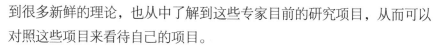

到很多新鲜的理论，也从中了解到这些专家目前的研究项目，从而可以对照这些项目来看待自己的项目。

当然，除了办公室里的讨论或者专门的讨论会之外，最容易建立自己人际关系网的机会往往在业余的时间：走在路上，在学校的咖啡店里，甚至可以在学校办公室的走廊里（corridor chat）。

我在读学位时通过不断地培训锻炼出的演讲能力在这里发挥了很大的作用。"厚脸皮"不是不在乎自己发言的内容，而是能够走出去，充满自信地对这些专家介绍自己，并且渐渐建立起自己的人际关系网。

有一次我和我的导师一起在学校的餐厅喝咖啡，我们学校的副校长也在，于是大家围坐在一张咖啡桌前聊天、话家常。

我的副校长说："学校的网络服务器真是不好用，总是坏，而且相当不稳定。我只好用自己在办公室里架设的一台网络服务器。"

我的导师点头附和着。

副校长继续说："不过，因为是我自己设置的服务器，所以也需要我自己经常维护。你看，每10天左右这台服务器就要重新启动才能保持正常运行。我发现每次需要重新启动的时候一般都是周末。哎，我家离学校开车要1个小时，这简直太不方便了。"

我听了以后立刻主动提出帮忙："我住的地方倒离学校很近，而且我也学习过维护服务器的知识，再加上周末我经常在学校里写论文，我周末可以到学校里来维护服务器。"

这引起了副校长的注意。从那时开始，我每周周末都在学校里花10分钟维护一下学校的服务器。以后再遇到副校长的时候，我发现不仅我和他有了共同话题，而且他也开始对我的研究项目产生了兴趣。副校长对我后来找到大学的工作起到了很大的作用。

这看起来是一件极小的事情，但是我认真去做，认真去对待了。我就这样无意中和副校长建立了一种合作互利的关系。

为什么建立人际关系非常重要呢？目前澳大利亚的大学人才济济。我在2014年曾作为大学的招聘人员参与了新员工招聘的全过程。在这份工作的广告打出去之后，2个月内我们共收到了16份应聘者的资料。这16个应聘人都具有博士学位。我们经过两轮讨论后从中挑选了四位从资料上看来可以胜任工作的应聘者。在对这四名应聘者进行第二轮面试后，我们发现其实这四名应聘者之间的差距并不大。这时候就需要通过别人来了解应聘者。应聘者在投递的资料时需要提供3到4名推荐人，有些应聘人就随便填写了如目前学院的院长等人作为他们的推荐人。可是当招聘人找到这些推荐人时，却发现这些推荐人并不了解、甚至不认识这些应聘者，所以并不能给出一个详细的介绍。这样的结果在招聘的大学看来当然就特别缺乏说服力。所以，找工作的最后阶段完全是比拼自己就业能力中"人际关系网"中的推荐人。我认识的这位副校长在我找工作的时候被我列为推荐人之一，由于后来我和他又有不少合作教学和研究项目，他在给招聘大学的推荐信中也详细介绍了我的优点，指明了我的缺点，让我在找工作的过程中获得了成功。

我认为最后一个就业能力是自己的教学经验。很多来自国内的博士生都有奖学金，这当然是好事情，不用为自己的生计发愁；不过这个经济优势也造成很多博士生可能因为语言的障碍而干脆不愿意去工作，不去为自己培养就业的能力。这些工作就包括在大学里做助教（tutor）。

其实，博士生在大学里做助教是非常常见的。做助教的好处也很多：首先，可以获得数目不小的收入；其次，也可以获得教育教学方面的宝贵实践经验。

这些教学经验包括参加大学教学人员的培训、了解澳大利亚大学的课程教学大纲，也包括积累给澳大利亚的本地学生上课的经验。

想要获得做助教的许可非常简单。很多博士生导师都愿意给学生提供上课的机会。如果这样的机会不多，学生也可以通过自己建立的关系网把自己推销出去。

我于2003年年初第一次以助教的身份给学校的本科生上课。那时我除了需要准备自己上课使用的PPT之外，还要准备上课用的投影仪。

作为助教，我不需要准备上课的内容，也就是说我的课程导师（course lecturer）会准备好上课的材料，而我只需要根据这些材料，再结合自己的风格来安排上课。

助教是不需要去讲大课的（lecture）的，一般都只上小班的课程，时间一般为2至3小时。

上课前，我除了要去大课上听课外，也会去其他的"老教师"的小班上听课，以防自己漏了什么内容，也为对学生可能提出的问题提前做好准备。

因为在攻读学位的时候常做演讲，我发现我去做助教完全可以自如应对。就像对讲师一样，学生助教都非常受尊敬。

我把这些做助教的经验以及学生在课后对我的授课的评价都记录并保存下来，这些在我之后写工作申请材料的时候都是极为有力的证据。

参加人才市场和技术展示会

下面我想谈谈我参加人才市场和技术展示会的经验以及一些想法。

很多博士毕业生，包括很多来自国内的博士毕业的留学生都相当看重大学主办的这一年一度的人才市场和技术展示会（如图37）。和国内的人才市场招聘会不同，这些展示会上的很多工作单位并不会进行现场招聘。也就是说，在这样的展示会上，不会出现各单位的招聘人员，相反，这些展示会上的工作人员都是该单位的市场人员。因此，我个人认为这是工作单位进行变相市场营销的方式。

所以，我看到很多同学为这些展示会准备了很多材料，但是当他们赶到展示会的时候，他们发现自己并不能真正地理解这些工作单位的招聘意向，最后拿在手里的反而都是这些工作单位的介绍材料等。

我每年也去参加这些展示会，除了第一次也是认真准备了自己的应聘材料以外，之后每次参加，我都抱着一种观察的心态，去了解现在各所大学的招聘动向。和这些工作人员交谈时，我不再着急地叙说自己的优势，而是花时间去问他们问题。

"请问贵大学最新的战略计划是什么？"

"贵大学目前对教育学科有什么特别的政策？"

这些问题可以让我获得第一手的资料，并且在写申请材料的时候可以让我着重强调我所具备的与工作单位的需求相符合的技能。

图37 人才市场和技术展示会

编辑简历和参加面试

我记得我在国内本科毕业找工作的时候，我写的简历的主要内容是自己的获奖证书以及在大学里参加的社会活动等。所以，在第一次写英文简历的时候我也打算如此。但很快我就发现我错了。

澳大利亚的大学的讲师和学者的求职简历有明确的格式。我也为此专门咨询了大学的就业咨询部门。工作简历的格式通常如下：

个人信息

姓名

电子邮件

电话

住址

所获的文凭

研究发表作品

所获研究基金

和媒体的交流

三个推荐人以及联系方式

简历并不是越长越好，而是越精简越好。和国内的许多大学一样，澳大利亚大学讲师和学者工作的招聘人会着重看应聘者的研究成果以及

所获研究基金这两栏的内容。也就是说，在攻读博士阶段发表的文章越多越好，获得的研究基金越多越好。

什么是和媒体的交流（interaction with media）？澳大利亚大学对讲师和学者的要求除了能够胜任教学和研究之外，还要会和媒体打交道，并以此为自己和大学的声誉做贡献。因此，有和媒体交流经验的应聘者也更受大学的欢迎。

在投递工作申请时，除了要有简历，澳大利亚的工作单位（包括大学）也要求应聘者对岗位申请要求的每一项进行详细的阐述。在阐述的过程中，最好能够结合自己的工作经验。于是，工作经验就成为这份材料的重要衡量标准。没有工作经验或者工作少的应聘者就会发现写这个阐述非常吃力，因为他们只有一些大道理，而缺乏实战的经验。所以，在培养自己的就业能力时已经熟悉大学教学系统的应聘者，和已经有了一年甚至几年教学经验的应聘者，都可以使自己从各位申请人中脱颖而出。

在这里我还想给读者们强调另一项在工作申请材料中非常重要但是又最常被申请人忽视的东西：求职信（cover letter）。很多申请人在申请的时候都不写这封求职信，于是他们的申请材料只有自己的简历和对职位要求的阐述。我在这里为什么要强调求职信的重要性呢？因为招聘人对应聘者的第一印象来自这份求职信。

求职信的内容不要太长，但也不能特别短，我的经验是写满一页纸就可以了。在这封求职信上要简单介绍自己的长处，明确说明为什么自己对这份工作有兴趣，并且表明自己渴望获得这份工作。

澳大利亚大学的讲师和学者申请人的筛选工作一般需要经历2到3轮的过程。第一轮为审核所有申请人的资料，并从中选出最适合的3到4人进入第二轮（shortlisted interview）。面试分电话面试和现场面试。有些申请人不能赶到该大学进行现场面试，就需要先进行电话面试。

我所经历的一些电话面试，其时间基本上为30分钟到1小时。面试主要根据工作的详细要求来判断申请者是否具有所要求的能力。

一般大学会向申请者通知面试官名单。如果大学没有提供这份名单，申请者可以向大学索取。很多申请者把准备的重心都放在回答问题上，而忽视了去查询这些会面试他们的人的背景。我个人认为，为了更充分地准备自己的面试，也要去查询这些人的背景。可能他们和你一个专业，这样在面试交流中就可以畅所欲言；可能他们所写的书你曾经阅读过，你可以在面试中讲述，这些都可以为面试加分。

如果电话面试成功了，澳大利亚的大学会出资把成功的申请人请到大学里进行面谈。这个时候，申请人一般只要保持谦虚谨慎的态度，不温不火地说明自己的优势就可以了。

获得讲师职位

申请后的等待是漫长的。由于澳大利亚大学的审核制度繁琐，很多职位，特别是讲师和学者的工作，一般需要经过半年的时间才能收到结果。

很多申请人翘首等待了好几个月却等来了失败的结果。我在申请工作的过程中也遭遇了很多次失败。比如一次我申请卧龙岗大学的讲师职位，在我过五关斩六将从电话面试和随后几次面试中胜出后，我接到了一个电话：

"您的申请目前排在第二位，如果第一位的申请人不接受我们提供的工作，我们将联系您，希望您可以和我们保持联系。"

这样的电话几乎摧毁了我的自信心，但是我必须相信，失败并不是不成功，失败只是成功的第一步。因此我只有不断地努力再努力。当我最后获得澳大利亚查尔斯·达尔文大学的讲师职位时，我的导师和我的副校长给我们所有的同事发了一封短信：

"祝贺耿博士成功获得大学的讲师职位。我们不仅有了一位朋友，也有了一位可并肩作战的同事。"

大学的讲台，我已经准备好了！

四、我在澳大利亚教本科

怀着激动而忐忑的心情，我于2009年开始在澳大利亚查尔斯·达尔文大学师范学院全职任教。我的工作里最重要的一项为教学，而教学中工作量最大的为教授师范本科生。

教学对我来说并不陌生。早在国内的时候，我就已经受过师范本科生的培训，学习了教育学、教学法、教育心理学等和师范培训相关的课程，并参加了在学校里进行的教育实习。另外，在攻读博士的同时，我也作为助教参与了对师范本科生的教育培训。因此，当我开始在澳大利亚大学作为讲师教授师范本科生时，我的准备是很充分的。

教授师范本科生涉及很多个方面，不仅仅是指上课那几十分钟。教授本科生还需要大学讲师：（一）理解中小学（以及儿童早期教育）的教学大纲；（二）理解自己的学生，并且针对其特性进行备课；（三）根据要求上大课或者上小课；（四）批改作业以及给学生及时的反馈；（五）和学校合作，去学校访问，并检查师范生的实习成果。

在教课中融入澳大利亚原住民的文化

原住民文化是澳大利亚政府和学校目前努力推广的文化。澳大利亚的原住民为棕色人种。英国殖民者的第一舰队在1787年登陆澳大利亚后给本地的文化造成了巨大的影响。两百多年的文化互动、跨人种的婚姻造就了原住民的"迷失一代"。在此背景下，目前澳大利亚的原住民所指的范围较广：有八分之一甚至十六分之一的原住民血统的人都可以归属于原住民的范畴。

澳大利亚的原住民文化从第一舰队登陆，开始殖民统治后就一直被忽略。比如，20世纪中期澳大利亚政府实行原住民政策：原住民的儿童从出生起就被迫离开自己的父母，而被送到白人的教会学习英语和接受西方文化教育。这个政策的实行给澳大利亚的原住民文化带来了巨大的打击：很多原住民文化逐渐地为外来文化所同化甚至衰败，形成了所谓的原住民的"迷失一代"。直至20世纪中后期，澳大利亚政府才开始认识到原住民文化的重要性，并开始在教育方面对原住民文化给予重视。

作为澳大利亚的大学讲师，在教学里融入澳大利亚原住民文化是我教学中的一个重要任务。虽然我在讲师上岗培训中也学习到很多关于澳大利亚原住民文化的知识，但是我发现我从原住民学生中学到的东西更多。我的其他学生，特别是非澳大利亚原住民的学生，也都特别喜欢这种请原住民来讲座的上课方法。

我有很多学生是澳大利亚原住民。其中一名已经毕业两年了，我和她一直保持着特别良好的师生关系。从她那里，我学到了很多有关原住民文化的知识。

有一次，我在课上讲原住民的技术文化。我请她到课上来说说她的经历和感受。

她说："我小的时候生活在一个很偏远的地区，我和我的家人生活在一起。我们的生活非常简单，不过也非常艰苦。我小时候要去河边捕猎。那个时候我住的地方有不少的野鸭，我每天晚上都去河边捕野鸭。"

我打断她："你那个时候多大？"

她回答说："大概七八岁。我有两个妈妈，还有大概十几个兄弟姐妹。"

后来我才知道她说的"妈妈"在原住民的文化里指的是住在一个村落里的亲人，也可以是朋友。

她继续说："我每天的任务就是去抓野鸭，然后带回家给我母亲做晚饭。我从河边采一根芦草，做成可以吸的管子，然后慢慢潜入水中，小心翼翼地游到正在河里游的野鸭旁边。我悄悄一伸手就抓住一只……"

我看到我的学生们都在认真地听讲，虽然说现在原住民的生活和几十年前可能有很大的不同，但是学习起来还是非常有意义的。下课以后，我的学生们围着我的"客座讲师"又咨询了很多问题，我感觉他们都收益颇丰。

备课

和在国内教学时一样，我在澳大利亚大学教本科时首先要做的事情是备课。而这要求讲师们花大量的心血来准备。

师范本科教育中要求每个学生每周需要花费大约10个小时的时间学习每门课。这10个小时包括讲授课、辅导课（tutorial 或 workshop）以及自主学习和写作业的时间。

这就要求作为讲师的我按照学生学习的内容进行备课。

备课就是写教案。澳大利亚的教案包括几个重要的内容：面对的学生、教学大纲、课程的安排、作业的要求、课程的材料等。我备课的大部分时间都花在课程材料的准备上。

比如，我教授的科目为"教育中的科学和设计"（Technology and Design in Education）。在备课时，我不仅要针对关于科学在教学中的使用的理论进行备课，也要根据学生的各种不同要求准备他们在上课时可能要进行的小组活动。我先以教科书为背景详细介绍了科学教育在学生学习中的重要性，之后又思考如何让我的这些师范生发挥创造性，使用科学教育的知识在30分钟内完成一项小组活动。

由于小组活动在教学中既能体现个人的价值又能体现集体意识，因此，我在教学过程中经常使用它。

在这个小组活动中，我要求学生们分成三人一组，然后自己进行组内分工，使用我发给他们的有限的纸张做出一个三维立体的树林。流程如下：

· 组成三人小组来设计一个三维立体树林（30分钟）。

· 设计（需要小组成员考虑的问题表）

- 小组成员详细分工
- 反思

我的考虑是：在制作的过程中，学生们首先需要快速制定计划，然后对自己的组员进行分工，之后制作，最后还要反思小组的完成情况以及对科学教育学习的理解。

备完课之后就是准备合适的教学材料。在国内上课的时候，教学材料基本上都是书本材料，即练习本、书本和练习卷等。和国内不同，在澳大利亚大学上课的时候，除了上大课之外，我很少只带着书本去上课。

谈谈讲授课

在澳大利亚大学里，讲授课和在国内上大课的感觉很相似（如图38）。澳大利亚的讲授课一般为1至2小时一节。上大课的学生可达几百人。在讲授课上，讲师们在讲台前讲解和本课相关的理论知识。上讲授课的时候，讲师们一般都准备好PPT进行讲课。我上讲授课时也准备好PPT，一般1个小时的内容需要35至40页PPT。一般在上讲授课的半个小时到20分钟前，我就赶到礼堂，检查PPT是否能正常播放，话筒是否能正常使用，还有熟悉灯光的操作。学生们大概在上课前5分钟进入礼堂，我一般利用这段时间和认识的学生打招呼，缓和一下气氛。

图38 讲授课课堂

下 篇

　　我在上讲授课的时候虽然基本保持讲课的态度，但是也会准备一些小问题让学生思考，活跃一下课堂上的气氛。

　　比如，我在讲解"了解学校学生的多样性在科学教育中的影响"时，没有直接举出我所知道的多样性。

　　我拿着麦克风对学生们说："在座的先生们女士们，我给你们一分钟的时间，请努力思考，然后告诉我男孩子和女孩子在学习中的不同点。"

　　之后气氛开始活跃起来。

　　有些同学干脆就直接提高声音回答我："我觉得男孩子比女孩子好动。"

　　我鼓励道："回答得好。好动对于动手能力有好处吗？"

　　下面的同学又有人回答："应该有的。我的儿子，他今年才4岁，不过他已经可以动手做出很棒的橡皮泥小人。"

　　我说："真了不起。那么女孩子的动手能力怎么样？"

　　下面的女同学们纷纷加入发言："有的好，有的不好……"

　　又有人说："我上个星期在实习学校里帮忙准备'读书周'①活动的时候，玩得特别愉快。我们设计了好多衣服来配合'读书周'的开展。"

　　在10分钟讨论以后，我们得出了集体结论：一般男同学动手能力强，而女同学设计能力强。

　　但是学生中也有反对意见："我爸爸的手可巧了，他上个星期把我的芭蕾舞鞋给补好了。"

　　全班同学觉得非常有趣，纷纷问她："怎么缝的？"

　　她说："因为我爸是跳伞运动员，他的伞经常需要缝补。他自己缝着缝着就练出来了吧？"

---

① 读书周，英文名book week。在这一周里，孩子们要选择自己喜欢读的某一本书以及该书里最喜欢的角色，自己设计并且制作一件衣服来装扮成这个角色。在今年的读书周里，我的大女儿选择了她最喜欢的书《戴夫放屁猫》。我和她一起设计了猫的耳朵、衣服上的猫脸，然后缝制起来，她高高兴兴穿着去上学了。

197

我可以看见有些同学不断地点头或者摇头，表示赞同或者反对。我的教学目的就达到了。

我在结束这个话题的时候总结说："你们看，我就问了这样一个问题，你们就已经给了我机会，去了解你们所具有的多样性给这个话题带来的影响，所以说当你们作为一名学校的老师去看待你们的学生时应该怎么做，你们可以在课后仔细地去考虑。我们上小课的时候再认真研究这个问题。"

爱上辅导课

和上讲授课相比，我更喜欢上辅导课，因为辅导课的学生人数不多，因此我可以在上辅导课的时候真正了解每个学生。每学期的第一节小课我一般会带上照相机，然后在学生自我介绍的时候把他们的照片拍下来，下课回到家后认真记忆。记住学生的姓名和学习特点对我后面的教学备课很有帮助。

上辅导课的形式多种多样，但是讲求形散神不散。也就是说，每节辅导课的中心主题要非常明确。比如，我这节辅导课的任务是介绍教育学目前主要的教学理论，那么无论是小组讨论还是个人学习都要围绕这个中心来完成。

两周前我要给学生们讲授"如何教授科学与设计"这门课。我非常喜欢上这门课，因为它能培养学生们的独创思维能力，给他们挑战自己头脑的机会，学生需要根据上课的内容来编排自己的教案。

一次，在上辅导课的时候，我对学生们说："今天我们来讨论一下，什么是创造力？为什么设计和创造密不可分？"

接着，我从我准备的材料里面拿出了一袋意大利通心粉、一卷透明胶带、一段绳子，还有一块软糖。

我对他们说："我们来玩个软糖游戏[①]。你们可能听说过这个在国际上流行的游戏，每年都有很多来自世界各国的选手参加。"

我的学生们互相看看，都摇摇头。

---

① 软糖游戏的英文为marshmallow game。

我继续说:"看样子大家都没有玩过。那么今天就让我们来玩这个软糖游戏,挑战自己的创造力吧。"

游戏的规则很简单:每五个人分成一组,每个小组分得12根意大利通心粉(生的)、一段一米长的透明胶带、一根一米长的绳子,还有一块软糖。每个小组要充分利用这些材料,在18分钟内用通心粉搭出一个塔,软糖要安全放在塔的顶端而不掉下来。小组可以使用提供的透明胶带和绳子来帮助搭建,搭得最高的小组是冠军。

图39　集体讨论搭建计划

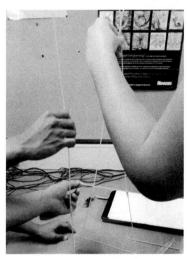
图40　开始搭建

学生们立刻行动起来了。有的学生上网查询,有的学生开始画设计图(图39),然后就是紧锣密鼓地分工制作(图40)。

在搭建的过程中,通心粉经常会折断,一次又一次地失败。经过同学们不懈的努力,最后的冠军(图41)终于诞生了。

在这18分钟的时间里,每位同学都拼尽全力,动手动脑,最后,和成功者一起庆祝。然后我以这个游戏为案例,和学生们一起继续分析讨论设计的重要性。

我问冠军组:"你们成功的秘诀是什么?"

他们说:"有几个方面。一、通心粉塔的底座一定要是三角形,不然根基不稳。二、塔的中间要加固一个小的三角形,不然通心粉容易折

图41 冠军组作品

断。三、别看那个软糖看上去没有什么重量,我们刚放上去的时候居然折断了两根通心粉,所以一定要考虑连接软糖的通心粉的强度,因此我们加了两根来增加强度……"

大家都认真地点点头,表示同意。

做完游戏以后,我以这个游戏为例开始给学生们讲述什么是设计、设计的过程以及如何在教学中运用设计。在课的最后,有学生对我说:"谢谢您,我玩得非常愉快,学得也非常愉快。"

让讲师们又爱又怕的作业批改

我在《我在澳大利亚读课程班学位》那章里介绍了澳大利亚的大学考核师范生的一个最主要的形式就是作业。讲师们可以根据自己的喜好来制定作业的形式,因此作业的形式多种多样。有些讲师喜欢布置论文,有些讲师喜欢布置小组报告等等。每个学科课程的作业,制定好就不能随便修改;修改作业形式必须要通过大学和教育部的重新审核。

比如,我喜欢给学生布置准备教案的作业。因为我深知学生们开始实习的时候既要备课,又要在学校里和导师合作上课,还要学习各种有关的知识,因此生活节奏非常紧张。为了减轻他们的压力,我给他们布置的作业就是备课,这样他们可以在实习的时候直接使用自己的备课作业来教学,一举两得。

作为一名讲师,我对批改作业又爱又怕。爱是因为可以通过检查学生的作业来了解学生的学习成果,而怕是因为批作业要求讲师保持坐姿几十个小时,认真检查学生的作业,并对学生的学习成果做出评价。有的时候碰到优秀的作业，我批改起来非常快乐；而批改学习困难的学生的作业，对我来说就是一项艰巨的任务。

批改作业中重要的一环就是要保证成绩的公平性。因此，批改作业时，教学团队又发挥了重要作用。教学团队里的同事要互相检查作业批改的情况是否公平，避免出现批改特别严或者特别松的情况。前面也提到过，和美国的制度不同，澳大利亚的大学里使用的成绩制度分为五级：不及格，及格，良好，优秀，非常优秀。在团队一起批改作业的时候，如果我对一份作业拿不定主意是给良好还是及格，我就会把作业发到教学团队中，由大家讨论，最后可能要投票来决定。

作业批改完后要发回给学生。学生除了查看自己的作业成绩外，也会查看讲师们的评语。因此在批改作业的时候，讲师们要给出详细的评语。如果学生对讲师给的评语或成绩有问题，可以向讲师咨询；讲师也被要求给学生作出详细的解答。

去学校访问

师范生要获得教育学学位，一个重要的任务就是到学校里进行教育实习。在教育实习中，大学里教师教育专业的讲师也要去学校进行访问。访问的目的有两个：（1）和学校合作，检查师范生在学校里的教学情况；（2）解决师范生在学校里可能出现的问题。师范生的教育实习由实习学校审核，而讲师去学校访问的目的就是保证实习和审核的正常进行。

我每个学期要去两个学校访问两到三次，每次去学校前要先和学校以及实习的学生确认见面时间。去学校访问之前，有时候我会要求实习的学生提前告知我他们在学校里碰到的问题，这样我就可以在到达学校的时候直接协调解决。

有一次我去访问学校的时候，一个学生这样问我："我是否必须按照我的实习老师的方法来进行课堂管理？"

我很奇怪，问她："为什么这么问？有什么原因吗？"

她回答道："我的实习老师对孩子们管得很严，上课的时间就要严格遵守课堂纪律，不让学生们自由活动。"她看了我一眼，继续说："所以我也这样对待我的学生，结果上个星期有一个学生在上课的时候和我讲要去洗手间，我以为他就是捣乱不认真学习，就没有同意。结果……他……"

她说不下去了，神色非常难过："我觉得我不适合当老师……"

很多师范生在大学里学习理论知识的时候成绩都非常棒，但是一旦真正到了教室里进行课堂管理就出了问题。高中刚毕业就直接进入师范本科学习的学生还没有从学生的角色转换到教师的角色，因此课堂管理的信心不足。相反，那些已经在社会上有工作经验后回到大学里打算成为教师的师范生，他们对于学校课堂的了解完全停留在以前自己还是学生的时段，对课堂管理带有"玫瑰色"的完美想法，因此这类学生一旦进入现在的课堂进行教学，也会受到极大的心理冲击。很多学生受不了这种冲击和压力，就休学或者转行了。

我明白她的意思，于是说："每个老师都可以有自己独特的管理方式，但是我希望你不要因为这次的事情就对课堂管理失去信心。你的实习老师带这个班级已经超过3年了，因此她和学生们彼此非常熟悉，学生们也知道老师的脾气和管理的态度。"我看了她一眼，继续说："但是对作为实习生的你就不一样了。孩子们一般看到新老师都会非常兴奋，有的时候就会不自觉地做一些事情去吸引新老师的注意，这些是很正常的举动。我希望以后你和实习老师仔细谈谈，看看以她的观点，你该如何管理她的班级。比如，哪些孩子需要更多帮助，哪些孩子需要更多的关注，等等。"

在我和实习老师交流了以后，我们三个人一起讨论了课堂管理方案。两周后我再次去访问，学生就告诉我她已经适应多了。

教授留学生

和澳大利亚本地学生相比，留学生受到的压力和冲击更大。由于澳大利亚的移民政策在独立技术移民名单上保留教师这个职位，很多留学生都把攻读师范学位作为既方便移民，又方便找工作的理想路径。而且如果留学生在澳大利亚完成四年制本科的师范学习，那么他们就不需要参加雅思考试，因此很多留学生都选择攻读师范本科学位。

除了来自英语是母语的国家（比如英国、加拿大、新西兰、爱尔兰等）的留学生，其他大部分的留学生的母语都不是英语。这个背景除了导致很多留学生的英语写作水平不高之外，还意味着这些留学生要面对一个更麻烦的问题，即学校实习。实习要求师范生不仅要和学生交流，还要了解澳大利亚本国的文化。

我举个例子来说明。

我曾经碰到过一个来自印度尼西亚的学生。他的英语很不错，而且他性格非常阳光，对自己的学习充满了信心和热情。我经常在校园里看见他努力地和学校里的老师和学生们交流，打成一片。

有一次我又在校园里碰到他，他一反常态，一脸沮丧地对我说："老师，我犯错误了。"

我一听，觉得有点好奇，就问他："你犯了什么错误？"

他说："我目前在学校里实习，昨天被校长找去谈话了。"

我更加吃惊了："你做了什么，怎么被校长'训'了？"

他说："我昨天在学校里实习的时候，有一个学生总是完成不了课上的学习任务，于是我就在课堂上认真教了她好久，最后终于完成了。我非常高兴，拍了一下学生的肩膀……"他垂下了头。

我明白了，对他说："我知道了。在澳大利亚学校里当老师，和你在印尼不一样。这里有各种各样的规定，比如老师，"我顿了一下，"尤其是男老师要特别注意避免和学生，特别是女学生的身体接触。"

"可是我觉得我拍她的时候她完全是高兴的，"他比划了一下，"你看就这样，我觉得非常自然……"

我说："我知道你的心情，但是在澳大利亚当老师你要入乡随俗，要遵守他们的规定。"

这只是一个学生在实习中碰到的小插曲，但是却反映了很多师范留学生受到的不同教育文化的冲击。这种冲击如果被学生充分利用了，反而可以成为他们的资源。

我曾碰到过一个来自挪威的留学生。她一头金黄色的卷发，漂亮文静。

我有一次去学校访问，她对我说："老师，什么是澳式足球？"

我反问她："你对体育竞赛有兴趣？"

她说："不是的，我现在教的班上的孩子们都支持一个球队，所以我在努力学习，因为他们经常问我看了没有，支持哪个球队，等等。"

我虽然对这个体育项目没有很多澳大利亚本地人那么狂热，但是我也非常喜欢看，于是我提供了一些网址让她去查询了解。

我教过不少留学生师范生。他们有的顺利完成了学业，有的因为语言和文化的问题不得不放弃。我个人觉得非常可惜。其实很多学生只要突破自己的舒适区（comfort zone），努力融入学校、融入社会，就会成为很成功的教师。

从事远程网络教学

随着社会的发展，计算机技术不断升级换代，教育作为产业，其教学方式也发生了巨大的变化。我刚到澳大利亚的时候是21世纪初，学校里的电脑配的基本上都是笨重的显示器（非液晶），而且主机的体积都非常大，内存量和数据处理的速度和现在相比都非常慢。现在的大学和十几年前相比，在对技术的使用上可谓突飞猛进。首先，无线网络覆盖整个校园，任何学生和工作人员都可以在学校的任何地方、任何角落连上互联网。其次，学校的教学不仅仅包括学生们实际去上课的时间，也包括很多课后的学习时间。讲师们不再只准备上课（包括大课和小课）的材料，还需要准备大量的网络资料，方便学生进行课后的学习。澳大利亚的一些大学干脆开设了全网络教学：学生们可以在任何时间、任何地点（包括澳大利亚境外）进行学习。我觉得这是当前社会的需求，也是教育文化的一大进步。

使用远程网络教学要求讲师们既要具有对所授课程的知识，也要拥有使用各种计算机技术的能力。比如，我现在所在的大学的教育专业每年都开设暑期学习课程。虽然这个暑期课程也是12周的学时，但是暑期课程的教学100%在网上完成。也就是说，这些课程完全通过网络教学，没有现实中的上大课和小课的要求。

这种教学方式特别受已经有工作，只能晚上学习的学生，以及不在大学城居住，住在偏远地区的学生的欢迎。在这种远程网络教学方式下，我教的学生们中有很多我都没有见过。因此这种方式对讲师的教学提出了新的挑战。

如何在网上进行教学？如何保障学生们的学习利益？如何保证学生们学习的成功？这些都是讲师们需要考虑的问题。

我在本学期教授的一门课程共有159名学生，其中25名为"校内学生"，其余的都属于"校外学生"。这就意味着只有25名学生会到学校里接受面对面的教学，其他的学生都要通过远程网络来进行学习。

在学期开始前，我专门在该课程的网站上写明了该课程的学习内容、方法以及作业的形式，以便学生们在学期的第一天就可以通过互联网登录该课程的网站，查询该课程的学习资料及需要完成的作业。网站上除了提供丰富的学习资料，也给学生们提供各种学习帮助。这个网站不仅由讲师们维护，其背后也有强大的技术团队的支持。如果学生碰到技术上的问题，可随时直接拨打网络技术团队的24小时电话来解决问题。如果碰到学业上的问题，也可以直接打电话或者发邮件给讲师。

网站上的学习内容非常丰富。作为讲师，我经常使用课本的内容、图片以及网络上的录像作为教学材料，而不是大段大段的阅读材料。网站上也提供讨论区，供讲师和学生们使用。学生提交作业也通过网站上的功能完成。讲师只要登录网站就可以下载并且批改作业，然后再通过网络的方式把批改意见发还给学生。除此之外，讲师们也会上网络虚拟课。我在这里打算详细地介绍一下这个虚拟课。

刚刚提到，我这学期教授的一门课里一大半的学生都是"校外学生"。为了给这些学生提供良好的学习环境，我每个星期也给他们上一堂"虚拟课"。

这个虚拟课和上大课、上小课一样，都需要讲师准备PPT，并且要了解自己上课的内容。虚拟课与普通课堂的不同主要在于，它不是在普通的讲台前完成的。一般上虚拟课的时候，我都端坐在我的办公室的电脑桌前。不是每个校外学生都能按时参加虚拟课堂的学习，因此虚拟课堂设有录音、录像功能。讲师们可以录下来，供不能来课堂的学生随时观看。

虚拟课堂是通过网站上的一个技术功能来实现的。进入虚拟课堂和普通课堂非常不同。讲师可能看不到学生的脸，取而代之的是一大串的学生名单。讲师把准备好的PPT导入课堂，学生在另一端就可以看到这些PPT片。这个时候，讲师可以开始用话筒给学生讲课。学生如果有问题可以举手，然后老师可以把话筒让给学生来提问。学生也可以通过打字的方式在对话栏里提问题，或者发表评论。总体来说，虚拟课堂基本上满足了普通课堂在交流上的需要。

网络虚拟教学虽然已经有了超过10年的历史，但仍然是一种非常新式的教学方式。作为讲师，我们每年都需要接受学校的培训，来学习新的技术进行教学。比如，这两年网络虚拟教学加强了在智能手机方面的功能开发，讲师们也开始学习如何利用手机的学习功能来进行教学。

我热爱我的职业，热爱我所教授的每一位师范生。在每年学期结束我作为小学教育负责人来签署本学期毕业生的毕业许可的时候，这个感触最深。我看着他们一个个地完成了四年的学业，真心地祝愿他们每一个都能够在自己的教学舞台上展现出最好的自己。

最后，请让我在本章结束的时候引用一段话来表达我对工作的态度：

我爱我的工作。

我每天都爱它多一点。

我爱我的办公室，我讨厌不得不去的度假。

我爱我的单调而灰暗的办公家具，以及每天都不断增长的纸堆。

我爱的我的电脑和软件，我经常拥抱它们，虽然它们完全不在意。

我热爱我的工作，我再说一遍，我很高兴来工作，我真的很高兴，很高兴。

——苏斯博士（Dr. Seuss）诗篇

五、我在澳大利亚大学做研究

2011年，有一名4年级的本科师范学生给我写了一份研究报告。在这份报告里，她着重讲述了当前教育师范生的学习和生活压力。我当时觉得这份报告非常有趣，因为在当时大部分的相关报告都只针对已毕业并且进入工作岗位的教师的工作压力进行研究。澳大利亚教师的工作压力来自很多不同的方面，其中主要包括就业压力、管理课堂秩序的压力和生活压力。因此，有很多澳大利亚的教师在进入教学岗位五年以后离岗或者转而学习其他的专业。这与当前澳大利亚缺乏教师的现状密切相关。带着对教育学研究的热情，我和我的研究团队把目光转向了本科师范生的教育，因为所有教师的前身都是师范生。为什么教师们在还是师范生的时候没有改变就业的方向？师范生自身有没有压力？压力在师范生毕业后是否发生了变化？教师和师范生是如何进行心理调节的？如果培养师范生的时候加入对抗压能力的培训，是否对以后增强教师的抗压能力有所帮助？

带着这些问题，我和我的团队写好了研究计划书，并且在2014年初在校内获得了两万澳元的课题研究经费。在2014年中，我们对全校1700名在校师范生进行了调查，最后发现，在师范生的培训中，1年级的学生感觉压力最大。这是一个有趣的发现。于是我们进行了跟踪调查，发现澳大利亚的1年级师范生分成两组：高中毕业生和社会人员。高中毕业生刚刚经历了高考，还没有很好地把自己的身份认同转换成大学本科师范生。因此对于高中毕业生，不自信是压力的主要来源。而社会人员由于已经脱离学校系统很长时间了，他们对学校的理解还停留在他们还是学校学生的阶段。因此，对于社会人员，他们与学校系统的脱节造成了他们对目前的教育系统的知识匮乏，这是他们压力的主要来源。

我在以上的文字中简单地介绍了一个我目前正在领导的研究项目。

在2011年前，几乎所有的大学的学术人员只有两类：专门从事研究的学术人员和既从事教学又从事研究的学术人员。从2011年起，一些大学开始设置专门从事教学的学术人员，于是有了专职教学人员。这不是大学对科研的否定，恰恰相反，由于澳大利亚的各所大学对科研的重视程度提高了，各大学开始致力于培养可以从事研究的学术人员，而不是所有的学术人员一把抓。大学开始置备一些专门面向从事科研的学术人员的科研设备，并给予这些学术人员大量的研究基金，培养自己的从事科研的学术人员。

我所在大学里的学术人员目前被分为三种：专门从事教学的学术人员、专门从事研究的学术人员以及既从事教学又从事研究的学术人员。除了专门从事教学的学术人员之外，其他的学术人员在每年的年末以及第二年的年初，要向学校的大学研究部汇报去年的所有研究成果。

我的工作性质属于既从事教学又从事研究的学术人员，这就要求我既要完成每年的教学任务，又要完成研究任务。在澳大利亚大学做研究和国内大学的科研既有相似，也有不同。

在国内，如果你一年内没有任何研究成果，学院的院长就会找你"谈心"："你最近在做什么研究啊？""你的教学任务是否特别重？需要不需要给你的研究提供什么帮助？"

和国内大学不同的是，澳大利亚的大学一般没有硬性的要求，不过每五年会检查学术研究人员的研究成果。如果你没有完成积分要求，学院的院长会和你讨论并制定计划，以督促你能够在以后的工作中增加自己的科研成果。

当然，如果你在以后的两三年内还是没有提高，并且你和学校签署的工作协议是合同制，那么大学可以认为你对大学没有科研贡献而解除合同。即使你在大学里有终身职位,大学也可以调整你的学术工作性质,把你划分为专门从事教学的学术人员。

有的读者可能会觉得奇怪,澳大利亚的大学为什么要把学术人员分为这三类? 它们的不同点在哪里呢?可以从字面上理解专门从事教学的学术人员没有科研的工作量,而专门从事研究的学术人员没有教学任务,既从事教学又从事研究的学术人员既要完成自己的教学任务,又要完成科研任务。

专门从事教学的学术人员的学术任务相对较轻,因为他们的主要任务是按时备课并且根据上课的不同要求完成上课的任务。从事研究的学术人员就不同了,他们需要洞悉目前的研究动向、社会的讨论话题,了解政府政策的变化,并根据自己的个人兴趣做出符合社会发展要求的研究计划,按时进行研究并且写出研究报告。和教学不同,学术人员自己决定研究课题,自己制定研究计划。学校里的咖啡屋经常可以看见学术人员一边喝咖啡一边讨论研究项目,很多学术人员也会利用周末和假日在家里加班写调查文章。

对于既从事教学又从事科研的学术人员,大学里有一条不成文的规定,即这些学者的教学任务占个人工作总量的70%,而科研任务占30%。如果按一周5天工作制来划分,每周1到2天的工作量应该用在科研上。

事件簿

从事科研困难重重。从博士刚毕业时对科研充满热情,到经历各种困难和挫折而能够认真正视科学研究,是每个做科研的学术人员的必经之路。

我记得我博士刚毕业那时,觉得自己既具备了科学研究的专业知识,又完成了近十万字的博士论文,做科研对我来说应该易如反掌。我想要完成一些国家级的大项目,又想对社会做出大的研究贡献。但是,从事科研的困难很快就将我从云端中拉回了现实。首先,在大学里做研究需要基金。从哪里申请?如何申请?怎么样才能申请成功?在博士的学习过程中,我虽然也听说一些导师申请并获得了研究基金,但是我在博士学习过程中从来没有接触过。所以，这成了我遇到的第一道难题。

事件簿一：　申请研究基金

几乎所有的澳大利亚大学都提供各种各样的研究基金。除此之外，还有各种各样的研究所或者研究机构也对从事科研的学术人员打开研究基金申请的大门。

我先来谈谈大学的研究基金。

大学的研究基金主要对从事科研的学术人员开放，也就是说，专门从事教学的学术人员虽然也可以申请研究基金，但是成功的机会不大。大学的研究基金经费一般为几千甚至上万澳元。

申请大学的研究基金有很多优势。首先，虽然大学提供的研究经费和一些校外的研究所和机构提供的研究经费相比并不高，但是却给一些准备从事小型科研的学术人员提供了研究的机会。再次，因为大学的研究基金主要针对大学内部的研究，因此申请的审核要求没有校外申请的要求高。因此，相对来说，申请大学的研究基金比申请校外的研究基金容易得多。

但是大学的研究基金也有很多缺陷。比如，每年大学的研究基金的申请时间不统一，去年5月份的研究基金可能由于经费和大学政策的改变而取消。也可能由于政策的变化，大学又突然增设了新的研究基金。这种时间上的不确定性，对一些已经完成了一部分的前期研究而准备进行后续研究的学者来说，就是一个大问题。因此，这些学者就要申请校外的研究基金。

校外的研究基金目前在澳大利亚也是多种多样的。下面我将简单介绍一下几个与教育学相关的研究基金。

我首先来介绍澳大利亚研究协会（Australian Research Council，简称ARC）。澳大利亚从事研究的学者对ARC都有所了解。这是澳大利亚最高级别的研究协会。每年该协会会为从事研究的学者提供几轮不同的研究基金的申请机会。在这些种类繁多的研究基金中，我想主要介绍两种：探索基金（ARC Discovery）和联合基金（ARC Linkage）。联合基金主要提供给一些与社会其他行业有合作研究的申请人。比如，我有一位同事，他所进行的研究和苹果公司所研制的iPad相关，那么他就可以邀请苹果公司和他一起来共同申请联合基金。联合基金没有必须建立合作的要求，也可以由独立申请人申请。相比于联合基金，探索基金的申请成功率小一些，据统计，20位申请人中可能只有1名成功。

除了澳大利亚研究协会之外，和教育相关的研究基金还有教学办公室（Office of Learning and Teaching）的针对高等教育教学的国家级研究基金。

在这里，我想特别介绍一下中澳外交协会（Australian-China Council）的研究课题项目。这个协会每年二三月份会发布当年的研究课题项目。凡涉及中国和澳大利亚两国的教育、文化、贸易、工业等的研究课题都可以申请。

校外的研究基金项目很多，但是获得成功的机会相对减少。一般一个项目从申请、审核到最后出结果，需要大约三四个月。对于国家级项目，能够获得最后成功的更是少之又少。因此，虽然研究基金项目很多，但是要申请成功却非常难；有的时候，申请的成功率只有10%。

要想获得校外，尤其是国家级的研究项目的基金，就必须花大量的时间去组建研究团队、商讨研究方法，并且要求研究人员具有创新精神，而且研究成果对社会有大的贡献或者经济效益。

事件簿二：组建科研团队

在澳大利亚大学里，只靠自己一个学者来做研究往往是不现实的。首先，虽然大部分的学者都有教学任务，而且术业有专攻，然而现在的研究都不再是单一的研究，而更多的是交叉研究，这尤其体现在跨文化、跨学科、跨国界上。因此，大部分的研究都需要建立科研团队。科研团队可根据项目的研究目的和过程而建立。

比如，最近我和我的科研团队正在研究本科师范生的学习压力以及此压力对他们的学业成果的影响。我的科研团队就包括几个关键团队成员：师范本科教育者、心理学专家以及本科教育专家。这些成员都有各自的专长。比如，心理学专家掌握测量压力和缓解压力的知识和手段；而师范本科教育者则对师范本科生这个特别群体有着非常深的了解。

团队建立时可以明确分工，比如，在研究计划书里可以明确地指出每个团队成员的职能和作用。这样一来，真正运行起来时就不会造成团队的管理混乱。

事件簿三：写期刊文章

作为从事研究的学术人员，我们会经常和同事聊有关期刊文章的话题。有的时候同事们坐在一起边喝咖啡，边讨论期刊的发表。

大家常常挂在口边的话题是："你今年发表多少文章了？""期刊的级别如何啊？"

已经有期刊文章发表的同事就相对"趾高气扬"，而还没有发表的同事则垂头丧气，只有回头暗暗努力。当然还有一大部分同事正惴惴不安地等待期刊的审核结果。前面说了，由于大学没有硬性要求，学术人员发表文章的篇数参差不齐。有的同事一年发表10篇以上，有的同事则一篇也没有。

ARC于2010年推出了新的政策和条款，来对各份科学研究的期刊进行评估。这份文件根据期刊的质量，把一些被认可的期刊分为四类：A星类、A类、B类和C类。A星类的期刊一般为国际级别的期刊，声誉很高，对专业的影响力也非常大。A类的期刊一般为澳大利亚顶尖级别的期刊，在澳大利亚的声誉也很高。B类和C类的期刊水平相对较低，或者是新兴的专业期刊。ARC的这份文件也是针对目前国际期刊管理混乱的情况下，对一些质量低下的期刊的一种学术抵制。根据期刊的变化和社会的发展，ARC分别于2012年和2015年对这份文件所罗列的期刊表进行了修改。

凡是为期刊写过文章的学者都深知在优秀的期刊发表文章非常不容易。和国内的期刊发表不同，除了一些开放式期刊（Open Access Journals），澳大利亚的期刊（特别是陈列在ARC的这份文件上的期刊）一般对作者不收取任何费用。当然，期刊的作者也不会因为发表文章而获得任何经济上的补偿。期刊文章发表的困难主要在投递、审核、修改、再审核、再修改、再审核的不断循环中完成。相对于自然科学的期刊，社会科学期刊的发表就更加困难。在我所发表的期刊文章中，我发现A类和B类期刊从审核、修改到最后发表文章的时间跨度最短半年，最长可超过一年。所以，在投递文章给期刊后，作者们将经历长时间的不断修改才能成功。因此，如果得知同事们有文章发表在期刊上，我们都会表示祝贺并且互相鼓励。

事件簿四： 国际和国内学术会议

相对于期刊文章的发表，在国际和国内的学术会议发表文章就相对容易多了。不过由于会议文章的重要性相对较低，很多从事研究的学者并不把参加国际和国内的学术会议当作是发表文章的重要途径，而一般都把会议作为扩大自己的研究人际圈的方式，方便以后的科研合作。

我于2015年参加了澳大利亚师范教育协会组织的年度会议（Australian Teacher Education Association Conference）。在这个会议上，我非常有幸结识了协会的会长周斯·纳拖（Juce Nuttall）副教授。我们在会议期间一起讨论了目前她所从事的各类科研调查工作，也认真地向她汇报了我们的研究成果。虽然我和她的研究方向和研究方法不同，但是由于我们对研究项目都满怀热情，最后我们一起坐下来认真讨论了半天，甚至还制定了以后可能的合作项目的方案。

事件簿五： 举行调查报告会

大学内部经常举行调查报告会。从事科研的学者，以及校内外的研究基金的获得者都会被学校要求举行调查报告会。这个报告会有些类似于国际或国内会议的演讲报告。虽然形式类似，实际操作起来却大不相同。主要的区别在于，校内的调查报告会的时间可长达一个半小时甚至两个小时以上，因此报告会的内容要准备得相当丰富和严谨。在举行调查报告会的时候，学校会邀请各个层次的学者和学生来听讲。有时调查报告会最后会渐渐变成讨论会的形式，而很多演讲的学者对此非常喜闻乐见，因为通过讨论可以帮助这些学者转换思维方式和角度，从而更好地进行调查研究。

比如，我在2015年年中的时候第一次去参加了多文化会议（Diversity Conference）。在这个会议中，我代表团队对我们当时的研究课题"男教师缺乏的原因"做了研究报告。这个报告相当受欢迎。有趣的是，紧跟在我的报告后面是一名来自加拿大的警察研究中心的女研究员，她做的报告是有关女警察缺乏的原因。于是在报告的后面，我和我们的听众一边感慨不同的工作性质决定了不同的研究方向，一边仔细倾听对方的研究报告，来补充自己的不足。到最后，我感觉我们都受益匪浅。

也许在将来，我会改变我的研究方向，因为我的研究热情会根据我个人的研究方向和当前的师范教育成果而改变，但是我一直知道我的研究宗旨：保持研究的热情，热爱自己的研究事业，做一名出色的研究学者。

六、我在澳大利亚大学担任系主任

在这一章里我想谈谈当系主任的酸甜苦辣。查尔斯·达尔文大学的教育学院分成四个大系：儿童早期教育本科系、小学教育本科系、中学教育本科系以及岗前教育研究生系。我从2013年起开始担任小学教育本科系的系主任。

在我看来，当系主任是一项繁琐但是很有趣的工作。这是因为要顺利完成系主任的工作，我接触的都是学生和学校的工作人员。他们有血有肉，每个学生和工作人员都有不同的生活、不同的工作，都是活生生的存在。

面对转校生

我曾经遇到过一位学生，她是一位单亲妈妈，而且她的孩子还患有自闭症。这位学生要照看孩子，还要上班来维持家庭的生活需求，她发现自己无法满足一些大学对必须来校内上课的硬性要求。

在澳大利亚，很多大学还是遵循传统式的教学方式：学生必须来大学校园上大课和小课。这些大学有很多硬性规定，比如，如果学生缺席超过20%，不论其他的作业完成得如何，他们的该门成绩就定为不及格。随着网络远程教学的使用，越来越多的大学开始满足一些学生的特殊需要，给这些学生提供可以在校外学习的机会。但是这个远程教育的方式还远没有充分开发。我的这名学生就是碰到了这个实际的问题。

她打电话给我说："我现在的这所大学要求我必须去学校听讲，我一般都可以安排好时间，不过上个月我的孩子突然生了病，我不得不耽误了上课，这对我的学习安排造成了非常不好的影响。"她顿了一下，继续说："我听说你们大学的教育专业可以通过网络教育来学习，我想咨询一下有关网络学习的要求。"

我在担任系主任时，碰到的最常见的问题就是转校生的问题。澳大利亚的大学生流动性很大。我碰到很多学生因为很多原因转学到我们大学来学习。有些学生可能跟随父母搬家到了北领地，有些学生则因为在其他的学校碰到了学习的困难，比如因为身体原因无法去学校上课，而有些学生则是因为家庭原因，如离婚、结婚、生子等等。在澳大利亚的大学选择学生的同时，这些大学生也完全可以根据自己的需要来选择满足自己需求的大学。

基于对转校生的认识，我开始给她详细介绍网络学习的要求。"网络学习的要求很简单，"我回答道，"你只要有台电脑，连上因特网就可以到大学的学科网站下载根据要求学习教学的材料，并且完成作业。网络学习的方式给学生们提供了很多便利的条件，你可以完全根据自己的需要来完成。比如，在你孩子生病的情况下，你可以调整你在该周学习的计划，你可以改成晚上学习或者把周末用来学习。但是网络学习对学生的学习自主性的要求很高，因为你不再有老师面对面地督促你学习，你必须自己安排学习的内容，并且在允许的时间内学习并且完成高质量的作业。"

她听了以后，继续问："请问您，以我目前的情况，我该怎么样安排自己的学习呢？"

我想了想说："根据你目前的情况，我觉得网络学习的方式很适合你。不过你要给自己上学的时间制定一个详细的学习计划表，并且坚决执行。如果你有任何问题，请一定要提出来。"

我曾经碰到过不少学生，他们在学习的时候很努力，但是他们掌握自己的时间的能力不强，不懂得如何去合理安排学习和生活。这些学生的学习时间相对混乱，最后作业完成不了，给自己的学习和教师的作业批改造成一些问题。

基于我的经验，我继续对她说："我希望你在学习的过程中，如果碰到任何问题，请不要犹豫，直接告诉我或者你学习的科目的讲师们。你要记住一点，我们作为讲师的职责不是为了阻止你学习或者在你的学习中为难你，我们的职责是为了帮助你成功地完成学业。"

她听了很高兴："放心吧，我通常都会不懂就问……"她继续说，"我的儿子有自闭症，我作为一个单亲妈妈真的很难，我每天要带着他去看老师，进行干预学习。我目前没有一个稳定的工作，主要在我朋友的缝衣店里打工。我在带儿子看医生，进行干预学习的过程中，发现了很多这样的孩子。我觉得这些孩子特别需要老师的帮助，而且他们是可以通过干预成为好孩子、好学生的。所以我励志要成为一个小学特殊教育老师，去帮助这些孩子。"

我听了之后鼓励她："衷心希望你能够圆满实现自己的理想。"

这名学生最后转学到了我们大学，去年她完成了自己的学业。而且由于总成绩非常优异，她在毕业典礼上作为学生代表做了充满激情的演讲，并且一毕业就被用人单位学校给抢走了。

帮助留学生选课

这个学期刚开学的时候我碰到一个来自中国的交换生。她目前是安徽某所大学的大三学生，来这里读半年，然后回国去完成最后半年的学习。这样的学生在澳大利亚大学很常见，中国国内很多大学都开办了"2+2""3+1"等培养方式的学位，一部分的学业在国内完成，另一部分的学业在国外完成。我第一次注意到她是因为我有一个同事给我转发了一封邮件。

邮件上说："在我这学期教授的课程中有一名来自中国的学生，我觉得她对这门课的理解不充分。我可以让她来和你谈谈吗？我相信你可以更好地帮助这位学生。"

接到邮件后，第二天我就通过邮件把这名学生请进了我的办公室。

见面后，我直接对她说："你好。"

我看到她脸上的表情是既惊又喜。惊的是她没有想到我会说中文，喜的是她终于可以松一口气,和我直接进行中文交流了。

我让她坐下后,对她说:"不要紧张。我今天找你来的目的是为了更好地安排你在澳大利亚大学的课程学习。"

我接着说:"我感觉你对你选修的科目了解很少。我想为你详细解说一下,可以吗?"

她非常高兴:"真是太感谢您了!"

我笑着说:"不用客气。我曾经也是来自中国的留学生,因此我对你现在的问题和碰到的困难非常理解。"我继续解释,"你看,你目前选修的这门课是一门教育实习课,你明白什么是教育实习吗?"

她摇了摇头。

我说:"本系的教育实习除了要求学生去小学里参观外,还要求编写教案,然后进行教学。你现在选修的这门课要求你在学校里进行20天,也就是4周的实习。"

她吃了一惊,"我不知道啊。"

我继续问:"你在国内的专业是教育学吗?"

她摇了摇头。

来澳大利亚读书的留学生越来越多,他们来自欧洲、亚洲、美洲和非洲的各个不同的国家。由于澳大利亚的地理位置离亚洲最近,来自亚洲的留学生最多。其中,来自中国的留学生人数也相当多。中国的留学生主要攻读的专业为商业和会计,读文科特别是教育学的学生并不多。我在当系主任的几年里大概只接触过10名左右来自中国的学生,但是也接触过不少来自中国的交流访问的大学生。这类学生最常碰到的问题是选课问题。

后来我给这位学生详细介绍了什么是实习课,她决定不选这门课,而选其他的课程。我觉得她最后的决定非常明智,因为我觉得交流访问大学生的主要任务是熟悉澳大利亚的文化,理解教育的差异,在此同时也能够很顺利地完成学业。我衷心地希望他们的留学之旅既新奇又顺利,值得他们以后慢慢回味。

调解学生和讲师之间的矛盾

每个学期我都会碰到一些学生，他们对讲师批改作业的成绩不满意，觉得自己的成绩应该更高一些，但是他们的讲师坚持自己给出的成绩非常公平。于是学生们就找到我，希望我出面调解。

在处理这类矛盾的时候，我需要特别强调成绩批改的公平性。根据学校有关作业批改的政策，遇到这样的问题，我通常会找到一名其他大学教相同专业的讲师，然后协商好让他再次批改学生的作业，如果分数更高，那么学生就可以获得更高的成绩，他们的讲师不得干涉新的成绩。当然了，如果分数比以前低，学生也无权抱怨。很多情况下，这些学生的最后成绩经过校外审核后和原来讲师给的成绩一致。

澳大利亚大学的学生和讲师之间的关系并不是由导师单方面控制的。记得我自己刚到澳大利亚大学攻读学位的时候，我就已经深切体会到澳大利亚大学的学习环境是支持学生挑战老师的想法和观点的。学生有什么不同的观点，完全可以对老师畅所欲言。如果双方都坚持自己的观点就会产生矛盾，这个时候就需要系主任的调解。

我的经验告诉我，如果学生和讲师之间各持己见，不能达成协议的话，他们就会来找我作为调节人。碰到这种情况，我一般会让学生和导师各自给我写一份报告。这份报告要如实写明矛盾的缘由，并且要写明他们想要达到的理想的处理结果。所以，作为一名系主任，我必须要了解大学的各种政策和规定。只有这样，在处理矛盾的时候才可以根据政策和规定来严格执行。

安排系内学科的教学任务

作为系主任，我在每个学期开始之前还需要安排系内学科的教学任务。影响教学任务安排的因素有很多，比如，有些学科需要根据学生的反馈来修改教学材料，有些讲师因为身体的问题或者其他的个人问题需要休假不能上课，还有员工的流动，等等。

在澳大利亚大学，全职工作满三年的讲师都可以根据自己的学习需要来申请长达半年的学习假（study leave）。在我管理的小学系中有几名博上在读的讲师。今年的上学期，有两名讲师因为处在博士论文的最后完成阶段，他们申请了学习假并且获准了，那么他们在该学期所承担的教学任务就需要重新安排。

作为系主任，我除了必须对自己系里所有的科目非常熟悉之外，也需要对自己系内所有讲师的专长非常了解。

针对当时两名讲师缺席的情况，我首先认真思考在校的其他讲师的专业是否可以教授这些课，以及其他的教师已有的工作量。

两名讲师中有一名的专业是学校实习专业。她一般教授的都是学校的实习课程。

我于是找到教授实习科目的另一名讲师："我想问一下你这学期的工作量，也想看看你是否能够再多带一门课。"

她想了想说："因为我明年打算休长假，我希望那个时候能够和这名讲师交换。"

我对她的请求表示支持。就这样，第一名讲师的问题就解决了。

第二名讲师的专长是历史和地理学。目前系里面只有她一名全职的历史和地理讲师。因此，我就不可能从系里原有的讲师中选择，只能从校外寻找代课讲师。

现在澳大利亚的博士供大于求，很多博士毕业生和正在攻读博士的学生都愿意通过做代课讲师或者助理讲师的方式来打入大学的市场（one foot in the door）。因此我从校外寻找代课讲师不是很难。通常我可以通过其他讲师的介绍来寻找，或者打出广告然后走正常招聘的流程。最后，我通过招聘招到了一名正在攻读博士的教育学专业的讲师来代课。

参加学校的会议

上个学期我们大学准备使用西悉尼大学的大学生筛选制度，而我所负责的这个本科专业被推荐为试点专业。

这个筛选制度主要针对一些不明白课程内容的学生而设计。比如，一些学生有恐血症，那么这些学生去学医学或者护理学就会比较困难。这个筛选制度可以帮助这类学生来自我判断是否继续学习该专业。

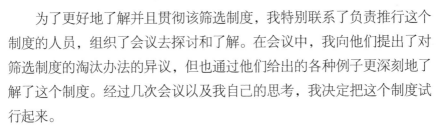

为了更好地了解并且贯彻该筛选制度,我特别联系了负责推行这个制度的人员,组织了会议去探讨和了解。在会议中,我向他们提出了对筛选制度的淘汰办法的异议,但也通过他们给出的各种例子更深刻地了解了这个制度。经过几次会议以及我自己的思考,我决定把这个制度试行起来。

再比如,今年我的一个本科毕业生被学校推荐为澳大利亚国家哥伦比亚奖学金的候选人,他需要和讲师们合作安排自己在哥伦比亚的学习,这个时候学校奖学金的申请机构以及这个学生就需要安排和我会面,以便我们能够保证该学生既能完成澳大利亚学生大使的职责,又能顺利进行学习并完成学业。

因此,可以看出,系主任的一项重要职责是参加各类有关会议。澳大利亚的大学的教育除了包括各自去上课,更多时候需要团队的合作。这就是说,课程的改革和备课的内容并不是由讲师自己完成的,很多时候也需要团队的互相支持和合作。

我所在的大学的教育学院中就有儿童早期教育团队、小学教育团队以及中学教育团队。这些团队并不是彼此独立的,相反,很多团队的成员同时也是其他的教育团队的成员。比如,我所管理的小学教育系的一些科目也跨越到中学教育系,因此作为系主任,我就需要经常带领团队召开教学会议,因为讲师们在设计和准备教学的时候,要考虑到学生的相同点和不同点。团队的队员需要经常开会以保证教学任务的圆满完成,不会因为讲师的不同而让学生们接受不同的教学。

设计和准备好的教案与教学团队的合作息息相关。教育团队在批改作业中也有着很重要的作用。各个教育团队会经常开会,并且针对已经出现的或者可能出现的问题进行小组讨论,找到解决的方法。

参加学校举行的开放日活动

每年的8月份,我所在的大学都会举行一个大学开放日(Open Day)活动。在这一天,学校对社会开放,让社会上的人员以及高中生来学校咨询参观。

我作为小学教育系的系主任也需要到场。小学教育系除了我之外也有一些其他的老师来帮忙。每个系都有自己的一个小摊位，我们在这个摊位里可以摆放和系内专业相关的资料，并且准备了电脑网络以便随时查询。

在2016年的开放日里，我和我的同事们特别安排了一些有趣的活动来吸引眼球。比如，我们去商场里买了一瓶糖球，放在摊位里，让大家来竞猜这瓶里的糖球粒的总数。谁猜的数目和真实的数目最接近，谁就可以获得学校给予的100澳元奖励。这个活动一下子吸引了不少参观的人群，大家纷纷动脑，然后写下自己认为的糖粒的数目和自己的名字电话等。在开放日最后结束的时候，我们把瓶子打开数了总数，并且宣布了赢家的姓名。

当然了，这些都是一些吸引眼球的小方法。大多数的时候，很多来参观的人员对进入我们大学进行学习感兴趣。这个时候他们就会问我很多问题。这些问题主要包括：

"读完这个专业我能干什么呀？"

"找工作容易吗？"

"读这个科目需要多少学费？我可以申请政府补贴吗？"

"申请的程序如何？"

"转学的时候我可以转学分吗？"

作为系主任，我需要对他们的问题一一解答。开放日时间不长，大约4～5个小时，我在这段时间内会接待几十名可能到我系学习的学生。

参加毕业典礼

在本章的最后，我想来介绍一下毕业典礼。参加毕业典礼是我做系主任最喜欢的一项任务。澳大利亚的大学一般每年都会举行两次或者三次毕业典礼。这个毕业典礼是师生共庆的一个重要仪式。

有趣的是，每所大学的毕业典礼的服装都不一样。有的大学的毕业服装采用牛津式的长袍，佩戴翻领带。有的大学则选用剑桥式的长袍。另外，每所大学的毕业典礼服装的颜色也不相同，有的大学是纯黑色的，有的大学则选择蓝色，还有的大学选择暗红色等。虽然各所大学的服装不同，但是我发现每所大学毕业生的帽饰都很相似。学士和硕士毕业生的帽饰都为四角帽，而博士毕业生的帽饰为圆帽。因此，观众可以很容易地从他们的帽饰里看出该学生到底是不是博士毕业。

除了毕业生，还有大学里的很多讲师参加毕业典礼。我作为系主任兼讲师，也需要在毕业典礼开始前进入准备室换衣服。虽然我已经毕业很多年了，但是作为讲师和系主任参加毕业典礼的时候，我也需要穿戴得和毕业生一样，进入礼堂，坐在讲台上。

毕业典礼的仪式很简单。先由各个讲师和学校的领导缓步进入礼堂并落座，然后毕业生们也鱼贯而入，坐在礼堂的前排。礼堂的后排则坐满了毕业生的亲属和朋友。大学的校长首先做演讲，主要介绍今年大学的毕业生的主要情况。之后，毕业生的学生代表会到礼堂前发表热情洋溢的毕业演讲。结束后，大学的校长会站在礼堂前，毕业的学生们一个一个地按顺序走到他/她的面前握手并颁发毕业证书。

虽然我不是毕业生本人，也不是他们的亲属，但是我看着他们一个个地走过来，敬礼握手，笑容满面，我感到非常的满足。有的时候我会看到一些特别熟悉的身影，那种骄傲的感觉就好像潮水一下子涌进我的心里。这时我就好像一名母亲，幸福而自豪地看着自己的孩子一个个走向成功。

我想起他们进大学的第一天，那一张张期待而紧张的小脸。我和他们探讨着做教师的心得：

"同学们，你们下定决心当一名教师了吗？我用我的经验告诉你们，当教师需要大量的耐心和毅力。但是我也用我的经验告诉你，做教师是幸福的，看着自己努力的成果在自己的学生成绩中体现出来，那是一种说不出来的骄傲。我希望在四年以后的毕业礼堂里看到你们每一个人都可以成功地从这里走出去……"

七、我在澳大利亚当博导

博士生导师，简称博导，在澳大利亚英语中为supervisor，中文意思为监察、监督者。从字面上来解释，博导就是博士生的监察者。这个监察包括对博士学习的监督和检察。当然，不少澳大利亚的本地博士生也把博导称作Boss，即老板，但一般都带有开玩笑的成分。比如，有时候博士生之间讨论自己的导师如何如何，有些博士生对严格的导师就会称作老板。但是在澳大利亚，博士生和博导之间可以直呼名字，只有在特别的场合，比如重要的信件里，才会称呼全名，或者称作导师。

事实上，博士生和博导在生活中也有很多的交集。确切来说，博士生和博导之间是亦友亦师的关系。这种亦友亦师的关系也体现在见面的方式上。博士生和博导的讨论会可以根据需要改变频次：比如，刚开始准备研究提纲的时候只需要每个月见一次，分析数据的时候，见面可以频繁到每隔一天见一次。

澳大利亚大学对博导的要求和培训

和我当初读博士的感觉完全不同，我觉得当博导要求更高。可能我在博士毕业以后已经经历了在大学讲课和自己做研究的过程，因此当我回头来看待博士，看待博士生的学习过程的时候，和我当时自己攻读博士的感觉很不相同。

首先，在澳大利亚大学当博导需要注册。每个大学都有自己的博导注册机构。这个机构要审核博导申请人的资历，比如，申请人自己有没有获得博士学位；也要审查申请人近几年内的项目研究和文章发表的情况。所以说，在澳大利亚大学当博导的门槛既高也不高。只要申请人满足了这两个基本要求就可以去申请注册成为博导，但是如果这两条中任何一条不满足，就不能通过审核。

当博导是体力活，更是脑力活。体力活不是指让博导们去运动馆里跑步，而是需要具有坐在电脑前阅读几万字甚至几十万字的论文的体力。脑力劳动对博导更是家常便饭。帮助博士生成功完成学习需要大量的高层次的思考。

在澳大利亚大学当博导要定期接受培训。这些培训包括学术上的培训（特别是新的研究方法和研究软件的使用），也包括对博导的心理培训。博导们一般要具有极大的耐心、乐观的精神和与博士生积极合作的态度。

我在澳大利亚大学当博导已经有五六个年头了。在这几年里，我做了好多名博士研究生的导师，例如，目前有两名已经递交了论文，一名正在等待考核的结果，而另一名刚刚通过了考核。这些博士生虽然读的都是博士学位，但是他们各自的学习特点和性格都很不相同，因此我也采取了不同的方式来指导。

博导的任务之一：帮助博士生确定可完成的博士研究项目

我的第一位博士生（博士生A）目前是澳大利亚另一所大学的一名老师，之前她从事小学教学工作超过20年，近几年随着她对自己的人生事业的追求的转变，她决定成为一名大学的学者。因此，读博士对她来说是达成事业目标的一个平台。

这名博士生因为在教育领域里工作年头很长，她不仅对教育系统的政策、教学方法、教学大纲、课堂管理的方法都有很广的了解，而且也有对教授教育学师范生的教学经验，因此我们第一次见面的时候，她对我提出了很多问题和要求。

博士生A说："我觉得目前的小学教育政策需要改变。"

我说："为什么？你觉得从哪个方向来改变？"

博士生A说："很多地方，尤其是学校的管理层。每年的英语和数学的年度考试也亟待改进，而且对教师的培训也迫在眉睫。"

她在攻读博士的开始阶段，对自己的研究方向并不是很明确。这类博士生抱着一种"拯救世界"的态度来看待博士的学习。他们往往认为通过四年的博士学习，可以解决所有让自己在工作中感到烦恼的和需要改变的制度、人员等的问题。

我说："那么在这些需要改变的地方，有什么你最想要去改变的？"

博士生A用奇怪的表情看着我说："当然都需要改变。你看现在的小学老师在学校里……"

我打断她说："如果都改变了，你觉得教育就能达到完美吗？"

博士生A听了后，停顿了一下："好像不能。"

我笑着说："所以你不能想象你的博士学习能够改变世界，更不能拯救世界。" 我接着说："我给你一周的时间，请你去看看书，看看现在的教育政策，然后坐下来安静地思考，问问你自己，你最想改变的是什么。"

一周以后，她向我汇报了她的调查和最后确定的研究方向。

博士生A说："我回去想了想，也和学校里的其他同事讨论了一下，我觉得我更关注每年的英语和数学考试对小学生读写和数学能力的提高效果。"她继续补充说：" 我利用这周的时间去图书馆调查了一下目前的考试形式和全国的考试结果。通过和我自己的教学经验的对比，我对这个课题更有兴趣了。"

我听了很高兴："做研究的时候，一定要正视自己的研究课题。这个研究课题不仅要是研究者自己感兴趣的课题，而且也必须对社会很重要。"

这位学生最后通过自己的考察，选择了一个深入的研究课题。大部分博士生在开始攻读博士的时候都会碰到选择课题的问题，我觉得博导的任务之一就是帮助博士生正视自己的研究，选择自己感兴趣而且又对社会有贡献的课题。

我的另一位博士生（博士生B），她想做的研究非常明确，但是和博士生A恰恰相反,她的博士论题太狭窄。

博士生B在第一天和我见面的时候对我说:"我目前使用一个新的教数学的软件,我想调查这个软件对我的学生这个学期数学成绩的提高有没有帮助。"

我听了以后,考虑到这个博士生的情况,决定给她一些有意义的提示:"为什么你对这个软件这样有兴趣?"

她说:"因为这是我和我的团队一起编写的。"

这类博士生有一个共同点,即只钻研自己感兴趣的,而且是和自己的教学和生活息息相关的问题。这样既有好处也有坏处。好处是自己有很强的兴趣,而兴趣对维持四年的研究热情非常重要;坏处则是局限了博士生的眼光:他们不能越过对这个研究的兴趣去看待更广更宽的领域。我认为,博士需要看得远、看得宽才能称其为"博"。广博的知识面和研究覆盖面才是博士学习的精髓。

于是我开始启发博士生B:"真棒!你觉得我也可以使用你的这个软件吗?"

她很奇怪地看了我一眼:"当然了。"

我继续说:"我觉得你的这个软件可能不仅仅适用于你的教学。你来想想,如何让别的老师也考虑使用它呢?"

博士生B花了5分钟的时间来解说这个软件的功能和使用方法。

我继续说:"如果有别的老师不同意怎么办?可不可以从政策的影响力的角度来看看?或者从教学大纲的角度来谈谈?"

她的眼睛一亮:"我明白了。你让我从制作这个软件的大背景,比如教学大纲、教学方法等方面出发,然后再来评判我的软件,并不是只局限在我自己的教学里。"

博导的任务之二:帮助博士生找到研究方法

我的博士生C,他所做的研究是调查目前在澳大利亚大学的留学生对融入社会团体的态度和所做出的行为。我很喜欢他的研究课题,因为我自己本身也曾经是在澳大利亚学习的留学生,而且我对他所做的研究课题所要得出的调查结果非常感兴趣。

在确定了研究课题后，这位博士生碰到的下一个问题就是如何选择研究方法。大家都知道，目前的研究方法主要分为定量研究和定性研究。学习教育学的学者有一个通病，即他们对统计学的学习要么没有信心，要么学习的成绩不好。很多澳大利亚大学的教育学学者都喜欢做定性研究，因为定性研究很少需要和统计学打交道。

博士生C说："我打算用采访的方式来获取数据。"

我问："你打算做多少人的采访？"

他用询问的目光看着我，然后慢慢地说："10人？不，20人。嗯。20人。"

我继续问："为什么选择20人？你打算怎么选择这20个留学生，而且保证这20个学生几乎可以代表目前在澳大利亚学习的所有留学生？"

他好像吃了一惊，没有回答，开始思考。

我说："我觉得你的研究方法最好使用定量研究。我请你回去考虑一周，然后下次我们见面的时候，请你告诉我定量研究和定性研究的不同。"

一周以后，我们继续讨论研究方法。

他说："我考虑了以后，觉得只调查20人的确很少。"

我继续问："那么你现在考虑应该调查多少人呢？"

他有些犹豫："最起码上千人吧？最好能够包括所有的留学生！"

这类博士生的问题在于对研究方法论和研究方法的知识很匮乏。他们可以提出很好的研究项目，但是不知道怎么样才能去获取最完美的数据。他们考虑的研究方法要么特别简单，要么特别复杂。

我提示博士生C："你觉得你能够找到目前所有的留学生来完成你的研究吗？"

他摇了摇头。

我说："好。我觉得你的调查研究应该从简单的调查问卷做起，然后做详细的定性分析。"我继续解释："因为简单的调查问卷可以保证参与你的项目的留学生遍及各个州以及领地，而详细的定性分析可以着重调查一些特殊案例。"

最后我和博士生C确定了研究方法。他准备联系澳大利亚每个州以及领地的其中一所大学，打出广告，吸引参加调查问卷的留学生。最后博士生C的调查问卷的参与者达到近三百名。我们对调查问卷的结果进行了分析，从中选出了20名参与者进行了电话访问，以获得更进一步的数据。

博导的任务之三：帮助博士留学生

我曾碰到过三名博士留学生，其中一名还没有毕业。这三名博士生的共同点很明显：他们都打算研究他们自己国家的教育体制或者教育文化中有趣的问题，但是他们的英语水平都明显不够。

这对博导来说是一个头疼的问题。首先，由于这类博士生选择的是自己国家（非澳大利亚国家）的研究课题，很多博导对这些国家的了解并不多。比如，我碰到一名来自柬埔寨的博士生D，这位博士研究生获得该国的奖学金资助，到澳大利亚的大学来攻读博士学位。她的博士研究问题很有趣：柬埔寨偏远地区女中学生的辍学情况调查。但是这个课题对作为她的博导的我来说，有很大的挑战性。

我说："我觉得这个课题非常有意义。不过，能和我谈谈你为什么打算做这个课题吗？"

她说："因为我自己曾经也是一名柬埔寨女学生。在柬埔寨的历史中，尤其是作为法国的殖民地时，柬埔寨的教育系统遭到了很大的破坏。于是在1955年柬埔寨独立后，我们才重新制定了教育政策和教育法规。但是，在1975到1979年的红色高棉政权（Khmer Rouge Regime）统治时期，所有的教育和文化都遭到了极大的摧残。所以说柬埔寨的教育和文化真正走上正轨是从1980年开始的。然后在这段时间里，政策和教育的重心都放在大城市和男学生上，于是很多女学生由于得不到家庭和社会的重视而不得不辍学了。"

我点了点头，心想她说的这些对我来说也是一堂生动的教育文化课。我和她交谈后也花了大量的时间去阅读有关柬埔寨的历史和教育文化的文献，以便我可以更深刻地了解她的研究课题，从而给她提出更多的建议。我说："从一个女性学者的角度来看，你觉得柬埔寨偏远地区女学生的辍学原因有哪些？"

她说："我觉得可能是父母的影响比较多。很多家庭为了照顾男孩的学业，就让女孩辍学在家里帮忙承担繁重的家务劳动。"

我继续问："还有别的原因吗？比如，你觉得柬埔寨女孩结婚早吗？生孩子早吗？"

她说："偏远的地区比城市里早。"她继续说，"我虽然是在城市里长大的，但我的朋友、同学基本上都在20岁出头就结婚了，估计偏远地区的女孩结婚更早。"

我又问道："你认为辍学的问题和学校有没有关系？"

她说："我觉得有关系，但是我觉得没有社会和家庭的影响大。"

我觉得做博士留学生的导师的最重要的一个要求就是思想开明，学会接受别的国家和社会的教育文化。我和博士生D讨论了调查问卷的设计，问卷设计好并且完成调查后，我们发现有关学校的数据统计结果很让人吃惊：学校的设施和地段对女学生辍学的影响很大。学校设施不卫生、往返学校不安全都成为女学生辍学的原因。

留学博士生的另一个问题就是英语写作的水平。虽然我曾经也是一名留学生，但是因为在澳大利亚生活的时间很长，而且曾经顺利完成了自己的博士论文，所以相对来说，我对自己的英语写作水平很有信心。但是我也非常清楚留学博士生的写作困难。这类学生很清楚自己的研究课题，他们的课题非常有意义，而且这些学生都非常聪明。但是由于英语表达的问题，他们的论文水平一般都不高。这是一个很普遍也很现实的问题。我作为博导所使用的方法和我的导师一样，就是不断地鼓励这些学生去写、去磨炼。

我说："不要害怕写得不好。你要是一上来就写得很好，那我才吃惊呢。"

博士生D笑了："我知道。但是有的时候觉得表达起来还是很不通顺。比如，你说我应该使用attrition来作为我的研究课题中的'辍学'的关键词，而我以前只知道dropout是'辍学'的意思。"

我说："那是因为你的阅读量还不够。多去看看别的参考文献中使用的关键词你就明白了。所以说既要多读，还要多写。"

后来我经常看到博士生D的身影出现在学校组织的写作会上，而且她的文章也越写越通顺。我知道她体会到多写作的甜头了。

博导的任务之四：决定递交还是继续修改论文

我想这个话题对于所有澳大利亚的博导都不陌生。虽然澳大利亚的博士生学制是全职学习四年制，但是很多学生并不能在这个时间段内完成学业。原因有很多：身体健康、家庭原因、工作的压力等等。因此很多博士研究生的实际完成时间可能是5年、7年等。我见到过的最长的博士完成时间为12年。

为什么攻读博士的实际时间和学制要求的时间有这么大的差别？这和博导有没有关系？如果有，关系在哪里呢？

博导的一个重要任务就是保证自己的学生写出高质量的论文。澳大利亚大学要求所有博士论文都要进行校外甚至国际审核，因此对博导来说压力也相当大。如果博导让低质量的论文发送给审核员，而审核员审核后出现不能通过的情况，这不仅对学生的打击很大，而且对于博导甚至大学来说都是很严重的名誉损失。因此对论文是否能递交，博导的把关非常严格。如果博导不满意学生的论文，可以在学制完成的时候继续要求学生修改论文，直到论文完成。这个任务就让博导和博士生之间产生了很多矛盾。

我的博士生E就曾和我发生过这样的矛盾。博士生E已经攻读博士6年多了，她开始读的时候是全职，后来因为开始工作，就把博士学习改成了兼职。在第7年初，她已经完成了论文的第一稿。但是在这个关键时期，她发现自己怀孕了。

她很担心怀孕生孩子会影响她论文的进度，于是在生产2个月前对我说："我觉得我的论文已经基本上完成了。你觉得我可以在生孩子前递交吗？"

我回答："目前最后一章不行，不能递交，还需要修改。"我继续说："不要担心，孩子不是你的绊脚石，你一定可以完成的。"

我感觉到她颇为失望，但是我还是对她解释了不能递交的原因和递交的风险。博士生E目前正在修改论文的最后阶段。我相信她在不久的将来就可以顺利地写出高质量的论文了。

博导的成就感

要谈我当博导最喜欢的感觉，非成就感莫属。我的学生从刚开始的彷徨，到后来的信念坚定，再到最后青出于蓝而胜于蓝，这让我感到非常骄傲。我和我的博士生们一起并肩学习，我们最后不再是师生关系，而是彼此的研究伙伴。

八、我在澳大利亚大学评职称

说起评职称，首先我要来介绍一下澳大利亚大学的职称体系。我在《透视澳大利亚高等教育》一章里简单地介绍了澳大利亚大学的职称等级。其实，除了大学，很多企业和事业单位也都分成不同的职称等级。中学和小学的教师分成普通教师、高级教师、副校长和校长等几个等级。大学里的讲师分为助理讲师、讲师、高级资深讲师、副教授和教授。大学的职称和很多方面挂钩，除了最主要的和工资的高低挂钩之外，也和所担任的职务大有关系。大学对教授和副教授的评定特别严格，一般申请人只有对整个大学有杰出贡献才能获得成功。

两年前，我曾经历了一次大学的评职称过程。在这一章里，我将用我的经历来详细介绍澳大利亚大学评职称的标准、晋升的制度和流程。

准备阶段

我在国内大学的朋友们对澳大利亚大学的职称评定及其流程非常感兴趣，因此我接到了很多朋友的咨询。申请澳大利亚的职称要完成很多步骤。我先来讲讲准备阶段。

我在查尔斯·达尔文大学工作进入第三个年头的时候，萌生了申请职称的想法。当时我觉得，在这三年里我除了成功地完成了教学工作之外，也运作并完成了不少研究项目，并且发表了不少优秀的期刊和会议文章。我想我可以试一下。

这就需要我了解与晋升制度相关的要求和流程。和国内大学的晋升制度不同，澳大利亚大学每年的晋升没有名额限制。只要申请人通过了各项要求，并得到审核委员会的同意，就可以获得晋升。

看上去这个要求不高。有的读者可能会想：不就是填几个表，按照要求来嘛。我以自己的经历来告诉您：在澳大利亚大学评职称非常困难。困难到什么程度呢？我见过不少申请人申请了10年以上还是没有成功。

我曾经碰到过一位同事（讲师），她告诉我，她因为连续5年在这所大学申请高级资深讲师都没有通过，已经失去了信心。她对我说："评职称真难啊！我打算放弃了。现在我看到另一所大学的相同专业正在招高级资深讲师，我打算去试试申请新工作。"

我说："你觉得跳槽成功的机会大吗？"

她说："我看了他们（另一所大学的高级资深讲师）的职位要求，觉得我完全可以胜任，所以我打算试试看。"

几个月后，她告诉我她成功跳槽去了那所大学担任高级资深讲师。其实，这种以跳槽的方式来晋升的现象在澳大利亚大学里非常常见。为什么？答案很简单：申请新的工作（甚至是比自己目前的职位高的工作）比在本校申请晋级要容易。

澳大利亚大学的职称申请为什么这么难？难在哪里？我觉得主要难在审核。审核并不是由校内领导来进行。所有的职称申请都要发送校外审核。这就和找工作完全不同了。找工作只要申请人有知识、技术和人脉，成功率就非常高。但是评职称不同，因为没有人脉的支持，没有满足知识和技术等硬性要求的申请人就出局了。

成功评职称的准备工作的第一步是得到学院院长的支持。而得到院长的支持要经历几个步骤。首先，申请人在提出职称申请的前一年必须和院长见面讨论该年的年度工作计划。

我在前一年年初照惯例和我的院长讨论年度工作计划时，向他表示了我下一年打算申请评职称的想法："您觉得我明年申请评职称可能成功吗？"

院长说："就目前的情况来看，你还需要改进一些地方。"

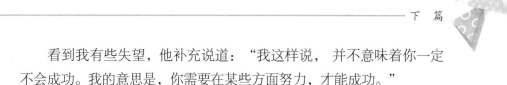

看到我有些失望，他补充说道："我这样说，并不意味着你一定不会成功。我的意思是，你需要在某些方面努力，才能成功。"

我深知评职称的困难，因此连忙回答道："谢谢您让我有了信心。"

院长点了点头："在我们大学评职称，你一定要在以下的五个方面狠下功夫。"他拿出了一份文件指给我看："你看这是我们都熟悉的《大学2012—2014年发展战略》。这份文件不仅对我们大学这几年的规划发展有很大的作用，而且我们在评职称的时候，也要对照这份文件充分地阐述我们在职称评定前后需要对大学的发展战略做出什么样的贡献。"

这是我从来没有听说过的。以前我在和同事们讨论职称申请的时候，大家主要讨论自己的工作成果，而很少有人（包括我自己）注意到这些大学的发展战略文件。

我在心里说：姜果然是老的辣！于是在后面的时间里，我和院长就发展战略中提到的教学和研究成果、教学中对澳大利亚原住民文化的理解和渗透以及澳大利亚和亚洲的合作关系的发展进行了认真的讨论。

院长说："我可以看出来，你在教学和研究方面有了不少成果，但是这些成果还没有达到高级资深讲师的要求。"看到我带有疑问的神色，他继续解释："因为你目前完成的教学和研究工作只是普通讲师的基本任务。"

我似乎有些明白了，于是继续问："那我应该如何改进？"

院长说："高级资深讲师除了要完成基本的教学和研究任务，还需要具备领导才能。换句话来说，你需要去接受领导技能培训，并且在学院里担任一定的领导职务。"

我明白了："我知道目前学校的小学专业需要学位负责人，我打算去申请试试看。"

院长点点头："很好。如果你申请下来，并且成功做了一年的负责人，你的职称评审会增加很多优势。"

事实证明，院长的这些意见对我最后评审的成功起到了决定性的作用。评审团在给我的评语中特别提到我后来一年里作为学位负责人的工作经验,并且确认我的工作岗位和工作经验已经达到了高级资深讲师的水平。

热身阶段

很多评职称的申请人都认为,只要自己把目前的工作做到最好,就可以成功评上职称。我发现这个想法是非常错误的。我记得以前曾读过李嘉诚的一句话:"你不能让你的雇主来决定你的工作;你必须自己决定自己的工作。"这是什么意思呢?我的理解是,我们必须要给自己创造条件,才能达成自己的事业追求。

我碰到过很多同事,他们都只考虑把自己目前的本职工作做好。这对社会、对工作单位当然是非常重要的,但是如果只考虑把自己目前的工作做好,对自己是完全没有提升作用的。还有很多同事把自己的升职机会完全交给了领导:领导让我干什么,我就干什么。这些同事不仅缺乏创新精神,而且没有主动创业的动力。要获得升职一定要从自身努力开始。

比如,我自己想要从普通讲师升为高级资深讲师,除了要考虑晋升所需要满足的条件外,也应在递交职称申请要求的前一年就开始直接进入高级资深讲师的角色。我已经在做着高级资深讲师的工作了,我主动证明我可以胜任,我出色的工作胜过文字千万。这就是我在这里想说的评职称前的热身阶段。

这个阶段最短可以为半年,但是最好达到一到两年。时间太短的话,自己没有融进去,而且很多项目尚未开展或者来不及看到最初的结果。时间太长的话,拿着低一级的工资做着高一级的工作,申请人自己压力太大。一年的时间刚好可以让自己充分地融进去,可以完成一个简单的项目并且获得成果。

在我申请评职称的前一年,我也进入了这个热身阶段,担任了学院小学教师培训本科专业的负责人。在这一年里,我接收了三百五十多名小学师范生,组建了自己的师范生建议小组,并且将所有为小学师范生教课的讲师组织起来,完成了各种集体合作项目,出席了各类颁奖活动和学校组织的学生见面会。这些都受到了学院院长和大学校长的好评。

全面准备阶段

热身阶段顺利结束后,我就开始准备申请材料了。大学职称申请材料要求非常明确:在10页A4纸以内,提供证据来证明自己满足了高级讲师的职位。

不要小看这短短10页纸,它们是代表申请者的重要资料。对校外的评审员来说,这10页纸就是申请人自己。为什么评职称这么难?很多时候都是申请人不明白自己要在这10页里写什么。

我去参加了评职称的讲座。在讲座中,大学的执行校长详细介绍了10页纸里应该写和不该写的内容。

她说:"首先我要先说明,超过10页纸的申请会被退回。所以请确定申请材料只有10页。"

她继续说:"其次,在这10页里,请不要谈你对将来工作的想法,请专注于你已经做过的,或者正在完成的工作。"

有很多同事在申请评职称的时候,都会强调"如果我获得成功,我将…… 我将……"然而问题是,想和做虽然密不可分,但是两者的区别非常大。评审员更愿意看到已经做过的内容,而不是打算做的内容。

申请人除了需要准备这10页内容丰富、说服力强的申请材料之外,还需要有两名以上的推荐人。这些推荐人必须要满足一定的条件,比如,他们自己的职位必须高于申请者申请的职位;再比如,这些推荐人还必须了解申请人。

我在申请评职称的时候为自己挑选了两名推荐人。这两名推荐人都是学校里的副教授,我与这两位推荐人曾合作过研究项目,而且现在也保持着合作关系。

比如,我的第一位推荐人对澳大利亚原住民语言的研究在世界上享有很高的声誉。我曾参与过这位推荐人对原住民文化网络的设计和研究。我的第二位推荐人在中澳文化研究领域做出了很多杰出的贡献。我们经常一起讨论研究,对比中澳文化。因此,当我找到这两位推荐人的时候,他们都非常乐意为我写推荐书。在他们的推荐书里没有夸张的描述，只是平实地讲述了我们一起合作的教学研究项目以及我的工作表现。虽然这些评价是从推荐人处直接发送给审核团，但是我的两位推荐人还是非常乐意给我讲述他们报告的内容。

我的第二位推荐人在他的报告里写道："我和申请人一起工作超过5年的时间。在这段时间里，她积极地参与了我的中澳合作项目，除了语言表达能力外，她对中澳教育之异同的见解对项目的完成起到了很大的作用。"

申请评审阶段

到此，我自己的申请任务就完成了。我把我的申请递交给学院的院长之后，就进入了递交阶段。

递交阶段又包括多个步骤：学院递交大学总校评审、大学总校进行评审、校外审核员评审。从这里可以看出，评职称并不是只要申请人递交申请以后就可以启动审核，而需要先经历校内最初的几道评审把关。

校内审核是递交申请后的第一道审核关口。校内审核先从学院开始。学院院长要根据自己对申请人的了解写出报告。这份报告要由申请人过目后签名表示："我作为申请人，已经了解院长对我的看法，以及对我的申请的态度。"

院长同意后会联系学院里的高级领导来对我的申请再写一份独立的报告。幸运的是，我一直与学院的研究部部长合作做研究，她非常了解我，愿意给我写一份报告。她给我写的报告很长，着重点出了我在大学工作的几年中发表的文章和做过的演讲，以及给学院带来的经济效益。同样，这份报告也要让我过目并且签名表示报告属实。

这样，在学院内部的报告就算评审完成了。如果学院的决定是"支持"申请人的申请，那么这份申请以及学院的院长和领导的报告就会提交给大学总部的职称申请团审核。申请团会把申请人自己的10页报告，加上学院的所有报告都发送给校外的评审员审核。

我作为申请人不能查询评审员的情况，更不能直接和评审员联系。当大学总部通知我所有的材料已经顺利寄出时，我大大松了一口气。从准备申请到递交申请时间长达1年以上，而最后紧锣密鼓的材料准备阶段也长达1个月之久。接下来就是漫长的等待。

结果流程阶段

等待了四个月后，有一天，我在乘电梯去办公室的时候恰巧碰到了学院的院长。

他神神秘秘地对我说："我看到你的邮箱里有一封信。你去看看吧。"

我看到他的表情，突然觉得心里一颤，心想：一定是审核的结果出来了。

电梯还在慢慢地往上爬，我已经等不及了，想从院长的表情里看出结果如何。

他看出来了，对我说："我想职称审核结果出来了，不过我也不知道结果如何。你一会打开看了，要告诉我啊。"

我点点头，更加迫不及待了，电梯好不容易停了下来，我立刻前往信件室。果然，一封来自大学总部职称评定审核团的信静静地躺在我的信箱里。我深吸了一口气，打开了信封，开始找信里最关键的词语。

审核信的开头不外乎有两种形式。如果成功的话，信的开头一定是"I am pleased to let you know..."（很高兴地通知你……）；如果失败的话，信的开头则一定是这样"I am regretted to tell you..."（很遗憾地告知你……）。当我看到pleased的时候，就知道我成功了。一年多的热身工作，一个多月的紧张准备，和同事、院长商谈的努力没有白费。

我立刻打电话给院长："非常感谢你对我的申请的帮助，我成功了！"

院长在电话里也很高兴："祝贺你！信里怎么说的？"

我一愣，刚才光注意结果，根本没看后面的内容。

我尴尬地说："还没有看，光顾着高兴了。"

后来我认真地看了审核团对我的审核结果的建议。报告上说，虽然我争取校外的研究基金的能力还有待提高，但是由于我在学校教学和科研方面有出色表现，学校同意把我升为高级资深讲师。

我非常感谢在这个过程中给予我帮助的同事和领导。后来我又专门找了院长，谈了今后的工作计划等等，他的一席话我到现在都记忆犹新：

"我一直认为在大学里教书，做研究是一个很光荣的职业。尤其对于我们教育者来说，我们培养的师范生影响着我们的一代，甚至再下一代的思想和生活。学校对你申请职称的肯定，绝对不是他们喜欢你这个人才给你评职称，你的职称评定靠的完全是自己的实力。夸夸其谈的申请人是不可能成功的，我们需要的是doer（实干家），而不是talker（空谈者）。我希望你在以后的日子里，继续好好干！"

九、展望澳大利亚教育的未来

在本书中，我通过透视澳大利亚教育背景以及讲述自己的亲身经历介绍了澳大利亚的教育；同时教育作为澳大利亚的产业也在不断地发展和变化着。

比如，2011年的修改是根据2013年全国使用国家教学大纲的要求而对当时的本科师范教育学位进行重审和修改。澳大利亚2013年经历了一次全国范围的教育改革，改革主要针对师范生的培养、全国中小学教育大纲的研究和制定以及对儿童早期教育教师的培养和注册的规定。

这次全国教育改革使澳大利亚终于有了全国统一的教学大纲，打破了以前每个州或领地教育大纲各不相同的局面；也意味着澳大利亚的教育不再是每个州或者领地拥有各自的教育标准，而是整个国家开始实行一个统一的教育标准。不仅中小学学校系统如此，早期儿童教师的培养和注册也开始得到澳大利亚政府和社会的重视。在2013年前，儿童早期教育的教师培养并没有受到特别的重视，很多托儿所或者幼儿园的儿童早期教育教师的培养没有统一的标准。

中小学和儿童早期教育的教学大纲统一之后，澳大利亚的本科师范教育需要随之进行改革。澳大利亚大学的师范生本科教育并不是永远不变的。师范本科生的教育学士学位一般需要经过大学教学委员会以及政府教育部（通常其在各州或领地的代表是教师注册委员会）的审核才能对外招生。儿童早期教育的师范本科教育学位除了经以上两个机构审核外，还要经过澳大利亚儿童早期教育部的审核才能对外招生。这些本科教育学位通过审核后，会与有关部门（比如教育部）签订一个长达四年的合同。制定合同的目的主要是确保承担师范本科生教育的大学和学院能够根据社会和政策的发展需要，不断改变师范教育本科的课程。全国中小学教学大纲和儿童早期教育的教学大纲的统一也引起了不少教育者和中小学教师的争议。争议的焦点是，这个教育大纲的制定是否贴合整个澳大利亚中小学学生的学习和生活的需要。这个争议和国家目前每年一度进行的国家级的针对读写能力（英文）和数学能力的NAPLAN测试很相似。很多教育者和中小学教师担心这个统一的教学大纲是否忽视了各州和领地自己的学生的情况，而只考虑了最后对社会产出的成品。

2013年的国家教学大纲特别强调了对学生各个学科知识和能力的培养。因此根据这个要求，新的本科师范教育学位要增添一些有针对性的培养学科知识和能力的课程，而取消一些讲授教育学知识的课程。比如，在2013年前的本科师范生的培养计划中，培养数学知识和教育知识和能力课程只有两门，2013年后增加至3门；科学类的课程也从1门增加到2门；历史和地理的课程也从以前的综合成一门变为历史和地理各1门，等等。而以前对师范生的培训中关于"如何成为老师"等课程就被取消或者合并入实习课程的学习内容中。

最近几年，澳大利亚的一项重要的教育改革即是针对学习儿童早期教育的大学师范生，以使其更加符合社会和国家对教师培训的需要。儿童早期教育教师培训从小学教育中分离出来，成为独立的儿童早期教育师范生教育学位。

澳大利亚国家在这两年开始推行直接教育（direct instruction）。在约翰·海蒂（John Hattie，澳大利亚教学与学校领导学院AITSL机构的负责人）的著作《针对教师的可见学习：对学习影响的最大化》（*Visible Learning for Teachers: Maximizing Impact on Learning*）中介绍了一项长达15年的对学校教育的调查研究，该研究涉及成千上万的学生。这本书中特别讲述了澳大利亚对在学校里使用直接教育的强化。澳大利亚的教育部部长克里斯托弗·派恩（Christopher Pyne）也特别强调了以后在中小学教育中对直接教育这种教学方式的使用。虽然很多教育者和中小学老师对直接教育存有质疑，但直接教育已逐渐被引入为澳大利亚国家推行的教育方式。

澳大利亚的社会逐渐意识到学校教育的重要性以及目前学校教育的失败之处。作为一名与师范本科教育相关的讲师，我需要了解什么是直接教育，它的优势和劣势在哪里。

虽然政府和社会为学校教育提供了大量的资金和资源，可为什么学校教育还是不成功？虽然教育者和老师们不断地强调个性教学，不断地投入新的技术，社会仍认为政府和学校应承担教育失败的责任。直接教育背后的原理来自于"如果孩子没有学习，那么原因在于老师没有教好。"（"If the child hasn't learned, the teacher hasn't taught."）这类似于中国《三字经》里的"养不教，父之过。教不严，师之惰"。

在海蒂的书中，直接教育的教学方法给学校教师提供了一个对学生强化教学的低成本模式。在直接教学中，学生和老师之间有着大量的互动，可以培养出大量的对社会发展有用的人才。

但是，直接教育并不是新的教育概念。这种方法和现在大学里培养师范生的教育理念相悖，忽视了对每个学生的个性培养。比如，澳大利亚的原住民教育文化与非原住民教育文化有很大的差别，而直接教育似乎抹煞了原住民的教育文化。因此教育者、学校和社会以及个人的需要在这个既传统又新鲜的教育理念中不断调适、不断发展。虽然说直接教育还没有完全运用于教育体系中，但是国家的教育大纲的制定，还是给整个澳大利亚的师范教育带来了巨大的冲击。

澳大利亚虽然只有几百年的历史，但是它的多文化、多语言的背景以及移民国家的特性，都给这个国家的教育文化不断带来新鲜的血液和改革。作为一名教育者，我将拭目以待，并不断地根据教育文化的发展、变革来调整自己的教育和教学方法，以适应社会的各种需求。

附录

附录一　澳大利亚教育教学常用词组表

A

AITSL：全称为Australian Institute for Teaching and School Leadership。它是目前负责澳大利亚所有中小学的教学大纲以及教师认证的机构。该机构也具有审核澳大利亚大学的中小学教师师范专业的课程设置的职能。

ACECQA：全称为Australian Children's Education & Care Quality Authority。它是目前澳大利亚负责所有儿童早期教育（包括托儿所、幼儿园以及私人家庭保育园）的机构。该机构也具有审核澳大利亚大学的儿童早期教育教师师范专业的课程设置的职能。

Australian Curriculum：澳大利亚中小学教学大纲。

C

Children：从出生到18周岁以下的儿童，包括婴儿、幼儿、小学生与中学生。

Carer：保育员。其职责主要为看护幼儿园和托儿所的儿童，和早期儿童教师有很大的差别。

Child care：保育园或者托儿所。

E

EYLF：全称为Early Years Learning Framework。是澳大利亚儿童早期教育教学大纲。

Essay：论文形式的作业。

F

Family day care：私人家庭儿童保育园。

I

In-service education：已上岗教师的岗内课程培训。

K

Kindergarten： 澳大利亚幼儿园（一般入学的儿童为4～5周岁）。在昆士兰州，这个年龄段的学童处在过渡年级（一般入学儿童为5～6周岁）。

L

Lecture：讲授课。

M

Middle school：澳大利亚初中（7年级到9年级）。

N

NAPLAN：澳大利亚中小学国家统考。详情参照《从国家统考透视澳大利亚中小学教育》一节。

O

Online learning：网上学习。

P

Primary school： 澳大利亚小学（1年级到6年级），有些州／领地的小学可以跨到7年级。

Preschool：澳大利亚学龄前儿童学校（一般入学的儿童为4～5周岁）。

Presentation： 演讲报告。

Pre-service education：教师培训中的上岗前培训。

Professional development：已上岗教师的岗内（短期）培训。

R

Reception：澳大利亚小学的过渡年级（一般入学儿童为5～6周岁）。

Reference：参考资料。

S

Student：中小学的学生。

Secondary school：澳大利亚中学（7年级到12年级）。

T

Teacher： 教师。根据澳大利亚法律，早期儿童教师和中小学教师必须具有教师资格证。详情请查看《如何成为一名澳大利亚儿童早期教育或中小学的教师》一节。

Transition： 澳大利亚小学的过渡年级（一般入学儿童为5～6周岁）。

Tutorial：小班辅导课，个别指导。

W

Workshop： 操作课，计算机工作间辅导。

附录二　澳大利亚师范培养课程

澳大利亚师范培养课程主要分为以下四种：

一、四年制教育本科。一年一般两个学期，一个学期全职4门课。读完四年制的本科学习需要完成32门课。这四年制的本科课程可以分为儿童早期教育、小学教育和中学教育三大类。不同年龄的学生，教授的具体课程也不相同。

二、两年制教学硕士。有些学生已经完成了其他专业的三年的本科学位，由于其他种种原因，需要完成教师培养课程而成为注册教师。对于这类学生，澳大利亚的很多所大学都设置此两年制的教学硕士。在这个课程里，学生主要接受教师培训的知识，并且完成规定的实习。

三、双学位本科。澳大利亚有部分大学的教育学专业设置了双学位本科。该双学位主要是教育学/文学学位，或者教育学/理学学位。一般双学位本科的学制为4～5年。也有几所大学，比如新南威尔士大学，它的双学位课程比较广泛，包括艺术和教育双学士学位、金融和教育双学士学位、家政和教育双学士学位、音乐和教育双学士学位、科学和教育双学士学位、精细艺术和教育双学士学位、设计（荣誉学位）和教育双学士学位、媒体艺术（荣誉学位）和教育双学士学位等。

四、两年制教育本科。这个课程有些类似于两年制的教学硕士,针对已完成三年的非教育学专业,打算完成教育专业成为教师的学生而开设。这个专业与两年制硕士不同的地方在于,学生在毕业的时候整体学历并没有提升,仍是本科学历。不过,这个课程也有其市场:相对于硕士课程来说,本课程的学习较为简单,而且毕业后不影响教师注册。